I0127304

LA VIE
CHEZ LES INDIENS

SCÈNES ET AVENTURES DE VOYAGE

PARMI LES TRIBUS

DES DEUX AMÉRIQUES

OUVRAGE ÉCRIT POUR LA JEUNESSE

PAR G. CATLIN

TRADUIT ET ANNOTÉ

PAR F. DE LANOYE

Et illustré de 25 gravures sur bois

PARIS
LIBRAIRIE DE L. HACHETTE ET Cie

BOULEVARD SAINT-GERMAIN, N° 77

PRIX : 2 FRANCS

Reliure serrée

LA VIE.

CHEZ LES INDIENS

PARIS. — IMPRIMERIE DE CH. LAHURE ET Cⁱᵉ
Rue de Fleurus.

INDIEN DES PRAIRIES CHASSANT LE BISON.

LA VIE
CHEZ LES INDIENS

SCÈNES ET AVENTURES DE VOYAGE

PARMI LES TRIBUS

DES DEUX AMÉRIQUES

OUVRAGE ÉCRIT POUR LA JEUNESSE

PAR G. CATLIN

TRADUIT ET ANNOTÉ

PAR F. DE LANOYE

Et illustré de 25 gravures sur bois

———— ·◦◦◦· ————

PARIS

LIBRAIRIE DE L. HACHETTE ET Cie

BOULEVARD SAINT-GERMAIN, Nº 77

—

1863

A

L'AUTEUR DE CE LIVRE.

Monsieur,

En traduisant pour les enfants de mon pays ce livre, écrit pour leurs contemporains de race anglo-saxonne, j'ai dû ne pas perdre de vue un seul instant trois considérations également impérieuses, bien que d'ordres différents : l'une se rapporte à la fidélité scrupuleuse que tout écrivain a le droit d'exiger de l'interprète de sa pensée; un autre, à la tendance générale de votre œuvre, au but ouvertement indiqué par vous; la troisième, enfin, se réfère au cadre étroit qui m'a été imposé par notre éditeur commun.

Concilier ces termes souvent contradictoires ne m'a pas toujours été facile. Ainsi, aux exigences du dernier, il m'a fallu sacrifier les deux chapitres supplémentaires de votre édition anglaise : chapitres, il est vrai, qui, ayant pour théâtres Windsor et les Tuileries, ne se rapportent qu'indirectement aux choses et aux hommes du continent américain. Ainsi encore, la logique du second m'a forcé à quelques légères coupures dans certains passages qui, évidemment trop favorables à la vie sauvage, m'ont paru heurter de front cette foi au progrès humanitaire que, tout autant que moi, sans doute, vous désirez inspirer aux jeunes générations. Cette foi fut le flambeau de vos pères en 1775, des nôtres en 1789; elle reste dans l'histoire la justification de leurs actes, et, pour rien au monde, je ne voudrais en attiédir la flamme dans le cœur de nos enfants.

Ces réserves faites, il ne me reste qu'à me féliciter d'un travail qui m'a mis en rapport avec un homme dont le nom et les ouvrages jouissent depuis long-temps d'une juste autorité dans les deux mondes, avec vous, Monsieur, qui, au quadruple titre de voyageur, d'ethnographe, de philanthrope et d'artiste, avez droit à tous mes respects.

Ferdinand DE LANOYE.

LA VIE
CHEZ LES INDIENS.

CHAPITRE I.

Description générale.

Les groupes de la race humaine qui occupaient les deux Amériques au temps de la découverte de ce nouveau monde par Colomb, et qui existent encore sur de vastes parties de ces régions, ont été dès lors appelés Indiens, et jusqu'à ce jour ont gardé cette qualification, due à l'étrange croyance où étaient les navigateurs espagnols et portugais que les terres américaines qu'ils venaient de découvrir faisaient partie des côtes de l'Inde, où ils espéraient atterrir en faisant voile à l'ouest, à travers l'Océan.

Nous respecterons cette appellation erronée, mais consacrée par le temps, et les indigènes du sol américain seront toujours pour nous des Indiens,

ou des sauvages, sans qu'il soit absolument nécessaire de conserver à ce dernier terme, quand on le
leur applique, le sens qu'il a généralement. Ici le
mot sauvage ne doit signifier qu'un *homme inculte*
et rien de plus.

Comptant, il y a trois siècles, des millions de
créatures humaines, réunies en centaines de tribus
et parlant des dialectes non moins nombreux, cette
race a eu comme toutes les autres un passé historique, que le manque de livres et d'annales a plongé
dans l'oubli. Diminuée des trois quarts au moins,
par les armes à feu, par la corruption et par les maladies que le contact des peuples civilisés lui a ino-
culées, elle s'éteint aujourd'hui, et ses malheureux
restes n'ont guère en expectative qu'une destruction
complète dans un avenir prochain[1]. En résumé elle
forme pour le monde scientifique un des sujets les
plus profondément intéressants d'observations et de
sympathie que l'on puisse étudier; et je suis certain
qu'il n'est point de parents qui ne voient avec approbation de justes notions sur cette race simple
et abusée pénétrer dans l'esprit de leurs enfants,

1. La grande, la véritable cause de l'extinction graduelle de
la race indienne est l'obstination avec laquelle cette race se maintient dans la vie de chasseurs alors que les terrains de chasse
diminuent de jour en jour devant les développements rapides de
l'agriculture et de l'industrie. Toute société doit fatalement
progresser ou mourir; or les Indiens repoussent le progrès.
(Voir l'appendice A.)   (*Le traducteur.*)

comme une partie intégrante et légitime de la base
de leur éducation. Avec cette assurance, je viens
à vous, jeunes lecteurs, à qui j'ai destiné ce livre.
Nous pouvons maintenant partir ensemble; moi
pour remplir ma tâche, vous pour acquérir in-
struction et amusement. Laissez-moi seulement
vous arrêter un instant sur une observation importante, que vous ne devez jamais oublier quand
vous aurez à peser le caractère, les pensées, les
actes, la destinée et les malheurs des pauvres créatures que vous allez rencontrer dans ce livre :
c'est que ce sont des *enfants*, comme vous-mêmes :
des enfants dans toute l'acception du mot.

Ils ignorent totalement les arts de la civilisation;
ils sont faibles, sans connaissance du bien et du mal;
n'ayant d'ancêtre que le Grand Esprit, qu'aucun d'eux
n'a oublié. Dans leurs relations avec les hommes civilisés ils sont comme des orphelins. Les gouverne-
ments qui les ont englobés dans leurs frontières
exercent sur eux une sorte de tutelle et les appellent toujours leurs *enfants rouges;* et eux, dans leurs
habitudes enfantines, donnent à tout fonctionnaire
blanc accrédité parmi eux le nom de *père*, et au président de l'Union, celui de *grand-père*. Enfin chaque
fois qu'ils ont le plaisir de donner une poignée de
main à un petit garçon ou à une petite fille à la
peau blanche, ils n'emploient pas d'autres mots que
ceux de *frère* et de *sœur*.

Les peuples civilisés, dans notre siècle de lumières, sont beaucoup trop enclins à regarder tout groupe d'hommes plus ignorants qu'eux-mêmes comme des anomalies, et à traiter d'absurde quiconque ne vit pas, n'agit pas, ne pense pas de la même manière qu'eux. Ils sont surtout portés à traiter ainsi les Indiens d'Amérique, qui, à la distance où ils sont d'eux, paraissent plus ou moins envelopppés d'obscurité et comme d'un profond mystère. Mais, résultat de l'ignorance, ce jugement est faux ; rien n'est plus facilement appréciable que l'homme qui se tient fidèlement près de la nature, tandis que les incompréhensibles et les absurdes sont ceux qui s'en éloignent le plus.

J'ai dit que ces peuples sont comme des enfants ; et, d'après ce que j'en ai vu, je suis sûr que si vous les fréquentiez, vous connaîtriez leur caractère véritable et le fond de leurs pensées bien mieux que vos parents ne pourraient le faire : car devant des enfants ils laisseraient tomber le masque et la prudente réserve, que la crainte, trop fondée, hélas ! des hommes blancs les engage à revêtir en leur présence. C'est pourquoi je pense que votre âge est une époque favorable pour recevoir, à la place des impressions effrayantes trop souvent offertes à vos jeunes esprits, une connaissance durable et une juste appréciation du caractère véritable de ces pauvres créatures ; et fort de cette conviction, basée

sur quatorze années de ma vie passées dans leur intimité, je m'efforcerai d'exposer sous vos yeux dans
ce petit livre le mode d'existence et les coutumes
de ces *enfants* des forêts.

Dispersés çà et là dans toutes les solitudes du sud,
du nord et du centre de l'Amérique, et abrités sous
de grossières huttes ou wigwams, cette race compte
aujourd'hui peut-être quatre millions d'âmes, quoique, selon toute probabilité, elle se soit élevée à
douze ou quatorze au temps de Colomb, et cependant on est resté, et probablement on restera toujours dans une ignorance complète de ses origines,
car nul vestige historique n'indique l'aire de l'horizon d'où sont venus ses ancêtres.

Une croyance populaire est que la population de
l'Amérique est issue de l'orient du vieux continent
par la voie du détroit de Behring[1]. Pour cette hypo-
thèse il y a de fortes et nombreuses présomptions ;
il y en a aussi de non moins fortes et non moins
nombreuses contre elle. Cette question m'a vivement préoccupé pendant de longues années, et à tel
point qu'elle m'a poussé à entreprendre un fatigant
et dispendieux voyage dans la Sibérie orientale,
parmi les Koriaks et les Kamtchadales, chez les
Aléoutes, dont les îles s'étendent entre les deux

1. Cette croyance est aussi scientifique que populaire, car elle
est basée sur les recherches les plus approfondies de l'ethnolo-
gie et de la philologie. (Voir l'appendice B.)   (*Le traducteur.*)

continents, et chez les naturels de la côte d'Amérique qui leur fait face. De tout ce que j'ai pu apprendre dans ce voyage, c'est qu'il y a eu de fréquentes communications d'un continent à l'autre à travers le détroit, communications suffisamment prouvées par la ressemblance des dialectes et des traits physiologiques; mais je n'ai recueilli nulle preuve que l'Amérique ait reçu sa population par cette voie, et je me réserve de traiter au long cette question dans un ouvrage spécial, si Dieu me le permet.

Dans la voie du progrès, ouverte par le Créateur, à tous les hommes, qu'il a voulu ainsi élever au-dessus de la nature brute, les indigènes d'Amérique ont fait, à plusieurs reprises un usage éclairé de leur raison et franchi plusieurs échelons d'une civilisation propre dont ils ont été arrachés et refoulés en arrière, tantôt par de sauvages invasions, comme on peut le voir dans les histoires du Mexique et du Pérou, tantôt par des catastrophes dont la Providence seule a le secret, mais dont témoignent les ruines des antiques cités de Palinque et d'Uxmal, dans l'Amérique centrale. Pour le premier des faits auxquels je fais allusion, je renvoie mes jeunes lecteurs à l'histoire de la conquête du Mexique et du Pérou par Prescott, et pour le second aux ouvrages de Stephens et de Catterwood, sur les ruines du Honduras et du Guatémala. Ils retireront de la lecture de ces importants ouvrages une conviction

profonde, et des grands desseins que la nature avait
en créant ce rameau de la race humaine, et de la
cruauté des hommes civilisés et avides qui abatti-
rent sur elle leurs épées et l'arrêtèrent dans son
essor vers la civilisation. Dans le livre spécial que
j'ai projeté, je déroulerai plus compendieusement
que je ne puis le faire dans ces pages limitées, les
causes actuelles qui découragent les pauvres Indiens de toute nouvelle tentative de progrès et qui
le poussent invinciblement vers l'extinction finale
de leur race. A beaucoup de ces causes néanmoins,
je ferai incidemment allusion dans plus d'une des
pages suivantes, aussi bien qu'à beaucoup de traits
et de faits honorables pour le caractère indien,
traits et faits qui doivent donner à ces pauvres
créatures une place distinguée parmi les nombreuses variétés de la famille humaine.

Tout ce qui a été écrit sur ce sujet prouve, et cela
sans exception aucune, que lorsqu'ils furent visités
pour la première fois par des peuples civilisés, les
Indiens d'Amérique se montrèrent doux et hospitaliers; et ma propre expérience, acquise dans les
longues courses que j'ai faites, sans protection,
comme sans injure et sans perte, parmi deux millions d'entre eux, témoigne hautement de ce fait
que chaque fois qu'on les traite convenablement,
on trouve les Indiens doux, honorables et hospitaliers, autant qu'aucun autre peuple de la terre.

Dans leur état primitif et naturel, on les a toujours vus indépendants et heureux, quoique pauvres; trouvant dans les animaux des eaux et des
bois de leur contrée une abondance de nourriture,
qui semble satisfaire et au delà à tous leurs besoins, à tous leurs désirs. Ignorant le commerce,
ne sachant rien de l'usage et de la valeur de la
monnaie, ils vivaient et agissaient hors de la portée de ces aiguillons du crime. Conviés à la probité
par les règles d'honneur propres à leur société, ils
la pratiquent encore sans la peur de la loi; car il
n'y a parmi eux d'autre châtiment pour le vol et la
fraude, que la honte qui s'attache à celui qui se
rend coupable de ces méfaits.

Eh bien, si, vivant dans de telles conditions, ils
ont, pendant mes longues pérégrinations parmi eux,
constamment respecté ma vie et mes propriétés ;
s'ils ont même veillé à ma sûreté, ainsi que plus
d'une page de ce petit volume en témoignera, n'ad-
mettrez-vous pas avec moi, ô mes jeunes lecteurs!
que le cœur de ces Indiens est bon, qu'il est comme
le vôtre, et que leur caractère et leur mode d'existence sont dignes d'étude ?

Les épithètes méprisantes de *déguenillés* et d'*ivro-*
gnes ont été fréquemment appliquées aux Indiens par
des gens qui les connaissaient peu ou point. Elles
ne sauraient être correctement infligées qu'à ces
classes de la société indienne qui, à la grande honte

des civilisés, ont été réduites à ces conditions par les leçons perverses des hommes blancs, dont le rhum et le wiskey ont introduit parmi les sauvages la dissipation et le vice avec leur cortége habituel de haillons et de misères, puis les maladies qui achèvent leur destruction.

Dans leur état primitif, ces peuples sont sobres, tempérants et suffisamment vêtus pour le climat où ils vivent. Leur pauvreté, à proprement parler, ainsi que leurs autres misères, n'a commencé que du jour où vint s'étendre sur eux la main avide et trompeuse de l'homme blanc.

Pour juger le caractère indien, il ne faut jamais perdre de vue que ces pauvres gens ont pour leurs plus proches voisins civilisés la portion la plus grossière, la plus dépourvue de principes de la société blanche, et que ces *visages pâles*, munis de rhum, de wiskey et d'armes à feu, abusent de ces avantages dans une contrée où ils sont hors de la portée de toute loi et parmi des gens qui ne possèdent aucun moyen de publicité pour dénoncer leurs griefs au reste du monde.

Il faut se rappeler aussi que la société indienne se partage aujourd'hui en deux parts bien distinctes que l'on peut classer d'après la distance qui les sépare des établissements européens. Les plus rapprochés des frontières, changés par le contact de notre civilisation, dégradés et appauvris, ont effectivement leurs plus mauvaises passions excitées et enflammées par les abus dont ils ont été victimes.

La zone qu'ils habitent est la première que rencontrent les touristes. On peut y pénétrer facilement, et ceux qui redoutent d'aller plus loin se contentent trop souvent de ce qu'ils ont sous les yeux, et trop souvent aussi prennent la demi-civilisation et la condition ravalée de ces sauvages pour l'état réel de l'existence et des mœurs des Indiens d'Amérique; calomniant ainsi le caractère de tout un peuple et trompant leurs lecteurs par de fausses informations.

Mes études, à moi, ont généralement commencé au delà des limites extrêmes de la civilisation, et, comme je l'avais toujours espéré, je n'ai jamais joui d'une plus grande sécurité qu'au milieu de la société indienne, dans son état pur et primitif. C'est là, là surtout que j'avais l'ambition d'aller, et là que j'ai pu saisir, sous leur véritable jour, les traits véritables de la vie indienne.

Les Indiens d'Amérique forment une grande famille, différant fortement par les caractères typiques et l'apparence extérieure de toutes les autres races qui couvrent la terre. Mais s'ils en diffèrent par le langage, l'expression de la physionomie et le teint, ils possèdent, dans leur simplicité native, quelques-uns des traits qui honorent le plus l'âme humaine, et les pages suivantes en feront foi.

Il n'y a pas d'hommes plus dévoués qu'eux à leur amis et plus charitables envers les pauvres. Cependant, comme tous les sauvages, ils sont à bon droit qualifiés de *cruels*, mais quel peuple ne l'est pas! Il y a une cause pour la cruauté des sauvages; elle est une nécessité de leur genre de vie : et quel groupe social peut produire une circonstance plus atténuante?

La société indienne se maintient et les droits individuels sont protégés, sans l'aide de lois écrites. À cette fin, chaque individu est chargé de venger ses propres injures, et s'il n'en tirait pas une vengeance cruelle, mais exemplaire, il n'y aurait de sécurité ni pour les personnes, ni pour les propriétés. Dans l'exercice de ce droit, il use non-seulement d'un privilége, mais il fait ce que sa tribu le force à faire, sous peine d'une honte à laquelle il ne pourrait survivre. Cette cruauté est donc tout à la fois un droit et un devoir, — c'est la loi de la terre indienne[1].

On fait grand bruit aussi de la barbarie et de la perfidie des Indiens en temps de guerre, mais sur ce terrain, Indiens et civilisés se ressemblent beaucoup.

Le Créateur a doué les Indiens de l'Amérique du Nord d'un haut sentiment moral et religieux et ne leur a refusé ni la raison, ni l'humanité, ni le courage, ni la franchise, ni les autres qualités intellectuelles qu'il a accordées aux autres hommes.

1. Cette loi, sauvegarde indispensable de la vie sauvage, n'en est-elle pas, par cela même, la condamnation? (*Le traducteur.*)

Ils adorent le Grand Esprit, et croient instinctivement à l'existence de l'âme au delà du tombeau. Enfin ils ne sont adonnés ni à l'idolâtrie, ni au cannibalisme, quelque chose que vous ayez pu lire relativement à de prétendues pratiques de ce genre parmi eux[1].

Ces remarques préalables faites (remarques qui ne vous ont coûté que quelques minutes de lecture), vous pouvez maintenant me suivre à travers les scènes et événements par lesquels je vais vous faire connaître la vie, les pensées et les actes de ce peuple intéressant.

Je vous ai déjà dit que les Indiens sont des enfants, qu'ils se donnent à eux-mêmes cette qualification, et que si vous étiez au milieu d'eux, ils vous tendraient la main comme à des frères et à des sœurs. Je vous crois donc, dès à présent, préparés à bien juger leur caractère et leurs actions; et j'espère que vous ne leur refuserez pas ces sympathies que la nature pousse tous les bons cœurs à accorder à ceux qui, opprimés, ignorants et faibles, agissent cependant aussi bien que le leur permet le milieu dont ils dépendent.

1. Voir l'appendice C.

CHAPITRE II.

Le massacre de Wyoming. — La vallée d'Oc-qua-go. — Le vieux moulin. — La source salée. — Le daim. — L'Indien. — Les gypsies de Johnny O'Neil. — La chaudière d'or.

Tel était le premier Indien que je vis. Je vous ai déjà dit que j'étais né dans la belle et fameuse vallée de Wyoming, sur le fleuve Susquehanna, dans l'État de Pensylvanie. Peu de temps après qu'eut cessé dans cette contrée la guerre sanglante de la Révolution, les blancs formèrent un établissement dans cette fertile vallée, pendant que les tribus indiennes qui en étaient chassées leur contestaient en vain le droit de s'y établir à demeure. Après avoir exercé de grandes cruautés sur les tribus indiennes, qui d'année en année les invitaient à quitter le pays, les blancs apprirent que de nombreux partis d'Indiens étaient rassemblés sur les montagnes, tout armés, et prêts à attaquer les colons de la vallée.

Ceux-ci s'armèrent immédiatement, au nombre de cinq ou six cents; et, laissant leurs femmes, leurs enfants et les vieillards dans un fort assez mal construit, ils s'avancèrent vers le haut de la vallée à la recherche de leurs ennemis.

Les Indiens épiant les mouvements des blancs du sommet des montagnes, descendirent dans la vallée, et, dans un défilé propice où les soldats devaient passer, ils se tapirent en embuscade, des deux côtés de la route. Ils en sortirent au moment donné, en poussant leur cri de guerre, se jettèrent sur les blancs, le tomahawk et le couteau à scalper à la main, et les exterminèrent tous, à l'exception d'un très-petit nombre, qui échappèrent à la mort en traversant la rivière à la nage.

Parmi ces derniers était mon grand-père maternel, qui bien souvent m'a raconté dans tous ses détails cet effroyable événement, connu dans l'histoire sous le nom de massacre de Wyoming. Quelques-uns l'ont qualifié de trahison. Il eût été plus juste d'y voir une opération stratégique, et la stratégie est une des branches principales de la science de la guerre.

Après cette victoire les Indiens s'avancèrent dans la vallée et s'emparèrent du fort qui renfermait les femmes et les enfants, auprès desquels ni époux ni pères ne devaient jamais revenir. Au nombre des prisonniers était ma grand'mère et avec elle ma mère, alors jeune enfant de sept ans.

Quoique entre les mains de plus de mille guer-

riers farouches et sauvages, ces quelques centaines
de prisonniers ne furent pas mis à mort; ils furent
seulement retenus captifs jusqu'au moment où un
renfort de troupes arrivant à leur secours par les
monts Pokonos, les guerriers indiens abandon-
nèrent le fort, après avoir pourvu les femmes
et les enfants qui y étaient renfermés du produit
de leur chasse et leur avoir peint le visage en rouge
en les appelant *sœurs et enfants*, et les traitant
avec autant de bonté que de parfaite convenance.
Ceci, attesté par les prisonniers des deux sexes, ne
saurait être trop connu pour l'honneur du caractère
indien.

Ces événements arrivés plusieurs années avant
ma naissance, et des milliers d'autres que je pourrais raconter, étant passés à l'état de légendes dans
le pays, suffisent pour rendre compte des impressions merveilleuses et terribles que j'ai reçues,
dans mon enfance, au sujet des massacres et des
meurtres indiens, et même de l'impression ineffa-
çable produite sur mon esprit et sur mes nerfs par
l'étrange incident que je vais raconter.

Pendant que mon esprit enfantin était rempli de
ces impressions, mon père cherchant à rétablir sa
santé altérée par les fatigues du barreau, quitta la
vallée de Wyoming pour aller demeurer à environ
quarante milles de là, dans un vallon romantique
sur les rives de la Susquehanna, dans l'État de New-

York, où il avait acheté une belle plantation, résolu à consacrer le reste de ses jours à des travaux et à des recherches agricoles.

Cette charmante et pittoresque petite vallée,
appelée de son nom indien *Oc-qua-go*, était envi-
ronnée de hautes montagnes, présentant partout des
précipices et de profonds ravins ; mais elle nous
rapprochait des restes dispersés des Indiens Mohawks et Oneidas, qui s'étaient retirés devant les
carabines meurtrières des vengeurs du désastre de
Wyoming, non sans avoir bravement défendu dans
leur retraite, un à un, chaque défilé et chaque
gorge de montagne. Dans cette contrée dont tous
les sentiers gardaient encore la trace récente de
leurs pas, j'étais dans une position qui devait augmenter, plutôt qu'affaiblir en moi la vive animation qui s'élevait déjà dans mon esprit à la pensée
des Indiens.

Les charrues de mon père retournaient alors chaque jour dans les champs des crânes ou des colliers
de verroteries, ainsi que des pointes de flèche en
silex, dépouilles indiennes que les laboureurs de la
ferme aussi bien que ceux du voisinage ne manquaient pas de m'apporter, et dont je composais,
avec une sorte de passion, un petit musée.

Un jour, un des laboureurs de mon père m'apporta, comme la plus belle et la plus curieuse de
ces précieuses acquisitions, la partie supérieure

d'un casse-tête indien, dont la pipe était intacte, bien que couverte de rouille ; le manche était tombé en poussière.

Déjà, à cet âge, neuf ou dix ans, je me servais assez habilement d'un léger fusil de chasse à un seul canon que mon père m'avait destiné spécialement, et le carnage que je commettais avec cette arme parmi les canards, les cailles, les faisans et les écureuils, m'attirait déjà une certaine considération de la part des chasseurs du canton.

Mais leurs éloges firent poindre en moi une plus haute ambition, celle de tuer un daim ; et pour la satisfaire, les armes offensives de mes deux frères aînés étant indispensables, je me mis dès lors à former sur elles des projets que je comptais réaliser à l'époque ou leurs propriétaires étaient obligés de s'absenter pour poursuivre leurs études au collége d'une ville éloignée.

Dans mes récentes visites à un vieux moulin, sur le *Bigcreek*, fameux endroit où m'attirait souvent un autre penchant, la pêche à la truite, j'avais remarqué des traces fréquentes de daims, et je regardai cette localité comme le théâtre de mes exploits futurs et les plus émouvants. Ce qu'on appelait le *vieux moulin* était les ruines, fort maltraitées par le temps, d'une scierie abandonnée depuis quelques années et qui ne consistait plus qu'en décombres informes de bois de charpente étendus sur la rive et de planches entraînées, empilées par le courant, et formant sur le bord de la rivière des voûtes, et comme des grottes naturelles où je ne manquais jamais de trouver des truites.

Ces ruines solitaires, à environ un mille en arrière des terres labourables de mon père, étaient situées au milieu d'un espace sombre et solitaire; on y arrivait par une vieille route déserte aussi, qui longeait presque partout les rives sinueuses du ruisseau. Tout près de ces ruines, dans une gorge de la montagne, ombreuse, profonde et dont l'obscurité mystérieuse était encore augmentée par sa végétation de hautes ciguës noirâtres et de sapins, se trouvait un *lick*, centre d'attraction de toutes mes idées d'alors. Les sentiers qui y conduisaient, le long des flancs des montagnes, avaient été récemment foulés, et tout autour la terre humide portait l'empreinte de pas récents; témoignage des fréquentes visites que les daims venaient faire en ce lieu.

Un *lick*, *un lick à daims*, dans le langage du pays, signifie une source salée que les daims visitent quand le temps est chaud, pour étancher leur soif et y chercher le sel qui paraît nécessaire à leur digestion. La plupart des animaux herbivores semblent visiter ces lieux comme par nécessité, et paraissent très-souvent saisis pour eux d'une espèce de vertige qui les rend la proie facile des bêtes sauvages, aussi

bien que des chasseurs, toujours à l'affût d'un tel
gibier.

Excité par la vue des empreintes de ces animaux
et par les souvenirs encore récents des récits de
plusieurs chasseurs de la contrée, touchant les merveilleuses captures faites par eux dans le voisinage
du vieux moulin, je pris la résolution d'y faire l'é-
preuve de ma bonne fortune.

Les conditions requises pour mettre ce projet à
exécution étaient diverses, et plusieurs d'entre elles
n'étaient pas faciles à réunir. Une carabine pour
cette entreprise était absolument nécessaire, et de
cette arme je ne m'étais jamais servi, sans compter
que n'étant pas encore assez fort pour la tenir en
joue, je ne pouvais en faire usage, à moins qu'elle
ne fût placée sur quelque objet qui lui servît de
support.

Pour y parvenir, j'imaginai un expédient, et j'eus
toute confiance dans l'exactitude de mon tir. Mais la
plus grande difficulté de mon problème était l'ordre
positif de mon père de ne point toucher aux armes
de mes frères aînés ; armes bien serrées dans des
fourreaux et suspendues dans leur chambre. Je vins
à bout, toutefois, de cette difficulté par une manœuvre que j'exécutai à l'une des dernières heures
de la nuit, en tirant l'une de ces armes de son étui
et en l'y remplaçant par mon petit fusil. J'em-
portai ensuite la carabine dans les champs, où je la

cachai pour mon entreprise projetée de l'après-
midi.

L'heure approchant, et trouvant la carabine chargée, je m'avançai, le cœur léger et palpitant, à travers la route tortueuse et déserte de la susdite solitude, jusqu'au lick du vieux moulin, me traînant et
rampant le long de défilés étroits, entre des blocs et
des rochers, jusqu'à ce que d'un seul et heureux
coup d'œil sur le lick, je reconnus qu'il n'y avait
pas de gibier dans cet endroit pour le moment. Je
choisis mon poste alors derrière une saillie de rocher, sur le flanc de la montagne qui encadrait
le ravin obscur et solitaire d'où s'échappait la source
salée. De là je dominais le chemin que les daims
étaient dans l'habitude de suivre.

Le réduit dans lequel j'étais parvenu en grim-
pant, et où je m'étais assis, était élevé de vingt à
trente pieds au-dessus du niveau du lick et à une
portée convenable. J'étais là dans une étroite et gen-
tille petite guérite qui avait été évidemment construite, dans un but semblable au mien, par d'anciens chasseurs.

M'étant ainsi installé dans le milieu de l'après-
midi, et le canon de ma carabine reposant devant
moi, sur un petit parapet de rocher, je restai jusqu'à la tombée de la nuit, sans autre émotion qu'une
crainte passagère, occasionnée par le bruit d'un oiseau ou d'un écureuil dans les feuilles, bruit que

j'attribuais à tort aux pas d'un daim qui approchait !

Cependant, au milieu de cette attente anxieuse et
muette, la chute d'une branche sèche qui tomba
derrière moi à quelque distance sur la pente de
la montagne me causa des frissons dont il me
fallut quelque temps pour me débarrasser, même
après que j'eus découvert ce que c'était, car cet incident me remit instantanément en mémoire l'histoire que j'avais souvent entendu raconter par le
chasseur Dacrow, le tueur de panthères, souvenir
qui ne s'était pas encore présenté à mon esprit dans
les solitudes du vieux moulin.

John Dacrow était un pauvre homme qui demeu-
rait dans le voisinage de mon père, et qui travail-
lait souvent pour lui dans les champs ; mais il
était beaucoup plus amateur de la chasse, exercice
dans lequel ses succès lui avaient acquis une grande
réputation dans le pays. Il avait souvent approvisionné mon père de venaison, et comme il avait
conçu pour moi un attachement particulier à cause
de mes tendances naissantes de chasseur, on peut
facilement concevoir combien je m'attachai à cet
homme aux faits et gestes merveilleux pour moi, et
comment il arriva que je reçus de lui mes premières leçons sur la manière de chasser le daim et
l'ours.

Dacrow, donc, allait souvent à l'affût du côté du

vieux moulin, et parmi ses habitudes était celle
d'employer à la chasse un petit morceau de bois
phosphorescent que l'on rencontre souvent dans
ces solitudes sauvages et qui est appelé par les
indigènes *feu de renard*, probablement à cause du
phosphore qu'il contient. Dacrow plaçait ce fragment de bois, visible dans la nuit la plus obscure
où il fait l'effet d'une petite boule de feu, au milieu
du lick ; puis ensuite, retiré dans son affût au niveau de cet objet, il posait sa carabine sur deux
fourches, et visait directement la lumière phospho-
rescente chaque fois qu'il entendait les pas du
daim dans le lick, et quand la lumière venait à
être masquée, il n'avait plus qu'à presser la détente
et le daim était mort.

Son histoire de *la panthère*, qui se retraçait alors
à mon imagination, m'avait été racontée par lui un
matin de très-bonne heure, comme il rentrait à la
maison d'une de ses chasses nocturnes, couvert de
sang depuis la tête jusqu'aux pieds, et portant sur
son dos une énorme panthère, entre les yeux de
laquelle apparaissait un trou de balle ; je me sou-
viens encore de son récit que voici :

« J'étais cette nuit à l'affût, *squire* (c'est ainsi
qu'il appelait mon père), près du vieux moulin ; aux
environs de minuit, je m'endormis. Assis sur le sol
et le dos appuyé contre un hêtre, je fus réveillé soudain par un choc effrayant, semblable à un coup de

tonnerre : — c'était cette bête, voyez-vous, qui, se
jetant sur moi, me lança à dix ou douze pieds, et
bondit à quelques pas plus loin, où elle s'arrêta elle-
même, ainsi que j'en jugeai par le bruit. Je reconnus que c'était une *panthère*, quoique je ne pusse
rien voir, car l'obscurité était complète. J'étais
cruellement déchiré, et je sentais le sang couler en
plusieurs endroits. Ma carabine était restée sur ses
fourchettes. Je cherchai alors lentement et peu à
peu mon chemin, en tâtonnant, mais tenant toujours les yeux fixés sur l'animal; car je savais parfaitement où il était couché, et je finis ainsi par
retrouver et saisir ma carabine, mais elle ne pouvait m'être d'aucun secours dans l'obscurité. Mon
couteau, aussi, ayant glissé hors de sa gaîne pendant la lutte avec la bête, mon unique espoir de
salut reposait sur la certitude que le lâche animal
n'attaque jamais celui qui le regarde en face.

« Dans cette position, ma carabine chargée dans
les mains, je m'assis épiant mon ennemi sans lui entendre froisser même une feuille, et j'attendis ainsi
les premières lueurs du jour; la seule chose dont
j'eusse besoin. — Quelques heures d'attente seulement, il est vrai, mais qui me parurent bien
longues, bien fatigantes, je vous assure, avant que
je pusse commencer à découvrir la forme de la
bête, puis les rides creusées entre ses yeux ! Oh !
oui, ce temps s'écoula lentement, je vous le dis,

squire, mais enfin je pus voir la tête du *vieux scélé-rat*; il n'y avait plus de temps à perdre et je pres-sai la détente. L'animal était alors à environ vingt pieds de moi. »

On peut s'imaginer facilement que mes nerfs d'enfant furent singulièrement impressionnés par des souvenirs de cette nature et dans un tel lieu. Chaque feuille qui bruissait derrière moi contribuait plus ou moins à mon anxiété. En conséquence, je résolus de ne pas courir les risques d'une nuit pas-sée dans ces lieux dangereux et de renoncer, pour cette fois au moins, à la capture précieuse à la-quelle j'avais si longtemps rêvé.

L'alouette des bois cherchait, en ce moment, son gîte favori dans les hautes ciguës toujours vertes pour y prendre son repos de la nuit, et faisait re-tentir le temple boisé de la solitude et ses échos lointains de notes douces et mélodieuses, pendant que partout ailleurs régnait le silence de la mort; quant à moi, j'étais sur le point de descendre de mon poste élevé pour reprendre le chemin de la maison.

Mais au même instant j'entendis à une certaine distance et de manière à ne pas m'y tromper, un bruit de pas sur les feuilles, et bientôt après j'aper-çus dans le lointain un daim, un daim énorme! Il descendait timidement et avec beaucoup de pré-caution la montagne et s'approchait du lick; s'arrêtant souvent comme pour reconnaître les lieux, et quelquefois me regardant évidemment en face, quand je craignais moi-même de cligner l'œil de peur de l'effaroucher.

Évidemment mon jeune sang bouillonnait trop facilement et mes nerfs étaient trop impressionnables pour ma situation. Des frissons tumultueux se succédaient dans tout mon être, je ne me rappelle pas d'où ils partaient, mais ils m'ébranlaient depuis les pieds jusqu'au sommet de la tête par où ils semblaient s'échapper.

Le daim avançait toujours et mon agitation ne faisait qu'augmenter ; — il entra à la fin dans la mare et se mit à boire, et la pensée que le moment d'agir et de me distinguer était arrivé fit claquer mes dents les unes contre les autres. Ma carabine, armée, était placée devant moi sur la crête du rocher et tout, excepté moi-même, était prêt pour l'événement. — Enfin, après plusieurs tentatives inutiles, je visai mon but, mais avant que mon doigt pût presser la détente, frissons et tremblements nouveaux m'en ôtèrent la faculté. J'essayai encore, et encore, mais en vain, et alors, agissant avec plus de prudence, je résolus de rester tranquille et d'attendre jusqu'à ce que je pusse calmer et maîtriser mes nerfs, et enfin apercevoir distinctement le point de mire de ma carabine, dont le canon me paraissait enveloppé d'une espèce de brouillard.

Précisément dans le même moment une autre idée
entra dans ma tête, idée qui donna un ou deux nouveaux frissons. J'avais tiré mon petit fusil de chasse
des centaines de fois sans danger, mais je n'avais
jamais déchargé une carabine : — « Elle peut être
trop chargée, pensai-je, ou si fortement chargée
qu'elle repousse et renverse, ou même qu'elle
éclate, — mais n'importe ! il faut que je coure ces
risques. » Et après m'être rendu maître de mes dernières alarmes pendant quelques moments, me sentant un peu plus calme, je me mis à viser avec une
exactitude passable, lorsqu'un autre de ces affreux
frissons vint encore, comme un serpent, me parcourir tout le corps depuis les pieds jusqu'au sommet de la tête ! et tout cela parce que j'étais sur le
point de presser la détente.

Le daim parut à ce moment avoir assez bu, et,
s'élançant hors du lick, il disparut dans le fourré !
« Oh ! quelle perte, quel malheur ! quelle chance per-
due ! que je suis poltron et stupide ! Mais s'il se fût
arrêté une minute de plus, j'en suis sûr, je l'aurais
tué, car je ne tremble plus maintenant. »

Précisément dans ce moment où je me sentais
plus calme, le daim revint, se glissant à travers les
buissons et reparut dans le lick, beaucoup plus près
de moi qu'auparavant. Un petit frisson commença
à me reprendre encore, mais en serrant fortement
mes dents les unes contre les autres, je parvenais à

viser avec un peu de calme, lorsque, boum! voilà
que retentit l'explosion et brille la lumière d'une
carabine un peu à ma gauche! et le daim bondissant à quelques verges de l'étang sur une rive élevée, et tombant sur le sol tout à fait mort, me
prouve que j'ai laissé passer l'heure d'en faire ma
proie!...

Ma tête et le canon de ma carabine furent à l'instant même abaissés un peu plus que jamais derrière mon parapet de pierre, et alors, — ô terreur!
ce que je n'avais jamais vu auparavant, ce que je
n'aurais jamais cru voir dans cet endroit — la belle
et gracieuse forme d'un grand Indien m'apparut,
penchée en avant et montrant ses épaules rouges et
nues, en se dégageant lentement de la feuillée et
des buissons dans lesquels il s'était tapi. Traînant
sa carabine dans sa main gauche, et tirant de l'autre
un grand couteau de sa gaîne fixée derrière lui, il
se dirigea vers le cadavre du daim qui était tombé
beaucoup plus près de moi qu'il ne l'était au moment où il avait été frappé.

Il appuya sa carabine contre un arbre, et retirant
sanglante la lame de son couteau de la gorge du
daim où il l'avait enfoncée, il la tint serrée entre
ses dents, pendant qu'il suspendait l'animal par les
jambes de derrière à une branche d'arbre pour laisser écouler le sang! — « O horreur! horreur! quel
destin est le mien! que vais-je devenir? »

Aussi longtemps que je vivrai, je ne pourrai effacer de ma mémoire l'impression que cette scène étrange et inattendue fit sur mon esprit enfantin, pas plus que l'aisance, la tranquillité et la grâce avec lesquelles ce sauvage s'assit sur le tronc d'un gros arbre tombé, essuyant son énorme couteau sur la mousse, le posant à côté de lui, et tirant de sa gibecière un briquet et de l'amadou pour allumer sa pipe, après quoi il parut pendant quelques instants adresser des actions de grâces au Grand Esprit, et lui offrir, comme encens, les nuages bleus de fumée qui tourbillonnaient autour de lui.

Qui pourrait se faire une idée des pensées qui traversaient mon jeune cerveau dans ces moments d'émotion? Là devant moi, pour la première fois de ma vie, se dressait la figure vivante d'un Indien rouge ! « S'il m'aperçoit, pensai-je, je suis perdu ; il me scalpera et me dévorera, et ma bonne mère ne saura jamais ce que je suis devenu ! » Cependant, à dater de la détonation de sa carabine, je n'éprouvai aucun nouveau frisson ; je ne tremblais plus, mes sensations n'étaient plus l'ébullition d'une anxiété enfantine, mais c'était l'abattement sinistre et résigné de la stupeur et de l'effroi. « La mort peut-être, la mort instantanée, » était là devant moi, mais nul de mes muscles ne bougeait.

Les prunelles de mes yeux, fixées sur l'Indien, semblaient s'allonger vers lui et étaient trop fortement tendues pour trembler; j'aurais pu alors viser le diable lui-même sans frissonner. A la vue du cou et des épaules de cet homme tournés vers moi, cette pensée passa en moi comme un éclair : « Ma carabine est ajustée et je suis parfaitement maître de moi-même; une balle mettrait fin à toutes mes craintes. »

Mais une pensée meilleure succéda à celle-ci, quand s'étant retourné doucement, il promena ses yeux noirs et perçants sur le rocher où j'étais assis.

Tandis qu'un léger sourire agitait imperceptiblement les raies bleues peintes autour de sa bouche et de ses narines, il me suffit d'un seul coup d'œil jeté sur sa figure pour y remarquer, bien que je ne fusse qu'un enfant, ce que la nature humaine de *l'enfant* ne pouvait manquer de voir, et ce que la nature *humaine* seule pouvait exprimer: *l'humanité.*

Sa pipe finie, il lia ensemble les quatre pattes du daim, et le jeta sur son dos; puis, prenant sa carabine dans sa main, il disparut silencieusement et tranquillement dans la profonde forêt qu'assombrissaient encore les ténèbres de la nuit, alors tout à fait venue.

Ma position et mes réflexions restèrent encore les mêmes jusqu'à ce qu'il se fût écoulé un temps doublement suffisant pour écarter du chemin que j'avais à suivre cette redoutable apparition. J'aurais dû naturellement revenir par la vieille route, mais

je crus plus prudent d'effectuer mon retour à la
maison par une voie différente, mais plus difficile,
en franchissant les immenses précipices qui se
dressaient au-dessus de moi ; ce que je commençai
à faire aussitôt qu'une parfaite sécurité sembla m'y
autoriser. Enfin, après une course de plus d'un mille
à travers les bois, où j'osai à peine regarder en arrière, je me trouvai en sûreté derrière l'habitation
de mon père, mais sans chapeau ni carabine, et
sans savoir le moins du monde en quel endroit l'un
ou l'autre de ces objets avait pu être déposé ou
perdu. La carabine, cependant, fut retrouvée le
lendemain, mais le destin du chapeau n'a jamais
été éclairci.

Telle fut ma première aventure et ma première
rencontre avec un Indien.

Comme je l'avais *vu*, la première chose que je fis
fut de l'*annoncer*, et je le fis sans plan ni réserve,
mais uniquement sous l'impulsion juvénile de la
réalité, m'écriant, en approchant de la maison, aussi
pâle qu'un fantôme : « J'ai vu un Indien ! j'ai vu un
Indien ! »

Comme nul indigène n'avait été vu dans le voisinage depuis plusieurs années, personne n'ajouta foi
à mes paroles ; et quand je voulus raconter tout au
long mon aventure, aucun de mes auditeurs ne se
cacha pour penser et dire : « L'enfant est fou. » —
J'étais au moins fort mal et j'allai me mettre au

lit en pleurant. Mais ma pauvre chère mère vint
auprès de moi, se mit à genoux à mon chevet et finit
par me consoler un peu en me disant : « Mon cher
Georges, je te crois, — je crois que ton histoire est
vraie, — je crois que tu as vu un Indien. » Je passai
une nuit très-agitée et sans sommeil ; cependant, au
matin, lorsque je m'éveillai, Johnny O'Neil, un servi-
teur fidèle et dévoué de mon père, et qu'on employait
à la culture des terres, était à la porte, annonçant
qu'à l'extrémité d'une grande pièce de blé il y avait
un campement de gypsies ou bohémiens.

Pauvre Johnny O'Néil! on ne crut pas non plus à
son rapport ; car, dit mon père, « ceci m'a tout l'air
d'un conte ; il n'y a pas de bohémiens dans le pays.
— J'ai vu de plus une énorme panthère! ajouta
Johnny. — Je suis certain que ce sont les Indiens
de Georges ! » continua mon père ; et mettant alors
son chapeau et me prenant par la main, il m'em-
mena avec Johnny O'Neil dans la direction indiquée
du *grand champ de blé*, où nous trouvâmes mon
guerrier indien, assis sur une peau d'ours étendue
sur le sol, les jambes croisées, le coude appuyé sur
les genoux et la pipe à la bouche ; à ses côtés se tenaient sa femme et sa petite fille âgée de dix ans,
toutes deux enveloppées dans des couvertures, et
le cou orné de colliers de verroteries ; une couverture suspendue par les coins à quatre fourches
fixées dans le sol les mettait tous à l'abri du soleil,

et devant ce groupe curieux brûlait un petit feu sur lequel cuisait pour le déjeuner une tranche de venaison.

« Voilà les bohémiens! » dit Johnny O'Neil, au moment où nous en approchions. « Voici l'Indien, mon père! » dis-je simultanément; et mon père, qui avait vécu familièrement avec les Indiens, qui avait su chanter leurs chansons et parler un peu leur langue dans ses jeunes années, me dit : « Georges, mon enfant, vous aviez raison : ce sont des Indiens. — Oui, dis-je, et c'est l'homme que j'ai vu. » Celui-ci fumait toujours, et nous regardait fixement en face pendant que nous approchions; et, bien que je commençasse à ressentir quelque chose de mes frayeurs du jour précédent, cependant, lorsque je vis mon père s'avancer vers lui d'un pas ferme et lui tendre la main, lorsque j'entendis sortir en même temps des lèvres de l'un et de l'autre l'amical « *How-how-how,* » et que l'Indien me tendit à moi aussi sa main fine et douce pour serrer la mienne, aussitôt mes craintes se dissipèrent et mes alarmes se changèrent en une admiration sans mélange.

Comme il comprenait l'anglais et le parlait un peu, il n'eut pas de peine à apprendre à mon père qu'il était Onéida, qu'il habitait près du lac Cayuga, à la distance d'environ cent cinquante milles, et que son nom était Ou-o-gong-way (*grand guerrier*). Il nous

Bivac d'Indiens.

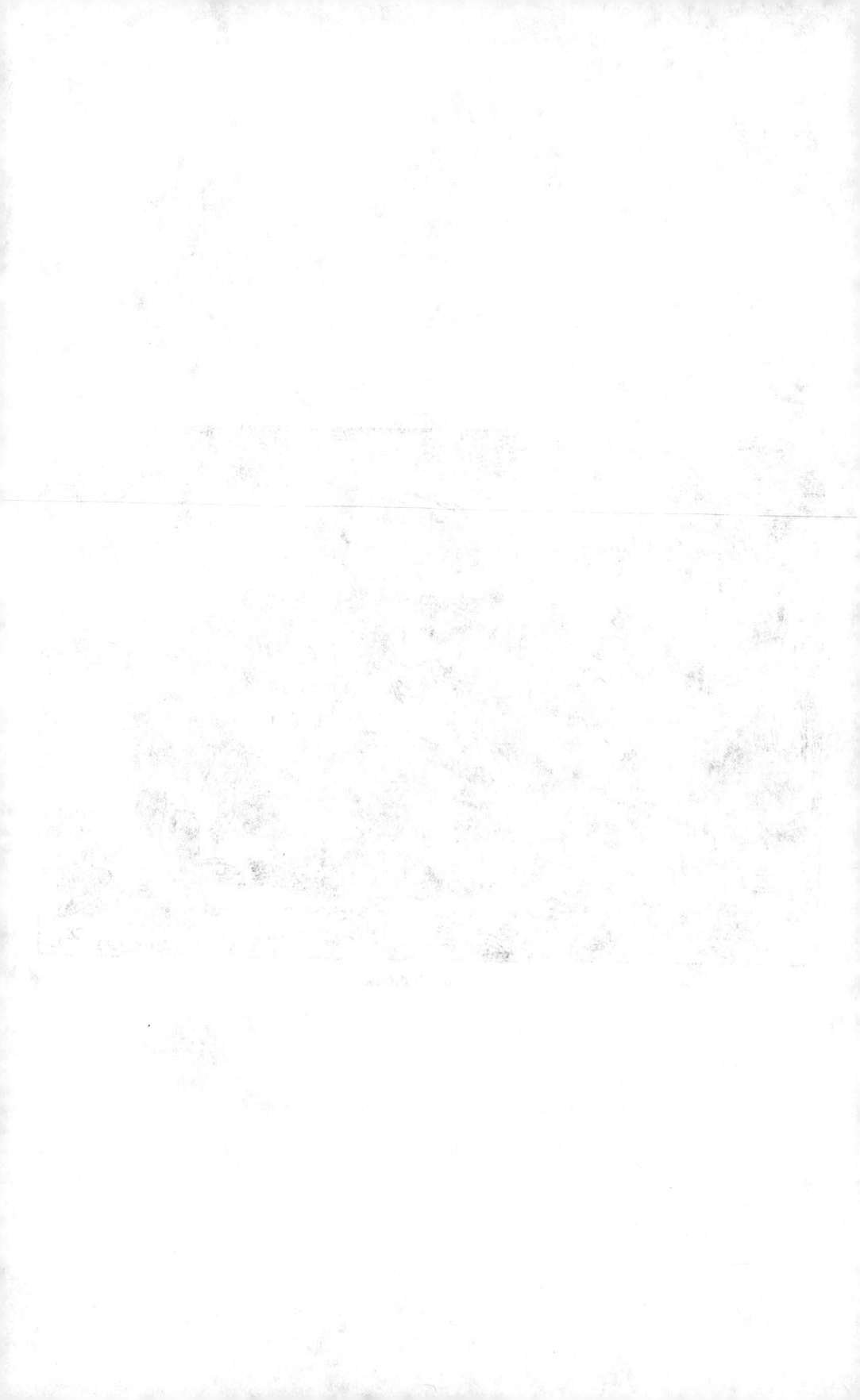

pria de nous asseoir à terre près de lui et alors, ayant
nettoyé son calumet, il l'emplit de nouveau de tabac,
l'alluma, le donna à fumer à mon père, puis me le
tendit : ce qui, d'après l'explication que m'en donna
mon père, était un témoignage de son amitié.

Mon père lui raconta alors mon aventure de la
veille au lick de la vieille scierie, et pendant qu'à
chacune de ses phrases je faisais avec la tête un signe
d'assentiment, il n'oublia pas même de lui dire la
profonde terreur avec laquelle je l'avais vu fumer
et ébaucher presque un sourire en me regardant
attentivement en face.

Le récit à peine terminé, l'Indien me prit les
deux mains, en répétant plusieurs fois ces mots :
« Bon — bon — bon chasseur ! » Puis il déposa sa
pipe et, se levant précipitamment, il fit quelques
pas à l'ombre de la forêt, vers l'endroit où il avait
suspendu son gibier, rapporta un quartier de venaison et le plaça près de moi en s'écriant, pendant qu'il appuyait sa main sur ma tête : « Ceci est à
vous ! — *vous moitié ; — très-bon !* » voulant dire par
là que j'étais un bon chasseur et que la moitié du
daim m'appartenait.

Le quartier de venaison, quoique assez petit,
provenait sans nul doute de l'animal que j'avais vu
dans le lick et qui m'était apparu la veille, ainsi que
je l'avais représenté à la maison, comme un « daim
de la plus énorme taille. » Il est vrai que l'Indien

aussi m'avait paru un géant, quoique un examen plus intime me prouvât, à ma grande surprise, qu'il n'était pas plus grand qu'un homme ordinaire.

Ce généreux présent ajouta beaucoup à mon admiration pour l'Indien, admiration qui ne fit que s'accroître quand j'entendis ce qu'il raconta à mon père et à moi de son histoire, de quelques-unes de ses aventures, et que je connus le motif qui lui avait fait faire plusieurs centaines de milles à travers une contrée en partie couverte de forêts et en partie habitée par des bandes dangereuses de chasseurs qu'une haine profonde et invétérée contre tous les sauvages poussait à prendre ceux-ci pour but de leurs infaillibles carabines, toutes les fois qu'ils les rencontraient sur leurs terres de chasse.

Son père, nous dit-il, avait été un des guerriers qui avaient pris part au combat de Wyoming, et qui plus tard avaient été chassés et poursuivis par les soldats blancs, après plusieurs rencontres et un grand carnage, jusque sur les rives du Susquehanna, dans la contrée où vit maintenant le reste de sa tribu, entre les lacs Oneida et Cayuga.

A l'époque de cette retraite désastreuse, il n'était encore qu'un enfant, ayant à peu près ma taille, et son père s'en faisait aider pour porter quelques lourds objets qu'ils avaient enlevés aux blancs, dans un endroit où ils livrèrent une grande bataille, à l'entrée du Tunkhannock, et, parmi ces objets, l'un des plus précieux et des plus difficiles à transporter était une *chaudière d'or*.

« Quoi! dit mon père, un chaudron d'or?

—Oui, père, répondit l'Indien, et maintenant écoutez. Les soldats blancs vinrent à travers les défilés que vous voyez là-bas (il désignait alors une gorge étroite dans les montagnes à travers laquelle passe la rivière), et sur ces mêmes champs qui alors étaient couverts d'arbres (il montrait les champs de mon père qui s'étendaient au-dessous et en face de nous), eut lieu un grand combat; plusieurs guerriers étaient déjà tombés des deux côtés, lorsqu'une nouvelle troupe de visages pâles vint du nord et pénétra de ce côté dans la vallée. Alors les pauvres Indiens n'eurent d'autre voie de salut que d'abandonner la rivière et tous leurs canots, et de traverser ces hautes montagnes qui s'élèvent derrière nous. C'est par là qu'ils s'acheminèrent à travers bois vers Cayuga.

« En franchissant ces montagnes, mon père, ils longèrent les bords de cette crique dans sa partie supérieure (il montrait le cours d'eau sur lequel était construite la vieille scierie et qui serpentait à travers la ferme de mon père, avant d'atteindre la rivière dont elle est un affluent).

« Les Indiens enterrèrent sur les bords de cette crique quelques objets qu'ils ne pouvaient transporter sur les montagnes, et parmi ces objets,

quelque part, près de ce pont que vous voyez, mon
père, mais sur l'autre bord du ruisseau, je vis mon
père et ma mère cacher et enfouir dans la terre la
chaudière d'or et quelques autres objets.

« Lorsque mon père fut devenu vieux et infirme,
je fus obligé de chasser pour lui et je ne pus revenir
en ces lieux; mais depuis qu'il est parti pour rejoindre ses ancêtres, j'ai entrepris le voyage et fait
un long chemin pour exhumer de terre la *chaudière
d'or*. Mais je vois aujourd'hui, de l'endroit où je suis
assis maintenant, qu'il n'y a aucun moyen de la retrouver, et mon cœur est très-affligé.

« Mon père, nous enterrâmes la *chaudière d'or*
au pied d'un grand pin qui s'élevait sur la rive;
mais tous les arbres d'alors ont disparu, et le sol
est partout couvert d'épais gazon; où irais-je la
chercher maintenant? Ce secret, mon père, je l'ai
gardé pendant bien des années, mais je ne vois
désormais aucune raison de le cacher plus longtemps, et·cela rend mon cœur triste. J'ai fait un
long chemin, mon père, et celui qu'il me faut faire
pour m'en retourner est semé, je le sais, de nombreux ennemis.

« Ces champs verdoyants, mon père, étaient
autrefois couverts de grands et beaux arbres, c'était
les terrains de chasse de mes ancêtres, alors nombreux et forts. Mais nous ne sommes plus maintenant qu'en très-petit nombre — nous vivons à

une grande distance d'ici, et nous sommes vos
enfants. »

Mon père fit quelques questions au sujet de la
chaudière d'or, et en y répondant, l'Indien étendit
les deux bras de manière à former un cercle fermé
par ses doigts entre-croisés. « Voici, dit-il, quelle
était à peu près sa dimension ; c'était tout ce que je
pouvais faire que de la soulever, et elle devait être
d'un grand prix. »

Après avoir réfléchi profondément pendant quelques minutes, mon père se tourna vers moi et me
dit : « Georges, cours à la maison, prie ta mère de
te donner le *petit chaudron de cuivre jaune* et ap-
porte-le ici aussi promptement que tu le pourras. »
Je n'ai peut-être jamais couru plus vite de toute
ma vie — si ce n'est dans *une* seule *occasion* — que je
courus alors, en escaladant les palissades et les haies
pour m'acquitter de ma commission.

Pendant le cours de cette digression sur la *chaudière d'or*, il était revenu au souvenir de mon père
que Buel Rowlez, un de ses serviteurs, avait déterré
avec la charrue, quelques années auparavant, un
petit chaudron de cuivre jaune sur le bord de la
crique, à l'endroit même que l'Indien avait indiqué
du doigt, et ce chaudron, qui avait depuis fait partie
de la batterie de cuisine de ma mère, bientôt rapporté par moi, fut placé sous les yeux de l'enfant
de la forêt.

Pendant qu'il le regardait avec attention et en silence, le tournant en tous sens, mon père lui raconta comment et en quel lieu il avait été trouvé ; il lui dit que l'ustensile n'était qu'en simple *cuivre jaune*, métal que ses parents avaient certainement pris pour de l'or, mais qui est moins dur et d'une beaucoup moindre valeur. Après un silence de quelques minutes et sans qu'aucun changement pût se remarquer dans sa physionomie, l'Indien laissa échapper un profond soupir, comme s'il eût reconnu un trésor longtemps perdu, et, après avoir fait avec son couteau deux ou trois épreuves sur le bord supérieur de l'ustensile, il le déposa à terre ; puis tirant une ou deux bouffées de sa pipe, il dit à mon père qu'il ne conservait aucun doute sur l'identité de l'ustensile, mais que deux choses troublaient très-fortement son esprit : l'une était que la chaudière pût être aussi petite, et l'autre qu'elle ne fût pas en or. Il attribua la première erreur à ce qu'ayant eu à porter cette chaudière alors qu'il n'était encore qu'un petit garçon, elle avait été pour lui un pesant fardeau ; la seconde venait de ce qu'ayant appris, au milieu des blancs, qu'une très-petite pièce d'or vallait dix dollars, il s'était servi de cette base pour estimer la valeur probable d'une *chaudière d'or*, sans connaître la différence qui existe entre l'or et le cuivre jaune.

Pauvre ignorant enfant de la forêt ! il avait appris

de ses maîtres quelque chose de la valeur de l'or,
avant de savoir ce que c'était que l'or, et il avait
exposé sa vie, celle de sa femme et de sa petite
fille dans un long voyage de plusieurs centaines de
milles à travers des forêts infestées de chasseurs
dont les carabines étaient pointées sur chaque Indien qu'ils pouvaient rencontrer! Son long voyage
ne lui avait pas coûté de l'or, car il n'en avait pas
à dépenser; sa carabine avait fourni à sa nourriture et à celle de sa famille, et il avait jusqu'ici
échappé à ses ennemis, et de cette manière réalisé
son projet. Mais la route du retour allait être ren-
due dix fois plus dangereuse par les bruits vagues
dont la chaudière d'or retrouvée pouvait être l'objet
et que le hasard pouvait malheureusement répandre
parmi les chasseurs et les brigands des forêts qu'il
lui faudrait traverser.

Mon père et plusieurs de ses voisins rendirent de
fréquentes visites à son petit bivac; pour moi, j'y
passais presque toutes les heures dont je pouvais
disposer, tant mes premières frayeurs s'étaient
changées en admiration. Je lui portai ma tête de
tomahawk rouillée, pour laquelle il me fit un
manche qu'il sculpta d'une façon très-curieuse avec
son couteau. Ce manche, perforé en manière de
tuyau de pipe, était pour tous nos voisins un problème insoluble, car il n'y avait pas, pensaient-ils,
de vrille assez longue pour percer un tube de cette

nature. Leur jugement était en défaut ; l'Indien m'expliqua le secret : ce manche était fait d'une jeune tige de frêne dont on extrait aisément la moelle au moyen d'un fil de métal chauffé ou d'une baguette de dur ébénier.

Quand le manche fut terminé, mon ami Johnny O'Neil tint la tête et la lame de mon tomahawk sur la meule, que je tournai jusqu'à ce qu'il fût aussi brillant que de l'argent poli et que le tranchant fût aussi affilé que celui d'un couteau. A cette vue, les yeux de l'enfant de la forêt semblèrent s'allumer, et une lueur soudaine brilla dans les miens quand je le vis bourrer le fourneau de mon tomahawk de tabac, ou plutôt de ce mélange que les Indiens lui substituent et nomment *k'nickk'neck*, et se mettre à fumer cette étrange pipe.

Et cependant le grand charme, le grand mystère du tomahawk était encore à dévoiler — encore à apprendre. Mes jeunes lecteurs doivent remarquer que le tomahawk, comme le couteau à scalper, qui généralement porte la marque de Sheffield[1], est une combinaison de l'esprit inventif des civilisés ; c'est une arme trop meurtrière et trop destructive pour avoir été inventée et fabriquée par les pauvres Indiens, car elle réunit les deux conditions essentielles et nécessaires des instruments de guerre,

1. Ville manufacturière d'Angleterre, comté d'York.

dans lesquels on recherche avant tout la force qui renverse et la lame qui tranche. De plus, quand la guerre est finie, le tomahawk se change en instrument de plaisir, et il est alors également précieux : on le charge avec du tabac et on s'en sert comme d'une pipe.

Le dernier des caractères du tomahawk m'ayant été enseigné à ma grande joie, comme je viens de le dire, quand le tabac fut consommé, mon bon et confiant ami se leva, tenant le tomahawk dans sa main droite ; il le lança contre le tronc d'un arbre éloigné de quelques verges, de manière à ajouter beaucoup à ma surprise admirative. L'arme tranchante, s'enfonçant dans le bois dur, témoigna du sort certain qu'eût éprouvé un ennemi à une égale distance. Je n'aurais pas eu la force de la retirer de l'arbre, mais, sous sa main exercée, elle se détacha comme une feuille au souffle du vent.

Il fit alors un pas en arrière, puis un autre, jusqu'à dix ou quinze, tenant dans sa main l'extrémité du manche, quand — *Click !* L'électricité n'aurait pas été plus prompte qu'il ne le fut en prononçant ce mot, et déjà le tomahawk était enfoncé de nouveau dans le tronc dé l'arbre ! Il renouvela cet exercice à plus de vingt reprises, sans manquer une seule fois le but, au grand étonnement de mon père et des autres spectateurs ; l'arme tournait sur elle-même en fendant l'air, mais le tranchant,

quelle que fût la distance, s'enfonçait toujours
dans l'arbre. J'étais alors en présence d'un de ces
mystères inexplicables que j'ai observés parmi les
Indiens, et je n'ai jamais été capable d'expliquer
celui-ci, même encore aujourd'hui.

Je lui apportai du silex qui avait servi de pointe
à une flèche; il l'examina avec attention et avec
une tristesse visible. Il me fit un grand nombre de
flèches qu'il garnit de plumes; il courba en un bel
arc un jeune ébénier, et l'orna aussi de plumes
de grimpereau; avec la peau du faon (le dix cors!)
que j'aurais voulu tuer il me fit un carquois, y mit
des flèches, et me le jetta sur le dos. Rien au monde
pouvait-il plus contenter mon ambition d'enfant?

L'honnêteté et la candeur juvénile de ces pauvres
gens leur gagnèrent quelques amis dans le voisinage; sans doute, il y avait bien là aussi de cruels
ennemis qui, sous le masque de l'hypocrisie, et
sous prétexte de leur prodiguer leurs soins, rôdaient
et s'empressaient autour d'eux. Mon père leur fit
quelques présents, et l'affection que je leur portais
et qui m'attirait sans cesse vers eux, préleva sur
le garde-manger de ma mère de journalières et
larges contributions.

Mon père était dans de constantes appréhensions
pour leur sécurité, et, pendant qu'il mûrissait un
plan pour les renvoyer, à ses propres frais, dans
leur pays, par une route différente de celle qu'ils

avaient prise en venant, on découvrit un matin que leur fumée ne s'élevait plus au coin de notre *grand champ de blé*, et le même matin on trouva appendu dans une partie de la maison de mon père, qui était toujours ouverte, un superbe quartier de venaison dans lequel était plantée une des belles plumes d'aigle qui ornaient la tête de On-o-gong-way, et que nous connaissions si bien.

Pauvre, honnête et innocente créature! Il était parti, exposant sa vie dans un long voyage pour retourner chez lui, et, comme une preuve indubitable de son amitié et de sa gratitude, il s'était fait un plaisir d'offrir en silence ce présent d'adieu, et, ne pouvant écrire son nom, il avait chargé la plus belle de ses plumes de faire connaître le donateur.

« Les Indiens sont partis! les Indiens sont partis! » répéta l'écho dans cette matinée et dans tout le voisinage; et le pauvre Johnny O'Neil s'écriait, en regardant le quartier de venaison orné de la plume d'aigle : « Sur ma parole, squire, ce n'est pas là un bohémien! Que je sois pendu si ce n'est pas un gentleman! »

Quelques jours après le départ des Indiens, deux enfants du voisinage s'exerçaient avec moi au tomahawk, le lançant tour à tour contre un tronc d'arbre, quand, échappé à une main peu habile, il effleura légèrement l'arbre près duquel je me tenais, assez rapproché pour que le tranchant, fraîchement

affilé, m'atteignît à la joue gauche, entamant profondément la pommette, et me renversant sur le
sol, tout couvert de sang. La blessure fut plusieurs
mois à se guérir, et il m'en reste une cicatrice qui
servira de signalement à mes jeunes lecteurs pour
me reconnaître, s'ils ont l'occasion de me voir.

Telle fut la *première* catastrophe qui résulta de la
nouvelle et singulière connaissance que je venais de
faire, et dont je viens de raconter l'histoire; mais
ce ne fut pas la plus cruelle : quelques jours plus
tard, nous apprîmes avec une profonde douleur que
le cadavre du pauvre On-o-gong-way avait été trouvé
percé de deux balles de carabine dans la vallée de
Randolph, désert obscur et dangereux qui s'étendait
à huit ou dix milles environ de notre habitation, et
par lequel il devait nécessairement passer pour atteindre son pays et retrouver ses amis.

Quel fut le sort de sa pauvre femme ainsi que de
son intéressante et innocente petite fille? personne
au monde ne put ou ne voulut jamais le dire; mon
père pensait qu'on les avait retenues captives, et
que l'appât de la *chaudière d'or* avait été le mobile
de ce lâche assassinat; mais, malgré les recherches
qu'il ne cessa de faire d'année en année, il ne put
jamais soulever un coin du voile qui recouvre encore cette infamie.

CHAPITRE III.

Tribus indiennes. — Wigwams, ménages et costumes.

Dans le chapitre précédent, j'ai montré comment se sont formées mes premières impressions relativement au caractère des Indiens. Maintenant, franchissant la portion de ma vie qui s'est écoulée depuis mon enfance jusqu'à l'âge de trente-trois ans, où j'entrai dans les forêts pour en apprendre davantage, je veux retracer les scènes dant j'ai été témoin pendant cette période aventureuse de mon existence. Le lecteur pourra en retirer une connaissance plus approfondie de la manière d'être des Indiens et de leurs mœurs.

La grande vallée du Mississipi et du Missouri qui, avec ses vastes prairies, ses montagnes et ses lacs, forme près de la moitié de l'Amérique du Nord, a été le vaste champ d'excursions auxquelles j'ai consacré cinq ou six ans de ma vie. Pendant ce temps j'ai visité grand nombre de tribus et quelques-unes des plus belles races humaines de l'Amé-

rique et peut-être du monde. Parmi les principales,
les plus nombreuses et les plus intéressantes, je
dois ranger les *Sioux*, les *Pieds-Noirs*, les *Crows*,
les *Mandans*, les *Pawnies*, les *Ojibeways*, les *Comanches*, les *Osages* et les *Choctaws*. Dans mes voyages
postérieurs, à l'ouest des montagnes Rocheuses, je
signalerai plus particulièrement les *Têtes-Plates*, les
Apaches, les *Shoshones*, les *Arapahos*. Enfin, dans le
sud et le centre de l'Amérique, j'ai vu les *Caraïbes*,
les *Arowaks*, les *Chaymas*, les *Govagives*, les *Marou-
chis*, les *Guaranis*, les *Tupis*, les *Botocudos*, les *Coni-
bos*, les *Chiquetos*, les *Moxos*, etc.

Pour donner un récit circonstancié de mes pérégrinations parmi toutes ces peuplades éloignées, il
faudrait un très-gros livre qui, par cela même,
finirait peut-être par fatiguer mes jeunes lecteurs;
aussi, élaguant les détails trop minutieux, j'abrégerai
la route en suivant la ligne droite; et, entrant tout de
suite en matière, je vais, mes jeunes amis, vous
introduire immédiatement au sein de ces tribus, en
vous faisant connaître d'abord leur manière de
vivre; puis leurs mœurs, que vous serez alors plus
à même d'apprécier. Ceci fait, vous vous rendrez
assurément beaucoup mieux compte de leurs actes.

Franchissons en un clin d'œil, si vous voulez bien
me suivre, l'immense espace de douze cents milles
qui sépare la scène où, comme je viens de le dire, se
sont écoulées mes jeunes années dans l'État de New-

York (d'où les tribus indiennes ont disparu depuis plusieurs années), du centre et du cœur des grands déserts de l'Amérique, dans lesquels hommes et animaux errent encore, dans leur beauté naturelle et leur indépendance native, sur les grandes, immenses et vertes plaines du haut Missouri.

Je vous présente, tout d'abord, un groupe de famille qui renferme le chef militaire de la grande nation des Sioux, avec sa jeune fille qui n'est pas encore mariée, et sa femme tenant son enfant (*papoose*) suspendu dans un élégant petit berceau orné de piquants de porc-épic, teints des plus vives couleurs. Le chef porte un vêtement taillé dans une peau de bison sur laquelle sont peintes les batailles auxquelles il a pris part. Sa tunique et ses guêtres sont en peau de daim; elles sont brodées sur les coutures en piquants de porc-épic, et des chevelures scalpées en forment les franges. Ses mocassins, en peau de daim également, sont artistement brodés; de la main droite il tient sa lance, et sa coiffure de plumes d'aigle et de peau d'hermine tombe jusqu'à terre; elle est surmontée d'une paire de cornes, insigne de son rang de chef de tribu, mode singulière qui a de l'analogie avec celle des anciens Juifs et que j'ai retrouvée dans presque toutes les tribus.

La tunique de la jeune femme est en peau d'agneau, plus légère et plus souple que la peau de

daim; elle est peinte et brodée avec goût. Son
costume est exactement le même que celui de sa
fille; ses guêtres et ses mocassins sont de même
élégamment ornés.

On voit par la description qui précède que ces
gens ne sont pas toujours « de pauvres Indiens
nus; » car dans leur état naturel, avant que les
blancs vinssent détruire leur gibier, ils avaient en
abondance des peaux et des fourrures pour se vêtir,
et sauf la saison chaude, où il est plus agréable de
rester légèrement vêtu, ils étaient habillés ample-
ment, confortablement et souvent même avec élé-
gance.

Ce même groupe nous offre aussi un bon spéci-
men des rapports de famille parmi ces pauvres
gens. Voici le père, la mère et les enfants. Mes
observations m'ont fait reconnaître qu'ils éprouvent et qu'ils respectent les affections conjugales,
paternelles et filiales, à un aussi haut degré que
les membres d'une société plus éclairée; et ce petit
volume en fournira de frappants exemples.

Les Sioux (Dah-co-ta) forment l'une des tribus les
plus nombreuses et les plus puissantes de l'Amérique septentrionale; elle compte environ 25 000 individus, qui se partagent en quarante bandes dont
chacune a un chef soumis, comme tous ses collè-
gues, à une sorte de général de la confédération;
ce sont tous ces chefs qui, réunis en conseil, for-

Le grand chef des Sioux et sa famille.

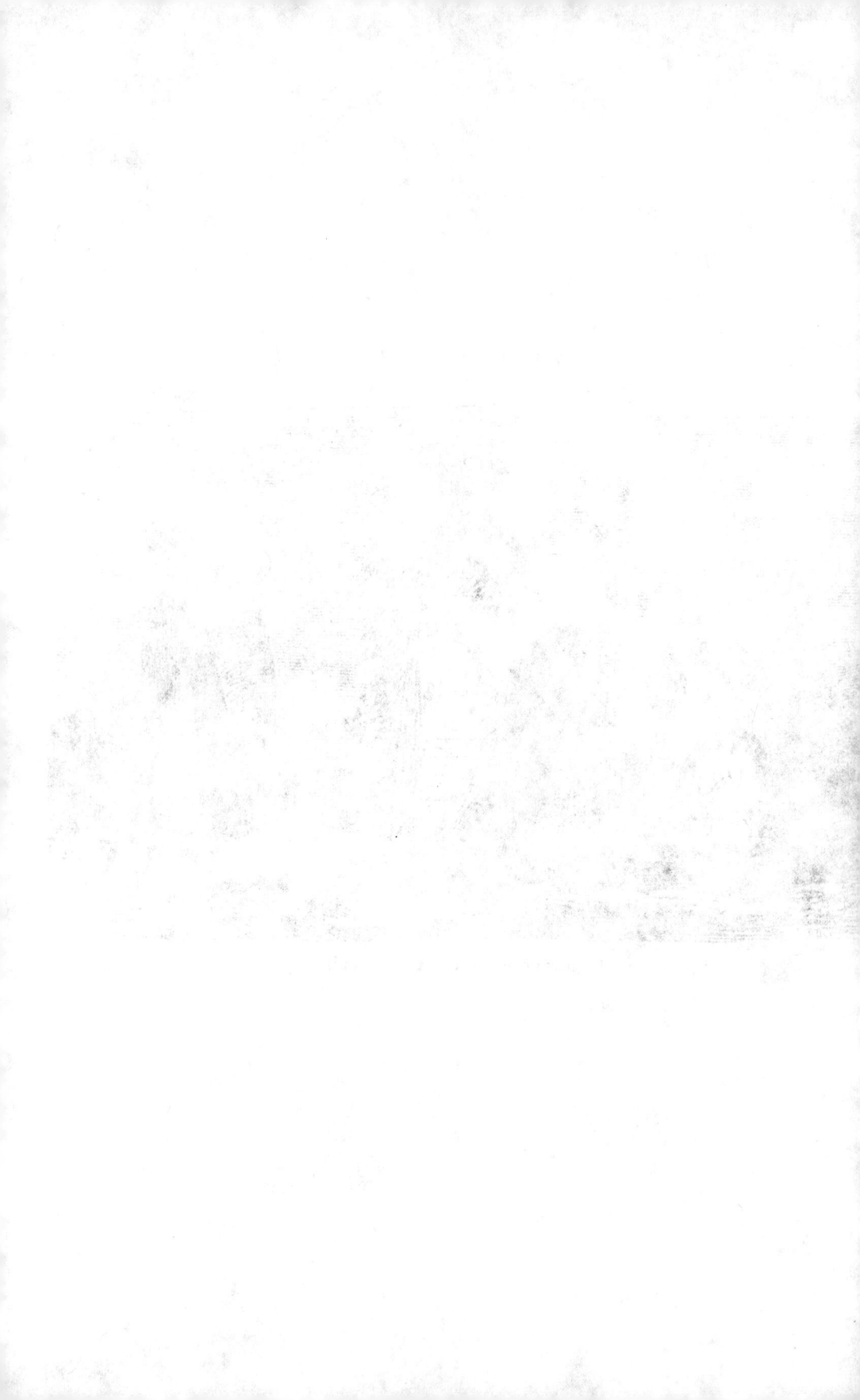

ment le gouvernement de la nation. Telle est la coutume de la plupart des tribus.

Il n'y a pas d'Indiens mieux vêtus, habitant de meilleures cases (*wigwams*), ou qui soient mieux montés que les Sioux. Ils s'emparent des chevaux sauvages qui paissent souvent par centaines dans les prairies; et, rapides comme l'éclair, ils décochent leurs flèches meurtrières, ou brandissent leurs longues et terribles lances contre les bisons, ou contre l'ennemi qu'ils combattent.

Ces hommes, vivant pour la plupart dans un pays de plaines, s'y procurent facilement des peaux de bison, et s'en servent pour construire leurs demeures. Ils leur donnent la forme de tentes et elles sont plus confortables que les huttes grossières faites avec du bois; elles sont plus facilement dressées; et de plus elles ont l'avantage précieux d'être facilement transportables d'un bout des prairies à l'autre. Cette mobilité permet aux Indiens de suivre les troupeaux de bisons dans leurs migrations d'été et d'automne, époque où ils s'occupent activement d'en faire sécher la viande pour leur consommation d'hiver, de préparer les peaux pour leur usage, ou pour les échanges qu'ils font avec les marchands de pelleteries.

La vue que nous donnons d'un village sioux, sur le haut Mississipi, offre à mes jeunes lecteurs une idée exacte de la manière dont vivent ces curieuses

peuplades. Il y avait dans ce village environ
400 tentes en peaux, dressées presque toutes de la
même manière : 15 ou 20 perches en forment la
charpente que recouvre une seule enveloppe, composée de 15 ou 20 peaux de bison, cousues ensemble et peintes et brodées en toutes couleurs; ce qui
présente un coup d'œil aussi curieux qu'agréable.

Le centre de la tente est occupé par le foyer, dont
la fumée s'échappe par le sommet, et à la nuit les
hôtes du logis s'endorment tous sur des peaux de
bison étendues à terre, les pieds tournés du côté du
feu; coutume très-saine et qui n'est pas dépourvue
de confortable. Pour pénétrer dans l'un de ces wigwams, il est vrai qu'il faut se baisser d'une manière
assez incommode; mais une fois entré, on peut se
redresser, et l'on a au-dessus de sa tête un espace
haut d'une vingtaine de pieds. Toute la famille est
assise et personne ne se lève pour vous saluer,
quelles que puissent être vos fonctions ou votre
importance; tous baissent les yeux sur vos pieds,
au lieu de vous regarder en face, et l'on vous prie
de vous asseoir.

On étend pour vous un vêtement ou un paillas-
son de jonc, et, comme ils n'ont pas de chaises, le
visiteur se trouve alors fort embarrassé. Ce n'est
n'est pas une chose commode pour un blanc que de
s'asseoir par terre, et quand une fois il y est parvenu, il ne sait que faire de ses jambes.

Un village sioux sur le haut Missouri.

Habitués à cela dès l'enfance, les Indiens s'asseyent sur le sol et se relèvent avec autant d'aisance qu'un Européen peut en mettre à prendre et à quitter un fauteuil. Hommes et femmes se baissent et se lèvent sans la moindre apparence d'efforts, sans la moindre secousse, sans appuyer leur main à terre et sans blesser en rien la grâce et la décence. Les hommes, pour s'asseoir, entre-croisent d'abord leurs pieds, étroitement serrés l'un contre l'autre, puis étendant en avant les bras et la tête, et pliant les genoux, ils se baissent d'une manière lente et régulière jusqu'à ce qu'ils se trouvent assis sur le sol. Quand ils veulent se lever, ils mettent leurs pieds, ainsi que leur tête et leurs bras, exactement dans la même position, et se redressent complétement, sans le moindre effort apparent.

Les femmes s'asseyent toujours en pliant les deux jambes; et, comme les hommes, elles se baissent ou se lèvent sans toucher le sol de leurs mains.

Une fois assis, pour que vous soyez à l'aise, vos jambes doivent être croisées et vos talons ramenés tout contre vous, et alors vous pouvez prendre la pipe quand on vous la présente, et examiner tranquillement et librement ceux qui vous entourent

L'ameublement de ces wigwams n'est pas riche, mais pour qui le considère avec attention, il est en réalité très-curieux.

La première chose qui vous frappe en entrant,
c'est la présence d'une demi-douzaine de chiens,
peu hospitaliers, qui aboient, le poil hérissé et en
vous menaçant de leurs crocs, tandis que derrière
eux se tiennent souvent autant d'enfants, auxquels
votre aspect étrange et sauvage pour eux arrache
des cris d'effroi.

Quand le vacarme a cessé, vous pouvez porter vos
regards sur d'autres objets, et vous apercevez des
boucliers et des carquois, des lances, des selles, des
sachets médicinaux, des gibecières, des harpons,
des berceaux, des masques en peau de bison, réser-
vés pour la danse qui porte le nom de cet animal, et
enfin une grande variété d'autres choses pittoresques, pendant tout alentour et attachées par des
courroies aux extrémités des perches. Cet ensemble,
joint à l'aspect du sol qui entoure le foyer, présente
l'une des plus curieuses scènes que l'on puisse imaginer.

En face de ces wigwams, on voit les femmes activement occupées à tailler des vêtements et à faire
sécher la provision de venaison. Les peaux prépa-
rées pour l'habillement des Indiens, soit en bison,
soit en daim, sont en général très-fortes et très-
douces. La préparation en est curieuse : les femmes
étendent la peau sur un châssis ou sur le sol, où
elle reste trois ou quatre jours, après que l'on en a
enduit le côté charnu avec de la cervelle de bison

ou d'élan, puis on la foule avec une sorte de do-
loire ou de ciseau taillé dans un os.

Cette opération terminée, on fume la peau. Dans
ce but, on creuse en terre un trou de deux ou trois
pieds de profondeur ; un feu étouffé de bois pourri
allumé dans l'intérieur du trou produit une fumée
très-épaisse et d'une nature particulière ; puis, par-
dessus, on dresse une petite tente de peau déjà
tannée et fermée hermétiquement, de manière à ne
pas laisser d'issue à la fumée, et dans laquelle les
peaux sont exposées trois ou quatre jours. Après
cette opération, ces peaux peuvent être portées par
la pluie, sans jamais perdre, lorsqu'elles sont séchées, leur souplesse inaltérable, qualité que ne
possèdent pas toujours, si je ne me trompe, celles
que l'on prépare dans les pays civilisés.

Le séchage de la viande se fait en découpant celle-ci
en tranches minces que l'on expose au soleil, suspendues à des perches ; une fois desséchée, cette
viande se conserve parfaitement sans avoir été salée
ni fumée.

Notre planche représente aussi des hommes revenant de la chasse, avec leurs chevaux chargés de
venaison et de peaux pour occuper les femmes. On
dit proverbialement, dans le monde civilisé, « que la
pauvre Indienne a toujours à faire la plus rude besogne. » Ce n'est pas exactement vrai. Elle travaille
rudement et continuellement, c'est vrai. C'est à elle

qu'échoit la plus grande part des corvées dans le village et dans le wigwam ; et on la voit, en effet, porter de lourds fardeaux, etc. Il semble donc au voyageur superficiel qu'elle y soit brutalement contrainte
par son cruel mari, qui souvent la regarde faire
tranquillement étendu à terre et fumant sa pipe.

Mais le travail de ce dernier, on ne le voit pas,
et par conséquent on en tient moins de compte.
Quand il monte à cheval, ses armes à la main et
que, tous les sens en éveil, tous les muscles tendus,
il s'élance au milieu des troupeaux sauvages qu'il
poursuit, c'est pour se procurer la nourriture de sa
femme et de ses enfants, et quand il parcourt jour
et nuit le pays, au risque de sa vie, c'est pour les
défendre contre les attaques de l'ennemi.

L'existence de la femme indienne est assurément
une vie d'esclave, et il en est de même de la plupart
des femmes pauvres comme elles dans tous les pays
civilisés. Examinez leurs humbles demeures dans
les campagnes et dans toutes les cités, et voyez
les fatigues et les labeurs d'esclave d'une pauvre
femme ! Elle travaille tous les jours de sa vie, porte
l'eau, fait les feux, et prend soin des petits enfants
comme la pauvre femme indienne. Elle peut être
l'esclave d'un mari paresseux qui dépense son temps
ainsi que son salaire au cabaret ; mais parmi les
Indiens d'Amérique, rien de tel n'existe ni ne peut
exister : là, tout homme est chasseur et soldat ; il

doit pourvoir à la nourriture de sa famille aussi bien
qu'à la défense de sa tribu.

L'éducation d'une femme dans ces pays lui apprend que le travail doit être réparti entre elle et
son mari ; et, en échange de la subsistance et de la
protection que lui assurent les travaux de celui-ci,
elle accepte volontairement la rude besogne de la
tente, considérant ce partage comme équitable.

Esclaves de leurs maris, est une épithète si souvent
et si injustement appliquée aux pauvres femmes indiennes dans le monde civilisé, si souvent répétée
et rajeunie par des touristes auxquels il est arrivé
de voir une ou deux Indiennes à l'ouvrage quand
leurs maris sommeillaient ou fumaient, que je ne
puis, en bonne conscience, mes jeunes lecteurs, me
résoudre à passer outre sans ajouter encore ici quelques considérations.

A l'égard de l'Indien d'Amérique, l'un des traits
distinctifs qui établissent sa supériorité intellectuelle
sur l'Africain et quelques autres sauvages est, sans
nul doute, sa passion indomptable pour une liberté
sans frein. Les efforts (et le nombre en est grand)
faits pour assujettir ces tribus américaines ont tous
échoué ; et leur aversion pour ces tentatives est telle,
que nulle rémunération ne saurait engager l'un
d'eux à travailler soit pour l'un des siens, soit pour
un blanc, sans que ses compatriotes lui appliquent
une épithète flétrissante.

Dans les relations des deux sexes, dans le mariage, où, comme parmi les blancs, les deux ne font qu'un, ils peuvent travailler pour un intérêt commun et une existence commune sans encourir de reproche; et je ne crois pas que, parmi les classes pauvres d'aucun peuple civilisé, on puisse trouver une répartition des charges de la vie conjugale plus équitable et plus volontairement acceptée que celle qui existe parmi les Indiens d'Amérique.

En vertu d'une coutume régnant parmi toutes leurs tribus, la personne de tout individu en société, vivant soit en famille, soit dans le célibat, est regardée comme inviolablement protégée contre les coups, qui, pour eux, impliquent une idée de dégradation ou de servitude, et en tout cas peuvent être vengés par la mort.

Quand bien même ce système entraînerait quelques inconvénients, combien ne relève-t-il pas le caractère de l'Indien, et combien ne fait-il pas honneur à sa race; et quelle leçon le monde civilisé ne pourrait-il prendre de ces gens chez lesquels jamais on n'a vu une brute dénaturée battre sa femme ou son petit enfant!

Mais nous avons laissé ces pauvres femmes au milieu de leurs travaux, dont les principaux consistent dans la préparation des vêtements et du séchage de la viande. Revenons à elles pour quelques moments encore, afin de ne pas perdre de vue un village sioux avant de connaître tout ce qui le concerne, car autrement il nous serait peut-être impossible d'apprécier quelques usages *sioux*, étranges et curieux, qui nous restent encore à décrire.

Mon dessin vous montre les femmes indiennes dans la pleine jouissance de leur bonheur domestique, entourées de leurs jeunes enfants et de leurs chiens, les habitants revêtus de leurs costumes ordinaires, et les petits Cupidons prenant leurs premières leçons d'archer, partie essentielle de leur éducation. Il se trouve que c'est précisément un *jour de scalpe*; les Sioux, de même que la plupart des autres tribus, ont dans l'année plusieurs jours de fête, consacrés à *compter les scalpes*. Ces jours-là, le chef arbore sur un des côtés du toit de son wigwam une perche appelée la *hampe du scalpe*, à laquelle sont suspendues les dépouilles qu'il a conquises, et il donne ainsi le signal aux autres guerriers, qui ne tardent pas à l'imiter ; de cette manière, tout habitant du village peut compter les chevelures, se rendre compte du mérite de chaque guerrier, de son rang et de celui auquel lui donne droit le nombre de *scalpes* enlevés par lui à l'ennemi.

Chez les tribus indiennes, tout homme est soldat, tout soldat est un *brave*, un guerrier, ou un chef. Tous sont armés et prêts à marcher au combat au premier appel. Un *guerrier* est l'un de ceux qui ont conquis un ou plusieurs scalpes ; un *brave* est celui qui marche au combat comme soldat, mais qui n'a encore ni tué, ni scalpé.

Scalper est un usage pratiqué à peu près de la même manière et dans le même but par toutes les tribus américaines; nous en reparlerons plus loin avec détail.

De l'architecture des Sioux, sur laquelle j'aurai occasion de revenir, passons aussi rapidement aux différents modes de construction en usage chez d'autres tribus séparées d'eux par de grandes distances.

Les *Assiniboins*, les *Crows*, les *Pieds-Noirs*, les *Omahos*, les *Shiennes*, les *Comanches*, et quelques autres tribus qui vivent aussi dans la proximité des paturages fréquentés par les bisons, bâtissent leurs wigwams et vivent presque de la même manière que les Sioux. Tous pourraient être appelés *constructeurs en peau*. Il y a encore les *constructeurs en gazon*, les *constructeurs en pisé, en écorce, en charpente*, et d'autres encore, qui tous seront mentionnés en leur place.

Il est bien surprenant que ces hommes ingénieux qui ont inventé tant de manières de construire leurs habitations n'aient pas encore adopté le mode de construction en pierres. Ce n'est pas là probablement l'effet de l'ignorance ou d'un défaut d'invention, mais la suite de leur coutume invariable de ne pas laisser de monuments. Toutes les tribus américaines sont soumises plus ou moins à des migrations; et lors de leurs déplacements elles font disparaître tous les signes de leur séjour en brûlant leurs wigwams, quand elles ne peuvent les emporter, et en *rasant les tombeaux de leurs aïeux et de leurs enfants.*

Les *Pawnies-Peints* (dans leur langue *Tow-ce-ahgc*), tribu considérable qui habite vers les sources de la rivière Rouge, dans le Texas occidental, construisent leurs wigwams avec l'herbe longue des prairies, sorte de chaume qui s'applique sur une charpente de perches enfoncées dans le sol et courbées vers le sommet; le tout ressemble beaucoup à une ruche en paille.

Cette singulière mode, suivie seulement par cette tribu et par une partie des *Kiowos* et des *Wicos*, tribus d'une importance moindre que les *Pawnee-Picts* ont subjuguées, est, du reste, très-commode; elle donne lieu à des habitations confortables, fortement construites et facilement détruites par le feu quand il faut changer de quartier.

La tribu des *Mandans*, sur le haut Missouri; les *Pawnies*, riverains de la Platte; les *Minataries* et les *Ricawies*, sont les seuls qui emploient le pisé; et tous ils paraissent construire leurs wigwams à peu près de la même manière.

A l'opposé des Sioux et des autres tribus perpétuellement nomades, qui vivent sous des tentes de peau, ces derniers habitent des villages stables

et construisent leurs wigwams plus solidement; ils
ont, en outre, l'habitude de les fortifier contre les
attaques de leurs ennemis, en les établissant sur le
bord d'une rivière et en les défendant par une palissade.

Leur première opération est toujours de pratiquer dans le sol une excavation circulaire de trois
ou quatre pieds de profondeur; sur cette fondation
ils élèvent des troncs d'arbres posés l'un contre
l'autre, dont les gros bouts appuient au fond de
l'excavation et dont les extrémités se réunissent
au sommet du wigwam. Cette charpente, soute-
nue à l'intérieur par des traverses entre-croisées,
est couverte d'abord de branches de saule pour
préserver les troncs de l'humidité, puis revêtue
d'une couche, épaisse d'un ou deux pieds, d'argile
et de gravier.

Le tout forme une toiture si solide que tous
les habitants de la loge, y compris les chiens, peuvent dormir et gambader dessus dans la belle
saison.

Dans le grand village des Mandans, j'ai mesuré
plusieurs de ces constructions, et j'ai trouvé aux
plus petites quarante-cinq pieds de diamètre, tandis
que quelques-unes atteignaient soixante pieds. Le
foyer, comme dans les tentes des Sioux, est toujours établi au milieu de la hutte et la fumée s'é-
chappe par le sommet.

Ce sont là les seules constructions soumises à
règles uniformes d'architecture, tandis que
constructeurs en bois, en écorce, etc., donnent à
matériaux une multitude de formes.

CHAPITRE IV.

Guerriers indiens. — Armes, costumes et peintures de guerre. — *Fumer le bouclier.* — Signaux et prisonniers de guerre. — Scalpes. — Le calumet de la paix.

Maintenant, mes jeunes lecteurs, nous sommes sur le point d'arriver à des scènes et à des événements plus émouvants : veuillez ne rien passer ; lisez chaque mot tel qu'il se présente, car il sert de base à celui qui le suit. Tâchez de prendre patience jusqu'aux descriptions des *scalpes*, de la *chasse au bison*, de la *fête des chiens*, du *docteur de pierre*, du *nid du tonnerre*, etc. Apprenez d'abord à connaître la tenue des Indiens ; elle vous aidera, comme je vous l'ai dit, à comprendre plus facilement leurs actions.

Dans le dernier chapitre, je vous ai décrit la famille d'un sauvage américain, du plus haut rang, chef de guerre de sa tribu, en grand costume, entouré de sa femme et de ses enfants ; je veux vous faire faire connaissance avec trois guerriers indiens de distinction, en tenue de combat, peints et équipés pour la guerre. Je les ai choisis parmi les nombreux portraits que j'ai faits d'après nature, et grâce

à. eux, vous serez à même d'avoir des idées exactes
et vraies sur l'extérieur de cette classe d'hommes,
que l'on trouve dans toutes les tribus indiennes
de l'Amérique.

Ces braves jeunes gens furent tous mes amis et
mes hôtes, alors que je vivais parmi eux ; à toute
heure je les ai trouvés prêts à me procurer toute
l'assistance et tout l'agrément dont ils pouvaient
disposer, et prêts aussi à protéger mes biens et ma
vie au péril même des leurs. Avec eux, j'ai fumé, j'ai
lutté à pied et à cheval ; et dans mes longues parties
de chasse à travers les prairies, et à de grandes
distances de leurs demeures, je leur ai toujours
confié ma vie en toute sécurité.

Ces jeunes gens étaient des guerriers ; titre, je
vous l'ai dit, qui n'appartient qu'à ceux qui ont
pris des *scalpes*. Leurs guêtres étaient décorées, en
guise de franges, de chevelures arrachées aux têtes
de leurs ennemis ; et pourtant ils auraient été les
derniers des hommes à toucher à la mienne.

Il n'est rien, jeunes lecteurs, dans le caractère des
Indiens ou dans leurs mœurs, qui l'emporte en in-
térèt ou en importance sur le sujet même du présent chapitre, c'est-à-dire sur tout ce qui a trait aux
guerriers indiens et à la guerre indienne; car c'est
là en réalité le point culminant de l'existence de ces
sauvages et la clef de toutes leurs actions.

Toute tribu indienne est une communauté séparée, entourée d'autres tribus, avec lesquelles, règle générale, elle est en guerre, par suite de plusieurs causes qui n'existent pas au même degré chez les nations civilisées. Les territoires qui sont le théâtre de leurs chasses désordonnées n'ont pas de limites définies, et cette absence ou cette incertitude de délimitations les expose aux attaques de leurs ennemis. Une autre cause de guerre plus puissante, c'est l'ambition de se signaler qu'ont tous les guerriers indiens : car pour parvenir aux distinctions glorieuses de leurs tribus, ils n'ont qu'un seul moyen, devenir des guerriers célèbres.

J'ai déjà dit que toute tribu a son chef civil et militaire, ou chef de guerre, et que tous les jeunes gens sont des guerriers ou des braves. Pendant la guerre, le général en chef prend le commandement et, sans employer la moindre contrainte, *conduit* au combat ses guerriers; ceux-ci sont tous des volontaires, et libres en tout temps de l'abandonner, s'il leur plaisait d'encourir le déshonneur qui les attendrait au retour.

Or, des trois guerriers représentés page 73 ci-après, le n° 1 est *Om-pa-ton-ga*, le Grand Élan, guerrier *Omaha*. Costumé, armé et peint en guerre, il tient dans sa main son arc et ses flèches, dans l'attitude du *qui-vive?* — Il est drapé dans la peau de bison où sont peintes ses batailles, et porte le carquois rempli de flèches en bandoulière.

Le n° 2 est *la Souris aux plumes de couleur*, *Mandan* en costume et en peinture de guerre. Tendant son arc, il porte son carquois en bandoulière, et sur ses mocassins, en guise de franges, des mèches de scalpe.

Le n° 3 s'appelle *l'Oiseau qui va en guerre*, guerrier *Pawnie*. Il est peint et costumé pour la bataille, avec un arc et des flèches, un bouclier et un carquois; il a sa massue dans la main droite; de délicates peintures de guerre ornent son corps; les anneaux qu'il porte aux chevilles sont formés d'une rangée de sabots d'antilope, qui font entendre un aigre cliquetis quand il danse ou quand il marche; il porte un joli pagne en plumes d'aigle; sa tête, rasée suivant la mode invariable de sa tribu, est ornée d'une belle crête formée d'une queue de daim teinte en rouge et de crin de cheval, laquelle a beaucoup d'analogie avec un casque grec.

Le *costume de guerre* et les *peintures de guerre* sont caractéristiques. Nul guerrier, parmi toutes les tribus indiennes de l'Amérique, n'irait au combat sans son *costume* et sa *peinture de guerre*. Le premier consiste dans le vêtement que chacun croit le plus propre à lui laisser le libre maniement de ses armes et de ses membres; et, en réalité, la plupart du temps cela équivaut à être peu ou point vêtu. Le second de ces usages consiste en barbouillage et en raies d'argile blanche, de vermillon, ou en une

TROIS GUERRIERS INDIENS.

Pawnie.   Omaha.   Mandan.

couche épaisse de charbon de terre mêlé à de la graisse d'ours, dont on se recouvre différentes parties du corps et des membres, ainsi que le visage, qui est quelquefois moitié noir et moitié rouge, d'autres fois tout noir, de manière à être rendu méconnaissable.

Chaque guerrier a sa peinture particulière et personnelle, qui le fait reconnaître de ses camarades à une distance où ils ne pourraient le distinguer par les différences naturelles, tant ils se ressemblent quand ils sont nus et combattant en plein air.

Fait étrange et curieux, dont j'ai pu m'assurer pendant mes voyages, jamais je n'ai pu déterminer un guerrier à poser pour son portrait avant qu'il eût employé à sa toilette (costume et peinture de guerre) le temps voulu, qui s'étend souvent depuis le lever du soleil jusqu'à onze heures ou midi. Partout aussi il m'a été dit que l'appréhension la plus vive de n'importe quel guerrier était que sa mauvaise étoile ne le conduisît à la mort alors qu'il ne serait pas *peint en guerre*.

Les portraits de ces trois guerriers donnent l'idée des principales armes de toutes les tribus américaines : l'arc et les flèches. Leurs arcs sont courts et légers, afin d'être maniés facilement et adroitement, même à cheval; la portée en est très-grande, car à la partie antérieure le bois est garni d'une couche de tendons de bison qui lui communiquent

une grande élasticité. Leurs flèches se terminent par
un morceau de silex, si adroitement taillé en forme
de pointe avec deux tranchants aigus, qu'il pénètre
à fond dans la chair des bisons comme dans le corps
humain.

Ces flèches sont placées dans un carquois porté en
bandoulière et fait, en général, avec des peaux d'a-
nimaux d'une forme et d'une dimension correspon-
dant à son volume. Quand ils n'en font pas usage,
les sauvages tiennent leurs flèches la pointe en bas
dans le carquois, de crainte d'accident ; mais quand
ils vont au combat, elles sont retournées la pointe
en l'air afin qu'ils puissent les saisir instantanément
et sans obstacle.

Outre l'arc et les flèches, ils se servent dans les
combats du *tomahawk* que j'ai déjà décrit, de massues
de diverses formes, ainsi que de lances, et ils se
couvrent d'un bouclier tenu du bras gauche. Tout
cavalier porte ce bouclier, qui complète sa tenue
et son équipement et lui donne une ressemblance
frappante avec les cavaliers grecs ou romains.

Ces boucliers sont toujours faits avec de la peau
de bison, prise sur le cou de l'animal, où est sa plus
grande épaisseur. Une fois tannée et durcie par la
gélatine qui y reste adhérente, elle devient à l'é-
preuve des flèches et même de la balle, surtout
si les boucliers sont tenus obliquément, manœuvre
dans laquelle excellent les sauvages. Ils peignent

et ornent ces boucliers d'une foule de manières, et ajoutent à leur aspect pittoresque en y appendant des plumes d'aigle et souvent en y figurant en peinture leurs *sacs médicinaux*, que bientôt je vous ferai connaître.

Fumer le bouclier ! — Avez-vous jamais entendu parler de rien de semblable ? Non sans doute. Eh bien, c'est là une des plus grandes et des plus imposantes cérémonies que l'on puisse observer dans les pays indiens. Écoutez ! Un Indien a atteint l'âge d'aller à la guerre ; il a seize ou dix-huit ans, il a besoin d'un bouclier, *il doit en avoir un*, car il ne peut combattre sans cela. Ne peut-il en acheter un ? Il le pourrait peut-être, mais *cette arme achetée ne le protégerait pas*; il faut que lui-même s'en fabrique un, et comment ? Il doit tuer un bison, un vieux taureau, de sa propre main. — Avec un fusil ? — Non ! un plus jeune garçon en pourrait faire autant : il faut que, de sa main même, il le tue avec une flèche, en enlève la peau ; et alors il a encore *à fabriquer son bouclier*.— Ne peut-il le faire à l'écart et à loisir ? Non encore ; les soldats indiens sont responsables de leurs boucliers, les guerriers indiens sont la propriété de leur nation. Un jeune garçon peut-il secrètement s'enrôler et se faire soldat ? ont-ils des journaux pour annoncer leurs enrôlements ? Non ; pour faire un guerrier, il faut un acte public, accompli en public, et il faut que les guerriers y prennent part.

Dans le grand village des *Comanches*, je fus invité,
en 1836, à aller voir *fumer un bouclier*. Un peu en
avant du village, une foule immense était assemblée et formait autour d'une ligne tracée sur le sol
un cercle d'une centaine de pieds de diamètre environ. Au centre de ce cercle, un jeune homme
avait creusé un trou dans la terre, et, un peu au-
dessus de la surface, avait tendu horizontalement et
fortement, au moyen d'un grand nombre de chevilles fichées dans le sol, la peau de bison dont il
devait fabriquer son bouclier. Le feu brûlait dans
l'excavation, tandis que sur la peau, la gélatine extraite des sabots du bison fondait et se liquéfiait,
communiquant ainsi au cuir la dureté et la con-
sistance nécessaires.

Témoins indispensables de cette cérémonie, pour
assurer sa réussite, et consacrer publiquement pour
le récipiendaire le passage de l'enfance à la condition
de guerrier, tous les guerriers du village étaient
présents, en grande tenue et peinture de guerre.
S'étant liés les uns aux autres par les bords de leurs
boucliers, ils formaient comme les anneaux d'une
même chaîne et ils dansaient en cercle autour du
bouclier fumant. Chacun d'eux, en passant, brandis-
sait sa massue de guerre, son tomahawk et son
bouclier, vantait la merveilleuse vertu de cette dernière arme, et adjurait l'*Esprit de feu* de donner assez
de force et de dureté à celle du néophyte pour le

défendre et le protéger contre les armes de ses ennemis. Ce cérémonial terminé, le jeune soldat peut
aller à la bataille, où, comme je l'ai dit, s'il peut
conquérir un *scalpe*, il deviendra un *guerrier*.

On peut dire que toutes les tribus américaines
sont guerrières. J'ai expliqué les causes principales
de leurs guerres, et l'on écrirait tout un livre sur
leurs manières de les faire et de les terminer. Leurs
armes, je l'ai fait voir, ne sont pas nombreuses ni
aussi meurtrières que celles dont se servent les nations civilisées, et par suite leurs guerres sont loin
d'être aussi destructives.

En général, elles ne sont jamais entreprises que
par de petits détachements, volontairement soumis
à un chef, et dont le but est de tirer vengeance d'un
grief ou d'une cruauté commise par leur ennemi.
Le plus souvent, quelques chevelures sont regardées
par eux comme une représaille suffisante ; puis ils
reviennent ordinairement célébrer en triomphe la
danse du scalpe et d'autres cérémonies, en présence
des habitants de leur village.

Par suite du petit nombre et du genre de leurs
armes, les stratagèmes ont parmi eux beaucoup plus
d'importance que chez les blancs ; et ils apportent
dans cette partie de l'art de la guerre un esprit d'invention et de ressource vraiment incroyable.

Dans leurs luttes avec des troupes civilisées, les
ruses de la stratégie indienne ont souvent été qua-

lifiées de trahisons, parce qu'ils aiment mieux dresser des embuscades ou déconcerter l'ennemi par des surprises, que d'aller en rase campagne livrer une belle bataille, c'est-à-dire se placer à découvert, devant la gueule des canons, pour se faire tuer comme des pigeons.

Ce reproche est mal fondé; l'inégalité des armes justifie suffisamment leur manière de combattre.

Il n'est pas d'hommes sur la terre plus courageux et plus braves que les Indiens d'Amérique, quand ils savent qu'ils luttent à armes égales avec un ennemi. Leur sagacité pour le dépister ou le reconnaître, et pour échapper, s'il est nécessaire, à sa poursuite, est inconcevable pour ceux qui ne se sont pas familiarisés avec leur genre de vie.

Ils font usage, en campagne, de signaux aussi ingénieux qu'intéressants. Leur cri de guerre, connu dans le monde entier, est usité parmi toutes les tribus, dans l'Amérique du Nord comme dans celle du Sud. C'est une note aiguë et perçante qui résonne longtemps, avec une vibration des plus rapides produite par le battement du plat de la main ou des doigts contre les lèvres.

Le son n'a rien en lui-même de bien effrayant, et la voix humaine peut en produire de beaucoup plus terribles; mais nul autre peut-être n'est entendu d'aussi loin et aussi distinctement, au milieu du fracas et du tumulte de la bataille. La terreur qu'il répand est due aux associations d'idées nées du sens et du caractère qu'on lui connaît: on sait qu'il est le signal infaillible de la bataille, car le cri de guerre ne retentit jamais qu'au moment de la charge, quand les armes sont levées pour verser le sang.

Une personne qui ne serait pas familiarisée avec les mœurs des Indiens pourrait, sans éprouver d'alarme, entendre leur cri de guerre précurseur d'une attaque immédiate ; tandis que d'autres, connaissant sa signification, seraient frappés d'horreur. En temps de paix, il n'est permis à aucun Indien de pousser ce formidable cri, si ce n'est dans la danse de guerre et dans quelques autres cérémonies, sous les yeux des chefs, de crainte que, répété par les sentinelles sur les sommets des collines et par des camarades chassant dans le pays, il ne produise une alarme inutile, sinon dangereuse.

Le *sifflet de guerre* est un autre signal très-curieux. Tout chef allant au combat porte un petit sifflet de six ou huit pouces de long, fait avec le fémur d'un dindon sauvage. Ses deux extrémités rendent des sons très-divers et si aigus, si perçants, si différents du cri de guerre et des autres bruits de la bataille, qu'on peut les reconnaître à d'immenses distances ; l'un des bouts sonne la *charge*, l'autre la *retraite*. Nul chef ne marche au combat sans avoir un de ces petits sifflets de guerre sus-

pendu à son cou et flottant sur sa poitrine, et aucun de ses guerriers ne le suit au combat sans connaître le sens distinct de chacun des sons qu'il en tire.

Ils se servent aussi de pavillons comme signaux
de guerre. Dans toutes leurs tribus, le drapeau blanc
est un signal de trêve, un emblème de paix, et le
drapeau rouge l'emblème du combat. Chose étrange!
on voit tous les sauvages se servir du drapeau
blanc, et s'avancer, protégés par lui, jusque dans les
rangs de leurs ennemis, même pendant la bataille.
Sous ses plis, leurs personnes jouissent de cette in-
violabilité consacrée en pareille occasion chez toutes
les nations civilisées. N'est-il pas étrange, non de
retrouver cet usage chez les Indiens, car les nations
civilisées l'ont emprunté à la vie sauvage, mais de
voir toutes les races humaines dispersées sur le
globe se servir de la même couleur, comme d'un
emblème de paix, qui devient inviolable et sacré
dans le tumulte et la rage même du combat! Con-
naît-on un seul Indien d'Amérique qui ait jamais
méconnu le caractère sacré du pavillon blanc en
temps de guerre? non. Les nations chrétiennes ont-
elles toujours agi de même dans leurs guerres avec
les Indiens? nous ne le croyons pas; mais le nom
de *stratagème* convient-il à cette infraction?

Quant au *scalpe* ou *arrachement de la chevelure* des
vaincus tombés sur le champ de bataille, quant aux
tortures infligées aux prisonniers, ce sont des su-

jets délicats à traiter par un ami avoué des Indiens: car ces usages, couronnement indispensable de toutes leurs guerres, sont les conséquences de la *vie sauvage* et fournissent contre elle de rudes arguments. Je dois avouer qu'arracher le cuir chevelu d'un homme mort ou agonisant est une chose assez dégoûtante, et qu'exercer, même par représailles, sur un homme vivant tous les raffinements de la cruauté en délire est un acte diabolique. L'un et l'autre de ces usages doivent avoir une influence funeste sur le cœur de l'homme, surtout de l'*homme enfant*, tel qu'est l'Indien, et finissent par y atrophier, à la longue, les aspirations élevées de l'intelligence au bénéfice des instincts de la bête de proie.

Tout ce qu'on peut dire comme atténuation de l'horreur que ces usages soulèvent chez les Européens, c'est que les Indiens les ont reçus de leurs pères, qui les ont importés de la vieille Asie sur le sol américain; c'est qu'ils existaient l'un et l'autre, au temps d'Hérodote[1], chez les tribus qui habitaient entre le Danube et le Don, tribus fortement soupçonnées d'avoir été la souche des blonds et doux Germains de nos jours, et qu'il y a encore en Abyssinie un peuple se disant chrétien parmi lequel s'est perpétué, comme un héritage de la docte et puissante Égypte, l'usage d'un trophée de guerre

---

1. Hérodote, livre IV (*Terpsichore*), ch. CXIV à CXVII.

bien autrement hideux que la chevelure humaine et dont la recherche, dégénérée en manie furieuse, est d'une influence bien autrement désastreuse pour les mœurs et la prospérité publiques.

Ajoutons que toutes les tribus indiennes échangent aujourd'hui leurs prisonniers exactement comme les nations civilisées ; le reste de ceux qui n'ont pu être échangés sont adoptés par la tribu où ils sont captifs ; et s'il y a des veuves de guerriers tués dans la bataille, ces prisonniers sont tenus de les épouser et de pourvoir à leur entretien ainsi qu'à celui des enfants ; les autres sont adoptés par la tribu, et ils jouissent des droits et priviléges des autres citoyens, les accompagnent à la guerre et deviennent pour eux de fidèles et braves concitoyens, même contre leurs anciens frères d'armes.

La torture des prisonniers n'est donc pas actuellement une coutume générale et fréquente, comme on l'a fait croire au monde.

Les guerres des Indiens se terminent et leurs traités de paix se concluent exactement de la même manière que chez les peuples civilisés ; mais, par suite des causes que nous avons indiquées plus haut, l'état de paix est chez eux moins solide et moins durable.

Les chefs et les guerriers se réunissent pour les traités sous le drapeau blanc ; ils s'asseyent par terre en deux demi-cercles qui se font face ; chaque guerrier a la tête ornée de deux plumes d'aigle, l'une blanche et l'autre rouge de sang, emblèmes éloquents, disant à tous que celui qui les porte est également prêt et pour la guerre et pour la paix. C'est dans ces traités que l'on se sert du *calumet* ou pipe de paix. Le calumet est littéralement une pipe *sacrée*, dont la forme et les usages diffèrent de toutes les autres. C'est une propriété publique, que le chef a toujours sous sa garde et dont on ne se sert que dans ces circonstances solennelles.

Dans ce but, au centre du cercle que forment les chefs et les guerriers présents au traité, le *calumet* bourré de tabac est posé sur deux petites crosses, prêt à être fumé quand les clauses du traité seront convenues. Ensuite les deux chefs, et après eux les guerriers des deux tribus, aspirent, chacun à son tour, une bouffée de fumée du tuyau sacré, en signe d'adhésion solennelle aux termes du traité. Ceux-ci, naturellement, sont toujours verbaux, faute de moyens pour les enregistrer; et fumer dans la pipe sacrée équivaut à la *signature du traité*, qu'ils ne peuvent apposer de la manière usitée ailleurs.

CHAPITRE V.

Médecins et médecines. — Faiseurs et défaiseurs de pluie.

La vie de l'Indien comprenant différentes phases, nous passons sans transition à un sujet nouveau et tout différent du précédent.

Chez des gens ignorants, et conséquemment superstitieux, le mystère est tellement mêlé à toutes les actions, à toutes les pensées de la vie, qu'il est indispensable d'en étudier les phénomènes pour bien comprendre les mœurs et les coutumes.

Les Indiens d'Amérique sont tous plus ou moins superstitieux, et tous ont des docteurs, experts dans les propriétés des racines, des simples et d'autres spécifiques. Ils s'attribuent aussi le privilége d'opérer de grandes et merveilleuses cures, au moyen d'une sorte de *sorcellerie*, à laquelle ils ont recours quand l'emploi de leurs autres remèdes est impuissant.

Ces docteurs ont été désignés par les Français, que le trafic amena les premiers sur les frontières indiennes, sous le nom de *médecins*; et tous leurs

remèdes, y compris les plus mystérieux, sous celui
de *médecine*. Nous avons donc à donner une place,
dans ce petit livre, à des *tambours*, des *crécelles*, des

Médecin indien allant visiter un malade *in extremis*.

danses, des *rocs*, des *jeux médecines*, et à une foule
d'autres choses médicinales.

Voici d'abord un *médecin*, professeur de mystères,
un docteur *Pied-Noir*, dans toute la force du terme;

la gravure nous le montre dans son accoutrement complet et dans l'accomplissement des plus profonds arcanes de son art, en face d'un patient qui se meurt. Ce gentleman cueille ses lauriers sans aller au combat ; il reste au logis et prend soin des femmes et des enfants. Il conquiert, sans risquer sa vie, une renommée et une influence qui souvent l'emportent sur celles du chef de la tribu. Il n'a besoin pour cela que d'un peu d'adresse dans des tours de passe-passe, toujours faciles à exécuter devant des gens superstitieux, assez faibles pour croire que son art mystérieux produit souvent des miracles que, du reste, ils ne discutent jamais.

C'est pendant ma résidence au comptoir de la Compagnie américaine de pelleteries, à l'embouchure de la rivière *Pierre-Jaune*, sur le haut Missouri, que j'eus l'occasion d'étudier le mode d'opérer du docteur *Pied-Noir* en question. Sous la peau d'un ours brun, il pratiquait, sur un malade qui agonisait, toute sorte de contorsions, de grognements bizarres et effrayants ; il tournait et retournait le pauvre patient sur le sol, où il l'avait étendu, et s'agitait autour de lui à quatre pattes comme un ours aurait pu faire.

Le jour qui suivit cette pitoyable farce, à laquelle assistaient une centaine de personnes de la tribu, toutes criant et battant des mains, je fis le portrait de ce docteur, et j'achetai, à un prix fou, son étrange costume avec tous les accessoires. Cette pièce, qui ne forme pas l'un des objets les moins intéressants de ma collection indienne, a été examinée à Londres et à Paris par plus de cent mille curieux.

Il n'est rien que ces docteurs ne soient prêts à entreprendre. Quand ils échouent, ils ne sont pas embarrassés devant des gens aussi superstitieux que leurs clients pour rejeter la faute sur l'heure du jour, sur la saison, et le plus souvent sur le malade lui-même, dont le manque de foi a mis obstacle à la réussite complète de la cure.

Chacun de ces médecins se choisit une série d'amulettes dont l'ensemble lui compose un accoutrement terrible pour l'exercice de ses fonctions. C'est un assemblage bizarre de dépouilles d'animaux les plus divers; de peaux de reptiles et d'oiseaux, de sabots d'antilope, de pattes et de serres, de peaux de grenouille, de crapaud, de chauve-souris, et enfin de tout ce que le docteur peut recueillir pour compléter la laideur d'aspect à laquelle il vise. Ajoutez à cela le bruit effrayant qu'il fait en dansant, hurlant, piétinant ou bondissant autour du moribond.

Le docteur n'endosse jamais son terrible uniforme que pour rendre au patient sa dernière visite, et quand on le voit traverser le village ainsi affublé, les habitants savent à quoi s'en tenir sur

l'état du malade; et, par l'effet de la sympathie autant que par la force de l'usage, ils s'empressent
autour de lui en une foule compacte et assistent à
la cérémonie, la main sur la bouche, criant et se
lamentant de la manière la plus pitoyable.

Aucun Indien ne peut passer de vie à trépas sans
l'accompagnement de ces terribles exorcismes, si
un docteur se trouve dans le voisinage. Mais, d'après
ce que j'ai vu et appris, ces misérables jongleurs
savent déployer quelquefois leur appareil funèbre
en temps opportun et convoquent leurs compatriotes
à assister à la résurrection d'un malade chez lequel
ils ont, au préalable, surpris les indices d'un retour
à la santé.

Un tel succès, obtenu en présence du village entier,
suffit pour valoir au docteur des présents qui lui
assurent désormais une existence agréable et une
renommée inébranlable. D'un autre côté, si le malade meurt, ce qui arrive le plus souvent, il se met
en devoir de consoler les parents, en leur assurant
que, par des raisons impénétrables, le Grand Esprit
a rappelé leur ami; et que, dans ce cas, tous les
remèdes étaient impuissants.

Ces jongleurs, je l'ai dit, se rencontrent dans
toutes les tribus, et sans exception ils remplissent
les fonctions d'*augure*, de *sorcier*, de *devin* et de
grand prêtre. Ils officient dans toutes les cérémonies religieuses, qui sont en très-grand nombre; et

ils ont droit de siéger avec les chefs dans les conseils de la nation. Leur influence est donc très-
grande, et le voyageur qui traverse leur pays doit
se concilier les bonnes grâces et l'appui de ces
dignitaires, avec autant de soin qu'il en apporte
à se munir d'un passe-port pour parcourir le continent européen.

.C'est une sorte de droit d'*octroi* qu'il faut payer
en entrant dans n'importe quel village, et après
avoir conversé et fumé la pipe avec le chef, la première question importante doit être pour le *grand
médecin*, aux mérites duquel il faut rendre hommage en parlant de *sa grande réputation, qui s'étend
au delà des monts et des grandes eaux.*

Cette prudence vulgaire suffira pour vous assurer partout, dès la première entrevue, un accueil
amical et gracieux; et très-souvent même, comme
j'en ai fait plusieurs fois l'expérience, une admis-
sion régulière dans le docte corps de la Faculté,
honneur qui est toujours avec le conféré par le *Shi-
shi-gouin*, ou *crécelle à mystère*, insigne habituel de
cet ordre digne d'envie.

Les épreuves qui valent aux indigènes le diplôme
et les priviléges de docteur sont aussi variées que
bizarres. On en jugera par les deux exemples suivants.

Dans un grand village sioux, sur le haut Missouri,
je vis un jour une foule nombreuse entourant un

homme qui s'efforçait de la convaincre de sa capacité doctorale. L'opération à laquelle il s'était soumis, dans ce but, était ce qu'ils appellent « *regarder le soleil.* »

Cet homme, nu à un caleçon près, était suspendu à fleur de terre par des *sétons* de l'épaisseur du doigt, qui, passant sous les muscles pectoraux, étaient attachés à des cordes, elles-mêmes fixées à une perche solidement enfoncée dans le sol, et qui pliait sous le poids du récipiendaire. Il était couché sur le dos et tout son corps rasait le sol. Il tenait d'une main sa *trousse*, de l'autre son arc et ses flèches, et dans cette position il s'efforçait de regarder le soleil, depuis le moment de son lever jusqu'à son coucher, le suivant attentivement dans sa carrière par des déplacements lents et gradués, au milieu de la foule attentive.

Ses amis l'entouraient en chantant; ils racontaient les actes héroïques de sa vie, exaltaient ses vertus, puis ils faisaient résonner leurs tambours et pleuvoir les présents autour de lui, pour l'encourager et réveiller ses forces défaillantes, tandis que tout à côté ses ennemis et les incrédules le raillaient et s'efforçaient, par tous les moyens, de l'intimider et d'amener sa défaite. Cependant, triomphant de toutes ces difficultés, il parvint à regarder le soleil jusqu'à son coucher, sans s'évanouir ni demander grâce, et prouva ainsi aux plus récalcitrants que *le Grand Esprit le soutenait* et qu'il était un grand médecin. Mais

si, n'importe par quelle cause, la force lui eût fait défaut, même au moment de toucher au but, les huées
et les sifflets eussent fait explosion, et non-seulement il eût dû endurer l'humiliation présente, mais
les cicatrices empreintes sur sa poitrine eussent été
comme un stigmate indélébile qui, toute sa vie, eût
rappelé le souvenir de sa témérité et de sa honte.

On voit que l'épreuve est assez dangereuse; aussi
est-ce un mode d'*examen* auquel bien peu de can-
didats se soumettent.

Voici une autre méthode beaucoup plus commode
et sans nul doute tout aussi efficace dans ses résultats. Je l'ai observée dans la tribu des Puncahs, sur
le haut Missouri.

Hongs-kay-de, vaillant petit guerrier de dix-huit
ans, et fils du chef, se mit dans la tête d'épouser
quatre femmes en un jour. Son père lui avait dit
qu'il était un homme et en âge de se marier; de
plus il lui avait donné, pour s'établir, neuf chevaux, un joli wigwam et d'autres présents. Le major Sandford, agent du gouvernement, et moi, nous
fûmes assez heureux pour assister à la scène amu-
sante dont il fut le héros, sur une petite colline située précisément derrière le village, où il avait réuni
toute sa tribu, pour l'exécution du plan imaginé par
lui et que nul ne connaissait d'avance.

Il s'était rendu préalablement chez un des chefs
secondaires de la tribu, père d'une jolie petite fille de

treize à quatorze ans, et la lui avait demandée en mariage, moyennant deux chevaux et d'autres objets en
échange. Puis un rendez-vous à heure et jour fixes,
sur le sommet de la colline susdite, avait été pris par
les deux contractants pour la remise définitive des
objets échangés.

Le jeune guerrier alla ensuite trouver un second
chef, puis un troisième, et enfin un quatrième, tous
possesseurs chacun d'une jolie fille, et il fit avec
eux les mêmes conventions qu'avec le premier, leur
recommandant le secret le plus absolu, et leur donnant rendez-vous à la même heure et à la même
place.

Le jour venu, il invita tout le village à ses noces,
qui devaient avoir lieu à midi. La colline, entièrement couverte de spectateurs, présentait un charmant coup d'œil. Les chefs étaient assis par terre
en cercle; au centre était un petit espace réservé
où la cérémonie devait avoir lieu.

A l'heure dite, le brave jeune homme, nouvellement créé chef par son père, qui venait d'abdiquer
en sa faveur, se présenta, paré de plumes ondoyantes, au milieu du cercle, et s'adressant au premier
chef avec lequel il avait traité, et dont la jeune fille
était assise à ses côtés dans une pimpante toilette :

« Mon ami, vous m'avez promis la main de votre
fille pour aujourd'hui, et je dois vous remettre en
échange deux chevaux; est-ce bien cela?

— Oui, répliqua le chef.

— Les chevaux sont ici à votre disposition; maintenant je vous demande votre fille. »

Le chef se leva, présenta sa fille dont il mit la main dans celle du jeune chef, qui fut salué par les bruyants applaudissements de la foule, prête alors à se disperser.

Mais le vaillant petit homme étendit la main du côté de la foule, disant:

« Mes amis, un peu de patience. »

Et se tournant vers le second chef, avec lequel il avait traité :

« Mon ami, dit-il, vous avez consenti à me donner, aujourd'hui et en ce lieu, votre charmante fille en mariage, et moi je dois vous donner deux chevaux ; est-ce cela ?

— Oui, répondit le chef.

— Alors, j'attends l'acomplissement de votre promesse. Je vous demande votre fille. »

Le chef interpellé se leva, amena sa fille, et comme le premier plaça sa main dans celle du jeune chef. Celui-ci passa ensuite aux deux autres chefs, et reçu successivement deux nouvelles fiancées. Alors prenant de chaque main deux de ses épouses :

« Ce jour me fait-il médecin ? s'écria-t-il. Ne mérité-je pas ce titre ? — Mon père m'a fait aujourd'hui chef des *Puncahs*. Ne suis-je pas un *docteur-chef* ? »

À quoi la foule répondit par acclamation :

« Haou! haou! » (Oui! oui!)

Hongs-kay-de descendit triomphalement de la colline, conduisant au village ses quatre jolies petites femmes toutes brillantes de jeunesse et de parure, deux à chaque main, et suivi de la foule entière des spectateurs ; il arriva bientôt ainsi à son wigwam, où on le laissa pourvoir à ses arrangements domestiques.

J'ai déjà dit que les médecins entreprennent, au moyen de leurs opérations magiques, n'importe quelle tâche, si impossible qu'elle puisse être.

Ainsi dans la tribu des *Mandans* j'appris qu'il y avait des gens fort habiles, *faiseurs ou défaiseurs de pluie*. Les uns étaient devenus médecins pour avoir produit de la pluie au milieu d'une sécheresse extraordinaire, les autres pour l'avoir arrêtée quand sa continuation produisait des effets nuisibles.

Lorsqu'une période de sécheresse menace de ruiner les récoltes de maïs ou de toute autre production, les médecins s'assemblent dans le *pavillon des médecins*, grand wigwam construit pour servir aux opérations médicales, aux séances des conseils, etc., et s'asseyant tout autour d'un feu, ils se tiennent fumant chaque jour, et priant le Grand Esprit de leur accorder de l'eau du ciel, tandis

7

qu'un certain nombre de jeunes gens offrent d'essayer de faire pleuvoir.

Chacun d'eux, successivement désigné par le
sort, monte au sommet du wigwam au lever du
soleil, et là, son arc et ses flèches à la main, et le
bouclier au bras, il s'adresse aux nuages, leur deman-
dant de la pluie, les gourmandant, et les menaçant
de son arc tendu s'ils n'obéissent pas à ses ordres.

Celui qui, après toute une journée de tentatives
et d'agitations de ce genre, en présence de la foule
rassemblée autour de lui, redescend, au coucher du
soleil, sans avoir réussi, est accueilli par les sifflets
et les huées des spectateurs. Désormais il ne peut,
en aucune occasion, prétendre au titre de médecin;
car il est évident que *sa science n'est pas forte*.

Après plusieurs jours d'essais aussi infructueux,
le ciel restant toujours serein, il arrive enfin à un
apprenti nécroman de commencer ses conjurations
au moment où un épais. nuage fait son apparition dans l'atmosphère, et l'on se dit dans tout le
village *que la médecine de l'opérateur est bonne*. Toute
la tribu se presse alors autour de lui pour l'entendre se glorifier, pour le voir bander fièrement
son arc contre les nuages en leur commandant
de pleuvoir. Lorsque enfin il voit la pluie tomber à
distance, il fait semblant de lancer sa flèche qu'il
escamote adroitement, et étendant la main dans
la même direction :

Les faiseurs de pluie.

« Eh bien! mes amis, s'écrie-t-il, vous avez vu partir ma flèche, il y a un trou dans le nuage, bientôt vous aurez de la pluie autant que vous en voudrez. »

La pluie commence à tomber à torrents, la foule ébahie se cache dans les wigwams, mais l'heureux débutant en sortiléges reste sur la brèche, il continue à déchirer l'air de ses flèches, et à lui commander de pleuvoir encore, jusqu'à ce qu'il soit complétement trempé et que les Mandans n'aient plus rien à désirer. Quand il redescend, c'est un *médecin;* les anciens docteurs l'invitent à un festin, et lui confèrent en grande cérémonie le *chi-chi-quoin* ou doctorat.

Disons de suite que ceux qui ont ainsi fait leurs preuves une fois, en amenant la pluie, ne se risquent jamais à renouveler la tentative.

« Tout le village, disent-ils, nous a vus faire pleuvoir, nous avons montré ce que nous savons faire, et nous devons laisser la même chance à d'autres jeunes gens. »

Tout village indien a son *pavillon médecine*, ou pavillon des sortiléges, sorte d'hôtel de ville, ou plus exactement de maison commune, consacrée aux réunions du conseil et aux cérémonies religieuses. Ces édifices respectés, et fermés la plus grande partie de l'année, étaient ordinairement mis à ma disposition pour y peindre mes portraits, que

les Indiens qualifiaient toujours de *médecine*, tandis
qu'ils me considéraient comme un médecin émi-
nent. En examinant les portraits de leurs chefs et de
leurs guerriers, ils *découvraient souvent que les coins
de la bouche et des yeux se mouvaient,* et en con-
cluaient qu'ils devaient être, à un certain degré,
doués de vie.

Bientôt on ne parla plus que de moi parmi les
Mandans, dont j'avais peint le chef de guerre ainsi
que le grand docteur. Mon wigwam se remplissait
chaque jour de chefs et de guerriers, et tout le
village s'y portait en foule, en exaltant ma science
médicale. Je reçus l'insigne de docteur, un joli
chi-chi-quoin, et je fus régulièrement décoré du titre
de *Te-hee-pe-nee-Wash-ee* (le grand médecin blanc).

Les femmes de plusieurs chefs amenaient à la
porte de mon wigwam leurs jolies et modestes
jeunes filles, dans leurs plus beaux atours, et l'interprète qui les accompagnait était chargé par ces
dames de s'informer si je ne voudrais pas me marier. J'étais obligé d'inventer divers prétextes pour
éluder ces offres flatteuses et séduisantes. On parut
se payer de mes raisons, sans me garder rancune
du désappointement causé par mes refus.

Mon fusil, et mes pistolets à piston, les premiers
qu'eussent jamais vus les Mandans, étaient pour eux
de grands mystères, et personne n'y voulait toucher. Une boîte d'allumettes chimiques, à moitié

pleine, était aussi dans le même cas. Mais elle fut bientôt épuisée par un des médecins, qui en tira bon parti après que je la lui eus donnée. Il s'avisa d'enflammer les allumettes en les frottant entre ses dents, et en *faisant du feu dans sa bouche.* Ce sortilège nouveau produisit un admirable effet parmi ses compatriotes émerveillés, et sa renommée médicale grandit pour un temps; mais son prestige s'évanouit avec la dernière allumette. Le désespoir qui saisit alors ce pauvre diable me toucha, et je lui fis présent d'une assez bonne lentille de verre, en lui faisant comprendre qu'elle pouvait lui servir à allumer sa pipe toutes les fois que le soleil luirait, sans que jamais il eût à craindre de la voir s'user. Ce cadeau fut pour lui plus agréable encore et d'un plus grand prix que le premier. Il me donna en retour une très-belle paire de mocassins, et jusqu'au dernier moment de mon séjour je vis la foule se presser autour de lui, pour le voir *faire du feu médecine, en tirant du feu du soleil.*

Une des plus importantes et des plus bizarres nécessités de la vie indienne est l'amulette ou *sac à médecine.* Ce curieux appendice n'est pas le privilège des médecins seuls, il est l'attribut de tout Indien du sexe fort, adolescent ou vieillard.

Tout garçon atteignant sa quinzième année s'absente pendant plusieurs jours et plusieurs nuits du wigwam paternel, sans que nul s'y inquiète de sa

disparition. On le suppose à la recherche de son fétiche ; cela suffit. Il jeûne pendant toute cette absence ; l'abstinence engendre le rêve, et il adopte
pour son génie tutélaire, pour le mystérieux protec-
teur de son existence, le premier quadrupède, reptile ou oiseau, auquel il vient à songer, s'imaginant que c'est à une suggestion du Grand Esprit
qu'il doit cette idée.

Il revient au logis, raconte son rêve à ses parents,
qui font un festin en son honneur ; tous ses proches
et un pareil nombre d'amis qu'il désigne sont invités, et le complimentent sur sa réussite. La fête
finie, il repart, et se met à la poursuite de l'animal
rêvé, le capture dans un piége ou à la chasse, le
dépouille de sa peau, qu'il prépare, et rembourre
ensuite tant bien que mal. Presque toute sa vie, il
porte sur lui cette pièce d'histoire naturelle comme
un talisman, un charme, qui le protége dans tous
les périls, et auquel il attribue son bonheur et ses
succès. Il s'imagine même qu'il en sera accompagné et protégé dans le monde futur ; car il par-
tagera soigneusement sa tombe avec lui.

Quiconque irait au combat sans *sac médecine* n'y
porterait qu'un cœur faible et convaincu à l'avance
de sa défaite. Le perdre dans le combat, rentrer
sans lui dans sa tribu est une tache infamante pour
tout guerrier, jusqu'à ce qu'il puisse s'en procurer
un autre à la guerre, en adoptant celui d'un en-

nemi tué de sa main. Mais s'il perd son talisman ailleurs qu'à la guerre, le sauvage ne peut s'en fabriquer un autre n'importe comment.

Le *sac fétiche* d'un Indien ne peut s'acquérir à prix d'argent. Cependant, en plusieurs occasions, des guerriers m'en ont offert qu'ils avaient pris sur le champ de bataille avec les scalpes de leurs ennemis.

Ces talismans sont de toutes les formes et de toutes les tailles, depuis la souris qui se cache sous le vêtement, jusqu'au canard, à la loutre, au blaireau, et même quelquefois au loup, qui est fort peu commode à porter.

Je me rappelle qu'un jour, peignant le portrait d'un chef comanche, et lui ayant demandé son nom, un autre chef, assis près de lui, me dit : *Ish-a-ro-yeh* (celui qui porte un loup). J'exprimai ma surprise et lui demandai s'il avait jamais porté un animal de cette espèce. « Oui, j'en porte toujours un, » me répondit-il en soulevant la dépouille d'un loup blanc posée à terre derrière lui.

CHAPITRE VI.

Teint réel de l'Indien. — Chevaux sauvages et bisons.
La prairie.

Les Indiens, à quelque tribu qu'ils appartiennent, présentent, dans leur genre de vie, une similitude frappante et non moins grande que celle des traits de leur visage et de la couleur de leur peau.

Leur teint, que l'on a souvent représenté comme rouge, ou jaune, et plus souvent encore comme cuivré, ne répond exactement à aucune de ces désignations; il serait mieux de le comparer à la couleur de la cannelle, dont l'écorce est exactement de la même nuance.

Leur corps est en général bien proportionné, irréprochable de formes. Ils l'emportent de beaucoup en cela sur les races civilisées et doivent cette supériorité à l'exercice continuel que leurs membres nus prennent en plein air, et à l'absence de vêtements épais qui n'ont d'autre effet que d'énerver et d'affaiblir les muscles. Ils la doivent aussi à la règle constante d'après laquelle tous les enfants des In-

diens d'Amérique sans exception sont tenus, pendant les six premiers mois ou la première année de
leur existence, dans des berceaux, où leur épine
dorsale et leurs membres, étendus et fixés tout de
leur long, ne prennent aucune position qui les dé-
forment.

Tous les Indiens d'Amérique ont les cheveux
noirs et, presque toujours, en dépit de l'opinion
reçue, excessivement fins et soyeux. Léurs yeux,
bien que noirs en apparence, sont d'un rouge brun
foncé, et leurs dents, d'une régularité parfaite, restent blanches et saines, même dans un âge avancé.

La dénomination d'*Indiens rouges* leur est probablement venue de l'usage qu'ils font de l'ocre et du
vermillon, leurs couleurs de prédilection, pour se
peindre le corps et le visage.

Cette coutume est la même chez toutes les tribus.
Ils mêlent leurs couleurs avec de la graisse d'ours;
et à l'aide d'un petit fragment de glace, qu'ils achè-
tent aux trafiquants de pelleteries, ils se bar-
bouillent, en se servant de leurs doigts comme de
brosses. La peinture est considérée par eux comme
une partie de leur costume; et peu d'Indiens se
laissent voir le matin avant d'avoir passé une heure
ou plus à leur toilette. Ils ne se jugent présentables
qu'après avoir graissé et arrangé leur chevelure, et
s'être peint la figure et les membres.

Si l'on m'objectait que ces soins doivent non-seulement les fatiguer, mais leur faire perdre beaucoup de temps, je ferais remarquer que ces gens-là n'ont guère autre chose à faire, et que pour eux le temps n'est pas un trésor aussi précieux que pour d'autres. Ils sont excessivement vains de leurs personnes, et c'est à bon droit, car, je le repète, leurs corps bien faits et vigoureux, fortifiés et trempés par l'air qui les baigne sans cesse, sont exempts de cette mollesse et de cet étiolement que produit en général une surabondance de vêtements, et leurs muscles ont une beauté et une fermeté que la vie civilisée ne donne jamais.

Ils vivent dans un pays peuplé de bisons et de chevaux sauvages, et la chasse de ces animaux forme, avec la guerre, la principale affaire de leur vie.

Les chevaux sauvages qui, sans nul doute, ont été introduits en Amérique par les Espagnols, quand ils envahirent le Mexique, se sont propagés dans les prairies jusqu'au cinquante et unième degré de latitude nord. Par leur capture et leur soumission, les Indiens ont acquis le moyen de tuer plus facilement les bisons, ainsi que les autres espèces de gibier; ils les ont aussi employés à la guerre, et, ce qui vaut mieux encore, ces animaux, en leur fournissant les moyens d'un exercice agréable et salutaire dans leurs vastes plaines, ont concouru à développer la vigueur et la beauté virile de la race indienne.

Les bisons, il est permis de le croire, ont été créés pour l'usage et le bonheur des tribus indiennes, qui se nourrissent de leur chair, se vêtent, se construisent des habitations avec leurs peaux, et en tirent, en un mot, les moyens de satisfaire non-seulement aux premiers besoins de la vie, mais encore d'atteindre un certain degré de comfortable. La langue et la bosse de ces animaux sont au nombre des mets les plus délicieux. Les autres parties charnues de l'animal valent bien le meilleur bœuf. Les nerfs font d'excellentes cordes pour les arcs; les omoplates forment la carcasse des selles indiennes; la cervelle sert à préparer les peaux; en brisant les os des jambes, les Indiens en retirent une moelle qui vaut le beurre le plus fin ; et les sabots bouillis leur donnent une colle forte dont ils usent pour confectionner leurs jolis arcs et d'autres armes.

Ces animaux utiles errent sur les immenses et grasses prairies où paissent aussi les chevaux sauvages, et souvent on les voit réunis par troupeaux de plusieurs milliers. Il est facile de comprendre combien ce pays est approprié à la vie facile et indépendante des Indiens, et c'est ce qui explique aussi probablement la présence en ces lieux des races les plus saines et les plus belles de l'Amérique et peut-être du monde.

Après la description des habitations de l'indigène

néricain, les incidents ultérieurs de mon récit
mènent celle des prairies, demeures de ces no-
es animaux, qui sont étroitement unis à l'exis-
nce et aux plaisirs de l'Indien.

Élançons-nous donc, du pont d'un steamer sillon-
ınt le haut Missouri, sur les rives plantureuses du
ıuve, gravissons les talus escarpés de la rive en
artant de nos visages, qu'ils frôlent, les lis jaunes,
eus et rouges, et les riants tournesols inclinés
ır leurs tiges, et sans nous occuper des suaves
olettes et des fraises mûres que nos pieds écra-
nt; puis, le sommet une fois atteint, jetons un
ıup d'œil sur la vaste étendue de verdure qui se
ıploie au-dessous, à côté et tout autour de nous.
ıand vous aurez examiné les sinuosités infinies
ı fleuve et de ses prairies d'alluvion, les milliers
escarpements (*bluffs*) qui s'étagent depuis le niveau
ı fleuve comme une suite de remparts et de
ıstions gazonnés; et que dans une perspective
ıus lointaine, vos regards auront erré sur un
éan de verdure richement émaillé, jusqu'aux
ırnes bleuâtres de l'horizon, vous pourrez vous
ıre une idée de la prairie américaine.

Maintenant, si vous le voulez, montons à cheval et
lopons vers l'est ou vers l'ouest. Voici une couvée
ı coqs de bruyère qui s'élancent de dessous les
eds de nos chevaux, puis l'agile antilope bondit à
ıs côtés; le daim effrayé se lève et s'enfuit de son

gîte; plus loin, l'énorme loup blanc, hargneux et
menaçant, lèche ses mâchoires affamées; ses poils se
hérissent sur son dos tandis qu'il s'arrête pour nous
regarder passer, en flairant notre piste qu'il va suivre.
Ce sont là quelques-uns des hôtes de la prairie. Mais
si nous continuons à avancer, nous verrons l'élan,
ce noble animal, flairer notre approche et s'enfuir
d'un trot rapide et interrompu, puis bientôt disparaître en balançant son immense ramure. Les sin-
guliers petits chiens des prairies aboient par myriades au sommet de leurs remparts de boue, ou
retranchés dans leurs terriers, tandis que nos chevaux s'enfoncent dans la voûte rompue de leurs
habitations souterraines; plus loin, voici le monstrueux et terrible serpent à sonnettes replié sur
lui-même et prêt à s'élancer. Nous poursuivons
notre marche, et une bande de chevaux sauvages,
la queue et la crinière au vent, fixant sur nous leurs
prunelles enflammées, passent emportés par un élan
rapide qui leur fait franchir cinq milles au moins
sans s'arrêter. Avançons toujours, et voici que, dans
l'extrême lointain, une étroite bande noire ferme
tout l'horizon, et qu'au-dessus d'elle, à droite, un
nuage s'élève du sol! « Ne serait-ce pas un in-
cendie? » Non, mes jeunes amis; nous sommes
maintenant au milieu d'une prairie vaste et unie;
nous avons *perdu de vue la terre*; la bande noire
que vous voyez est formée par les crinières serrées

d'un grand troupeau de bisons, et le nuage de poussière, ce sont leurs pieds qui l'ont soulevé en fuyant devant une troupe d'Indiens Sioux qui, l'arc et la lance à la main, se précipitent sur leurs flancs et sont sur le point de les atteindre. Avançons encore! la bande noirâtre disparaît entièrement, mais le nuage s'élève toujours et révèle les mouvements des fuyards. Nous découvrons enfin comme des taches, qui çà et là se meuvent dans des directions différentes, et qui évidemment se rapprochent de nous; bientôt nous voyons que le vert gazon sur lequel nous passons est haché en mille fragments et présente, sur un vaste espace, l'aspect d'une terre nouvellement labourée; le troupeau a passé par là, et à distance nous découvrons çà et là des masses noires gisant à terre et des cavaliers qui accourent à elles et mettent pied à terre. Allons à eux sans crainte, abordons-les avec le regard ferme et assuré qui plaît toujours aux Indiens, et tendons-leur la main.

La figure animée d'un joyeux sourire, ils secouent la tête pour écarter de leurs yeux les mèches tombantes de leurs cheveux; ils accourent de toutes les directions sur leurs petits chevaux haletants, hennissants, aux narines gonflées, à la crinière flottante. Il y a là une centaine de cavaliers, sans étriers et sans selles, mais armés de leurs lances et de leurs arcs; tous nous tendent une main

8

amie; mais nos chevaux, comme tous les êtres civilisés, ont peur des sauvages, et il faut que nous
mettions pied à terre si nous ne voulons pas y être
jetés nous-mêmes; les Indiens nous imitent, et
nous échangeons des poignées de main. Bientôt
nous nous asseyons à terre; la pipe est allumée et
passe de main en main. Après un profond silence
pendant lequel chacun prend un repos dont il a
besoin, la conversation s'engage; et sur ces entrefaites que voyons-nous? Une masse confuse et
bariolée se meut au loin; elle approche, et enfin
nous reconnaissons que c'est une troupe d'une centaine de femmes et d'enfants, suivie de trois ou
quatre fois autant de chiens, et qui vient du village
pour découper les animaux abattus, les dépecer et
en transporter la chair dans les wigwams. Les chasseurs, reposés, nous invitent à nous rendre à leur
résidence. Remontons à cheval pour les suivre, laissant les femmes et les enfants à leur besogne.

Leur village, je l'ai dit, est formé de wigwams
couverts en peau. Nous sommes admis dans la
tente du chef; nous fumons la pipe avec lui, assis
sur des peaux agréablement décorées ou sur des
paillassons de jonc étendus sur le sol; nous sommes
fêtés avec les chasseurs dans la demeure hospitalière; nous y passons la nuit. Nos chevaux ont été
bien pansés par les fils et les parents du chef, et le
matin on nous les amène au moment où nous

sommes prêts à repartir. Mais où sommes-nous?
Nous n'avons fait encore qu'une journée de chemin;
nous pouvons avancer ainsi pendant des semaines
et pendant des mois, sans voir la fin de la prairie.
C'est pourquoi, prenons une autre route.

CHAPITRE VII.

Chasse, capture et dressage des chevaux sauvages.
Chasse aux bisons.

Les chevaux sauvages, les animaux les plus farouches de la prairie, y bondissent souvent, je l'ai dit, par troupes immenses. Ils y sentent, ils y perçoivent, en général, l'approche de l'homme, à un mille de distance, *même sans être sous le vent;* telle est la puissance de leur œil qu'ils distinguent ainsi l'homme, leur ennemi, des animaux sauvages; tandis que l'élan se laisse approcher à un demi-mille, le buffle et le daim souvent à portée de carabine, sans prendre la fuite.

C'est pour les Indiens une rude besogne que de s'emparer de ces animaux à l'aide d'un lasso, qu'ils doivent employer, lancés eux-mêmes à fond de train sur un autre cheval. Le lasso est une forte corde, de peau brute, terminé par un nœud coulant, ouvert de quatre ou cinq pieds, qui est lancé sur le cou de l'animal poursuivi, et lui fait perdre la respiration en se resserrant; l'Indien ralentit

alors graduellement la course de son cheval, et re-
tenant la corde, finit par abattre le pauvre captif
qui tombe suffoqué.

La noble créature se trouve alors complétement à
la merci de son vainqueur, qui commence par s'en
assurer en la domptant. A cette fin il lui entrave
d'abord les deux pieds de devant, puis alors qu'elle
ouvre la bouche pour respirer, un licou fort
court est fixé par un nœud à sa mâchoire inférieure.

On desserre le lasso pour laisser souffler l'animal; en quelques moments il a recouvré assez de
force pour se relever; mais l'Indien, tenant le bout
du licou, est là qui l'en empêche. Il s'ensuit une
lutte dans laquelle le pauvre quadrupède ne réussit
qu'à se lever sur ses pieds de devant étroitement
liés l'un à l'autre, et se voit contraint de demeurer assis.

Pour redresser ses jambes de derrière, il lui faudrait rejeter sa tête en arrière; mais l'Indien placé
en face de lui l'en empêche en pesant de tout son
poids sur le licou : aussi, après s'être débattu inuti-
lement, le cheval reste assis, et l'Indien se rapprochant toujours, peu à peu, en tirant toujours sur le
licou tendu et en poussant d'assourdissantes clameurs, porte à son comble la terreur de l'animal.
Lorsque l'Indien, avançant toujours, peut enfin
toucher le cheval, il commence par lui caresser

Indien capturant un cheval sauvage.

les naseaux, puis insensiblement il lui glisse la main sur les yeux, et enfin leurs têtes se touchant, il lui souffle son haleine dans les naseaux.

A peine cet échange de souffle est-il ainsi opéré que l'on peut voir les muscles du cheval se détendre et son effroi se calmer, et que dans son vainqueur il reconnaît un ami. Dès lors aussi l'Indien peut promener sa main sur sa crinière ou lui faire d'autres caresses, et après quinze ou vingt minutes il le monte tranquillement.

Désormais l'animal paraît ne plus éprouver le désir de s'enfuir, mais il s'attache à son maître, dont il reconnaît l'haleine qui agit sur lui comme un charme irrésistible.

J'ai été nombre de fois témoin de ces scènes émouvantes, et toujours avec une surprise nouvelle. Il faut d'abord un effort énorme pour prendre le cheval, puis succède une lutte cruelle et dont le spectacle est pénible; mais bientôt l'excès de la fatigue, de la frayeur et de la souffrance, suivi de témoignages d'une douceur et d'une bonté extrêmes aussi, paraît désarmer le bouillant animal, et l'attacher soudainement par des liens mystérieux à son nouveau maître.

Vous avez tous entendu parler de la méthode merveilleuse qu'emploie M. Rarey pour assouplir et dompter les chevaux vicieux; elle me paraît, à beaucoup d'égards, analogue à celle que je viens

de décrire ; mais M. Rarey n'a pas de chevaux sauvages à capturer. Il est probable qu'un Indien ne
pourrait corriger un cheval vicieux aussi bien que
lui ; mais en même temps, il pourrait être autant
sinon plus difficile à M. Rarey, recevant le lasso
des mains d'un Indien, de le lancer sur le cou d'un
cheval sauvage, d'arrêter celui-ci dans sa course
impétueuse, de s'en rendre maître et de le dompter
comme fait un Indien.

Bien que sa monture soit moins légère, le cavalier, guidé par son jugement, ne craint pas de lutter
à la course avec le cheval sauvage le plus rapide.
Mais un spectacle plus surprenant encore, c'est de
voir les *Shiennes*, les dompteurs par excellence de
chevaux sauvages, en capturer un grand nombre,
sans emprunter l'aide d'un autre cheval ; c'est à pied
qu'ils parviennent à distancer le *mustang* des prairies. Voici comment ils s'y prennent : L'Indien
monté fond d'abord au milieu d'une troupe de chevaux sauvages, sépare de la masse quelque animal
effrayé, le force à se jeter à droite ou à gauche, met
pied à terre, et entravant sa monture ou la laissant
entre les mains d'un ami, il s'élance à pied à la
poursuite du fuyard. Il est presque entièrement nu,
il porte un lasso sur son bras gauche et tient un
fouet de la main droite, il a dans sa poche un peu
de grain torréfié qu'il mâche en courant ; d'une
allure rapide et régulière qu'il peut soutenir un jour

entier, il suit l'animal effrayé qui s'enfuit de toute sa vitesse.

Séparé de sa bande et forcé de courir dans des directions différentes, le quadrupède harcelé se fatigue d'abord outre mesure et se laisse enfin vaincre par une force moindre, mais qui sait habilement se ménager. Au commencement de la poursuite, le cheval découvre bientôt l'adversaire qui vient à lui; il fuit alors de toute sa vitesse; à une distance d'un mille peut-être, il s'arrête et regarde par derrière son ennemi, qui de son pas régulier avance, avance toujours! Il s'élance de nouveau et plus épouvanté que jamais, avec une rapidité foudroyante, et fait encore une halte, puis une seconde, puis une troisième, toujours de plus en plus courte, et son épuisement va croissant, tandis que son habile persécuteur, que le sang-froid n'abandonne jamais, ne cesse de gagner du terrain. Une particularité curieuse et connue de tous les Indiens, c'est que le cheval sauvage, le daim, l'élan et d'autres animaux ne courent jamais en ligne droite, et décrivent toujours une courbe et ordinairement du côté gauche. En voyant la direction vers laquelle l'animal *penche*, l'Indien sait exactement le point où il s'arrêtera; il y tend donc en droite ligne, et tous deux y arrivent presque au même moment, le cheval ayant fait un mille et le piéton la moitié ou les trois quarts au plus de cette distance. L'animal repart effaré, et après un jour entier de ces alternatives de fatigues et d'épouvantes, il se trouve à bout de forces au coucher du soleil ; il est couvert d'écume, les courbes qu'il décrit ne sont plus que de quelques mètres, quand enfin le chasseur infatigable, dont le pas ne s'est point ralenti, se trouve assez près pour lui jeter le lasso sur le cou. Les caresses et la douceur de l'Indien, pendant la nuit passée sur les lieux mêmes de la capture, font le reste ; et le matin suivant l'Indien rentre dans son village sur le nouveau coursier, à la mâchoire inférieure duquel il a noué le lasso, et tenant en laisse son ancien cheval entravé.

J'ai dit que le cheval et d'autres animaux tournent presque toujours *à gauche*. D'où vient leur tendance à décrire des cercles dans leurs courses ? C'est que tous les animaux ont un gîte, dont ils n'aiment pas à s'écarter ; mais pourquoi penchent-ils à *gauche ?*

L'une des premières leçons de mon bon vieil ami Darron, au milieu d'une chasse au daim, en forêt, ne m'est jamais sortie de la mémoire.

« George, me disait-il, quand un daim part, si c'est sur un terrain plat, ne le suivez pas, mais prenez à gauche, vous êtes sûr de le rencontrer ; il décrit toujours une courbe, et quand il s'arrête, il regarde toujours du côté qu'il a suivi. »

Mais la *course de l'homme* s'infléchit également;

perdu dans les déserts ou au milieu des prairies, il suit des lignes courbes, et toujours c'est vers la gauche qu'il dévie; pourquoi cela?

Remontant, il y a quelques années, sur un steamer, *le Haut-Missouri*, le bâtiment s'envasa, et il n'y avait pas d'espoir de le dégager avant la crue des eaux, qui pouvait se faire attendre plusieurs semaines. J'étais impatient d'atteindre un village sioux, sur le bord du fleuve, à une centaine de milles au-dessus du point où nous étions arrêtés, afin d'employer mes pinceaux parmi les habitants. Je quittai le steamer avec un homme qui me servait d'escorte, ma carabine à la main, mon cahier d'esquisses sur le dos, et nous nous mîmes en route à pied. Nous eûmes à traverser une vaste prairie d'une trentaine de milles, dont le sol était parfaitement uni; le second jour fut sombre et nuageux, et comme je ne m'étais pas muni d'une boussole, nous n'avions rien qui pût nous guider.

Le premier jour, le soleil se montra et nous nous dirigeâmes très-bien; mais le matin suivant, bien qu'à ce point de départ l'orientation fût longue, nous dûmes bientôt reconnaître que nous commencions à dévier, tout en nous efforçant de suivre la ligne droite. Nous ne voyions autour de nous qu'un maigre gazon, partout le même, et tout autour de nous la ligne inflexible de l'horizon. Vers la fin de l'après-midi, très-las tous deux, nous nous

trouvâmes, à notre grande surprise, au lieu même
où nous avions bivaqué la nuit précédente et d'où
nous étions partis le matin. Nous avions appuyé à
gauche et bien certainement décrit un cercle, tout
le jour durant.

A notre arrivée au village des Sioux, les Indiens
rirent beaucoup de notre aventure, et tous les chefs
m'assurèrent qu'un homme perdu dans les prairies
tourne toujours dans un cercle, et qu'invariable-
ment il tourne à gauche. Plusieurs autres expériences ultérieures achevèrent de me convaincre de
ce fait singulier.

Le cheval étant le coureur le plus rapide des
prairies, l'Indien qui le monte peut suivre à la
course n'importe quel animal, et d'assez près pour
lancer une flèche, dont le coup est en général mortel, car la force d'impulsion, augmentée par la rapidité de la course, suffit pour pousser le trait jusqu'au cœur du bison le plus monstrueux, et souvent
j'ai vu leurs flèches, pénétrant de part en part le
corps de l'animal, y faire un trou pareil à celui
d'une balle de calibre.

L'arc fort court dont les Indiens se servent à la
chasse est par cela même plus facile à manier à
cheval; il n'a pas en général plus d'un pied et demi
de longueur; très-habilement construit, sa force
est extrême. La partie principale en est souvent
formée d'un seul os, mais le plus souvent il est en

bois et le dos en est recouvert de nerfs de bison si fortement collés, que rarement ils se détachent.

Outre l'arc, ils se servent encore d'une longue lance, dont les effets sont peut-être encore plus terribles à la chasse que ceux des flèches; car l'Indien, dont le cheval est dressé à *s'approcher* de l'animal poursuivi, peut ainsi l'accoster d'assez près pour lui plonger sa lance dans le cœur, et le renverser foudroyé.

En passant des chevaux aux bisons, je demanderai la permission de dire quelques mots de moi-même et de mes exploits contre ces ruminants des prairies.

Le jeune lecteur se rappelle que je débutai dans la vie avec une forte passion pour les armes à feu et les engins de pêche, n'imaginant guère que mes affinités pour la chasse sommeilleraient pendant tout l'intervalle de temps écoulé entre l'incident de la *chaudière d'or* et l'âge de trente-trois ans, où, comme je l'ai dit, je commençai mes campagnes parmi les Indiens. Il comprendra facilement que pendant cette période, entouré comme je l'étais de toutes les tentations du chasseur, et accompagné de mon vieux Nemrod et professeur John Darrow, je fis des progrès continus dans l'art du tir contre les bêtes sauvages. La passion qui d'abord m'avait conduit au *lick* de la vieille scierie, bien loin de s'affaiblir, s'était donc beaucoup accrue, et ne fut pas un des moindres mobiles qui m'entraînèrent dans les grandes prairies du Far-West.

Pauvre Darrow! il n'était absolument bon à rien qu'à la chasse; mais quelle vénération j'avais pour lui! Qu'il excellait à suivre la trace d'un daim ou d'un ours, et combien sûr était le coup de sa carabine! Quelle musique était pour mon oreille la rude mélodie de ses chants sous l'ombre épaisse des grandes et séculaires futaies! Qu'ils étaient heureux ces jours où, avec nos blouses et nos chapeaux blancs, le fusil baissé, John Darrow et moi nous entrions dans les solitaires et profondes forêts pour y suivre toute la journée une bonne piste sur la neige!

Mais laissons ces scènes de ma vallée natale et de mon enfance, pour revenir à mes premières campagnes contre les bisons sur les prairies du Missouri. Je résidais alors avec M. Mackenzie, le facteur en chef, à l'embouchure de la rivière *Pierre-Jaune*, sur les rives du Missouri, où la compagnie de pelleterie américaine avait un grand comptoir, à trois mille kilomètres au-dessus de Saint-Louis, quand un matin on nous annonça qu'un grand troupeau de buffles était arrivé, et paissait dans une belle plaine sur l'autre rive, à deux ou trois milles seulement.

Mackenzie songea à l'instant à faire sa provision

de venaison, et il m'engagèa à me joindre à la chasse. Notre troupe était composée de cinq ou six de ses meilleurs tireurs à cheval; il en prit lui-même la direction, n'ayant à la main qu'un fusil de chasse à un coup très-court et très-léger.

Ils me donnèrent un cheval énormément grand, et qui s'appelait, je n'ai jamais su pourquoi, *Chouteau*. On le disait excellent pour la chasse. Plusieurs autres des gens de la factorerie avaient ordre de nous suivre, à distance convenable, avec des charrettes à un cheval pour emporter la chair de nos victimes; et tous, nous nous mîmes en marche à peu près comme une caravane régulière.

Quand nous fûmes arrivés à un demi-mille environ des animaux sans défiance, le chef commanda de faire halte, afin de décider le meilleur mode d'attaque; la chose réglée, nous attendîmes le signal pour fondre sur le troupeau aussitôt qu'il prendrait l'alarme. En un moment, un nuage de poussière s'éleva et nous étions au milieu de la bande.

Mackenzie et deux de ses amis, le major Sandford et Chardon, étaient les plus expérimentés de la bande, et par conséquent les plus heureux dans la mêlée. Au milieu de la masse noire mouvante dans laquelle ils paraissaient engloutis, je distinguais parfaitement les coups répétés de leurs fusils. Ces messieurs chassaient pour avoir de la *viande*, et en conséquence ils choisissaient les femelles les plus grasses et dont le pelage était le plus luisant. Mais mon ambition était tout autre : j'aperçus dans la foule le dos et les cornes d'un taureau monstrueux, qui s'élevait tellement au-dessus des autres, que je résolus d'avoir son scalpe ou rien.

Je fis avec mon vieux *Chouteau* plusieurs pointes furieuses dans les différentes ouvertures qui paraissaient me promettre une chance d'approcher du géant. Il m'arriva plus d'une fois d'être emprisonné dans la masse mouvante, non sans courir les plus grands dangers; car ces animaux, par centaines, fondaient derrière moi, prêts à me broyer en un moment si j'avais perdu l'équilibre.

A la fin, je vis un vide devant moi, et je m'élançai désespérément sur la droite du colosse, afin de le frapper à la bonne place.

Mon fusil était une arme à deux coups. Le premier ne produisit aucun effet visible sur le colosse, mais le second le fit tomber à genoux, et le troupeau passa outre. Je fus balayé à une grande distance avant de pouvoir me dégager de l'ouragan, bornant mon ambition à la capture de mon taureau, le géant du troupeau.

Je rechargeai mon arme et revins à mon antagoniste blessé. Il s'était relevé, et balançait son corps immense sur trois jambes, une de ses épaules ayant été brisée. Sa terrible crinière hérissée et ses yeux injectés par le délire et la rage, le malheureux s'efforçait de s'élancer sur moi et retombait à chaque pas.

Le sujet était magnifique, et je ne résistai pas à la tentation. Je saisis mon album, m'établis commodément sur mon cheval, et je fis prendre à mon modèle toutes les poses que je désirais. Rien ne pourrait rendre les regards sataniques de cet animal furieux, qui, tout hérissé et pantelant, faisait des efforts désespérés pour arriver jusqu'à moi.

Tandis que j'étais absorbé dans cette opération, Mackenzie et Sandford, survenant, me raillèrent de leur mieux d'avoir attaqué un pauvre vieux bœuf, dont à peine des loups auraient voulu. Je n'en fis pas moins sonner bien haut ma victoire, très-satisfait que j'étais de mon premier exploit. Il y avait cependant un léger revers de médaille, dont je m'aperçus quand Sandford me demanda comment il se faisait que la tête de mon cheval était couverte de sang. Ce détail m'avait échappé, et l'on découvrit que l'une des oreilles du vieux *Chouteau* était percée tout contre la tête d'un trou rond, par lequel ma première balle avait très-probablement passé.

Mon esquisse terminée, j'achevai le vieux taureau d'une nouvelle balle dans la tête. Je rejoignis Mackenzie et Sandford, qui cherchaient à reconnaître leurs victimes sur le terrain où elles s'étaient abattues. Je fus émerveillé de voir que le premier, avec un fusil à un coup et à silex, avait choisi, et

frappé au cœur six vaches grasses, à la course,
sur un espace d'un mille tout au plus, où, lancé à
fond de train, il avait rechargé cinq fois son arme.
Les charrettes arrivèrent bientôt, et l'on y entassa
le produit de notre boucherie, y compris la tête et
les cornes de ma vénérable victime.

J'ai dit plus haut que, pour voir tout ce qu'il y a
dans les prairies, *nous prendrions une autre route
pour retourner ;* nous sommes loin du logis ; laissons donc nos chevaux, et montons dans un canot.

CHAPITRE VIII.

Descente du Missouri. — L'aigle apprivoisé. — Visite d'une
famille d'ours gris.

Baptiste, Bogard et moi nous prîmes place sur un frêle canot, en face du port de la Compagnie de pelleteries américaines, à l'embouchure de la Pierre-Jaune, après avoir pris congé de Mackenzie et de sa petite colonie. Nous avions Saint-Louis pour destination, — voyage d'environ 3200 kilomètres, en suivant les détours du Missouri, dont les bords n'ont d'autres habitations que de rares villages indiens, et d'autres créatures vivantes que quelques sauvages et de vagabondes bêtes fauves.

Jean-Baptiste est Français; Abraham Bogard est né sur les bords du Mississipi : l'un et l'autre étaient restés dix ans au service de la Compagnie de pelleteries, chassant le castor et les autres animaux à fourrure au pied des montagnes Rocheuses, ou dans leurs gorges sauvages. Tous deux, congédiés par la Compagnie, retournaient à Saint-Louis. Quant à moi, la suite de mon récit me fera mieux connaître.

Nous étions donc trois; mes compagnons portaient de bons fusils dont ils savaient bien se
servir. Pour moi, j'avais d'abord un fusil de chasse
à deux coups pour chasser les canards, les oies, les
poules des prairies, etc., puis une carabine de première qualité, à longue portée, et enfin deux pistolets fixés à un ceinturon, formaient ma réserve pour
les luttes corps à corps. Un de mes compagnons
occupait l'avant de la barque, l'autre était au centre;
assis à l'arrière je tenais la barre du gouvernail,
non toutefois sans heurter des troncs d'arbres flot-
tants, sans m'embarrasser dans des bancs de sable
et sans toucher contre des écueils de toute espèce,
surtout quand nous étions à la merci d'un impétueux courant. Baptiste et Bogard ramaient et je les
aidais quelquefois.

Poudre et plomb en abondance, ustensiles de
pêche, rien ne nous manquait; nous avions assez
de couvertures pour dormir chaudement. Nous
étions munis d'une bouilloire en fer-blanc, d'une
cafetière, d'une poêle à frire; nous avions en profusion du café, du sucre, du sel; enfin nous possédions une cuiller, un couteau, une timbale pour
chacun de nous; nous n'avions, il est vrai, ni pain,
ni beurre, mais la vive imagination de mes jeunes
lecteurs a déjà compris que nous avions tout ce
qu'il nous fallait pour trouver à manger et pour
contenter ma passion pour la chasse et pour la pêche

et mes instincts d'Indien. Mes aimables petits lecteurs ne seront donc pas plus tentés de sauter jusqu'à la dernière page de mon livre, que je ne l'étais
de quitter mon gentil petit canot et d'abandonner
les beaux rivages du Missouri pour couper au plus
court, et de prendre la route de terre.

Voilà que j'ai presque oublié de vous dire un mot
d'un quatrième compagnon de voyage. M. Mackenzie m'avait fait cadeau d'un grand aigle apprivoisé, un de ces nobles oiseaux dont les Indiens
font tant de cas à cause de leur courage et à cause
aussi de leurs plumes, qui servent à parer la tête des
chefs et des guerriers. J'avais établi un grand bâton
de six à huit pieds de haut à l'avant de la barque.
La bonne créature s'était perchée au sommet et y
passait toute la journée dans la plus parfaite quié-
tude, sans aucun lien, contemplant en silence le
pays que nous traversions, du côté d'amont comme
du côté d'aval. C'était bien la figure la plus pittoresque du monde et la plus propre à compléter la
physionomie de notre équipage.

Un jour succédait à l'autre dans notre voyage et
nous ne cessions d'admirer de magnifiques rivages.
Ce n'étaient que collines arrondies et herbeuses,
s'élevant en groupes, quelquefois par centaines, et
qu'on eût dit de loin couvertes d'un manteau de ve-
lours vert; parfois elles étaient tachetées de troupeaux de bisons, pâturant sur leurs pentes, tout

prêts à s'enfuir comme une nuée d'oiseaux au bruit d'un coup de fusil : vus à distance, ces troupeaux dispersés de tous côtés et se frayant dans les hautes herbes de petits sentiers sinueux, avaient presque l'apparence de serpents noirs rampant autour des collines.

Les bancs de sable ressemblaient de loin à des champs de neige, tant ils étaient couverts de pélicans et de cygnes au blanc plumage. Les loups blancs qui nous regardaient du bord du fleuve recevaient parfois un salut de nos fusils; parfois aussi nous faisions la même politesse aux terribles ours gris qu'attirent sur les bords du fleuve les carcasses de poissons, ou les bisons, souvent à demi ensevelis dans la vase après le passage des troupeaux.

Tous les soirs nous débarquions quelques minutes avant le coucher du soleil, là où nos regards découvraient assez de bois sec pour le feu de notre cuisine. Puis, après souper, nous ramions encore jusqu'à ce qu'il fît tout à fait noir; ce moment venu, nous étendions tranquillement nos peaux de bison sur le gazon, sans trop savoir près de qui nous étions couchés. Nous agissions ainsi de crainte que la fumée de notre foyer ne nous attirât, au milieu de notre sommeil, la visite et l'attaque soudaine de quelques sauvages rôdeurs, nous prenant à tort pour des ennemis ou des chasseurs de fourrures, classe d'hommes dont les Indiens n'ont depuis longtemps que trop sujet de se plaindre et dont nous eussions payé les injustices.

Debout au point du jour, nous faisions halte vers huit à neuf heures du matin pour déjeuner.

Nous voyagions ainsi déjà depuis quelques jours, lorsqu'au moment où nous terminions un de ces repas que l'appétit nous faisait paraître délicieux, mes deux compagnons aperçurent un troupeau de bisons paissant sur une colline à peu de distance; ils prirent leurs fusils et se mirent en chasse.

Je restai près du feu pour dessiner le charmant paysage que j'avais sous les yeux. Puis, voulant me faire une seconde tasse de café avant le départ, je mis bouillir la cafetière. Les coups de fusil de mes deux compagnons m'apprirent qu'ils venaient d'abattre du gibier (c'était leur habitude de ne jamais brûler leur poudre pour rien), et je vis des bisons passer à quelques pas de moi, en descendant précipitamment la colline. Je saisis mon fusil et je courus vers un étroit et profond défilé où le troupeau devait inévitablement passer, et là me cachant dans le lit même d'un torrent alors desséché, derrière un bouquet de saules, j'épiai, sans être vu ni éventé, les bisons qui se précipitaient avec un bruit de tonnerre dans le lit de la rivière pour remonter aussitôt sur l'autre bord avec la rapidité de l'éclair. Ne cessant de faire feu et de recharger, je tuai jusqu'à douze ou quatorze de ces pauvres bêtes, qui tombaient comme foudroyées, tandis que des milliers d'autres passaient en tumulte sans être atteintes.

Ce carnage, que j'ai regretté bien des fois depuis, ne me coûta nul effort, mais il était aussi cruel qu'inutile, puisque Baptiste et Bogard avaient tué plus d'animaux qu'il ne nous en fallait pour plusieurs jours. Nous ne prîmes même à nos malheureuses victimes ni les peaux, ni les langues, ni les bosses, et nous les abandonnâmes à la dent des loups. Revenus à notre petit bivac, je trouvai mon café parti, le feu ayant dessoudé toutes les pièces dont se composait ma pauvre cafetière. N'était-ce pas là un commencement de châtiment? J'avais tué, et ce n'était ni pour me nourrir, ni pour me défendre. Depuis ce jour, je n'ai plus chassé pour le seul plaisir du carnage.

Seul, notre favori, notre noble et magnifique aigle profitait de nos tueries sans le moindre remords. Il était beau à voir, fixe au sommet de son perchoir; il semblait fait pour ne jamais nous quitter. On lui donnait de la viande fraîche de bison et quelquefois du poisson. Ses yeux toujours en éveil, il avait l'air du chef de l'expédition ou du propriétaire de la barque. Toujours aussi le premier à son poste le matin, lorsque sa position commençait à le fatiguer, durant le jour, il étendait sur nous ses puissantes ailes à l'énorme envergure, et, soutenu à quelques pieds au-dessus de nos têtes, il volait de conserve pendant quelques kilomètres, suivant pour ainsi dire le sillage du canot, nous regardant toujours, nous éventant parfois du mouvement de ses ailes et nous cachant par intervalles la lumière du soleil.

Des oiseaux de toute espèce, des poules sauvages voletant aux environs, frappaient quelquefois les yeux de ce monarque des airs. S'il apercevait dans les nues un de ses confrères, traversant l'espace d'un puissant essor, il engageait aussitôt par ses cris la conversation à sa manière — et c'est dans ce cas seulement qu'il daignait bavarder; — puis, la reconnaissance faite et la réponse obtenue, il ne prenait pas la peine de rejoindre son compagnon, qu'il eût atteint dans un clin d'œil, et restait philosophiquement sur son perchoir, où la pitance quotidienne ne lui faisait jamais défaut.

Un jour, lorsque nous nous trouvions dans ce qu'on appelle le *Grand Détour*, gorge profonde où le Missouri roule au pied de mornes argileux à pic et hauts de plusieurs centaines de pieds, notre noble ami l'aigle s'enleva soudain à une hauteur inaccoutumée au-dessus de son perchoir, et, volant à tire-d'aile, à une certaine distance en arrière de nous, se mit à flâner dans les airs. Tous alors de nous écrier d'une seule voix:

« Le voilà parti! il a pris son congé définitif. »

Mais lui, décrivant encore un ou deux cercles

dans les airs, s'abattit tout à coup sur les versants déchirés de la falaise, puis il nous revint tenant dans son bec un énorme serpent qui se tordait dans les convulsions de la mort.

« Diable! diable! un serpent à sonnettes! » s'écria le pauvre Baptiste sur la tête duquel se débattait le reptile, pendant que l'aigle regagnait le sommet de son perchoir.

Pourtant, heureusement peut-être, ce serpent n'était pas un serpent à sonnettes, mais un reptile inoffensif, mieux connu, sans doute, des aigles qu'il ne l'était de nous. Les yeux perçants de notre oiseau l'avaient découvert en passant, se chauffant paresseusement au soleil, et il en faisait son repas en vrai Sybarite, en balançant les tronçons de sa victuaille au-dessus de la tête du pauvre Baptiste. Ce dernier finit enfin par se rassurer et par convenir que tout était pour le mieux, et que nous étions non-seulement des chasseurs, mais encore des aventuriers.

Harcelés outre mesure par les moustiques qui infestent les rivages du Missouri, nous choisissions d'habitude pour dresser notre bivac un banc de sable ou une plage sablonneuse, car ces bestioles ailées ne s'étendent guère au delà des places herbeuses. Une nuit que nous étions ainsi campés, notre canot tiré sur la rive, nos couvertures étendues sur le sable fin, et nos personnes livrées au repos

Les voyageurs visités par une famille d'ours gris.

et au sommeil, j'entendis tout à coup, vers l'aube du jour, Baptiste s'écrier :

« Diavolo ! monsieur Catlin, voilà Caleb (c'est ainsi que les trappeurs ont l'habitude de nommer l'ours gris) ! regardez, monsieur.... »

Je me levai précipitamment et je vis Bogard et Baptiste debout l'un et l'autre, leur fusil à la main et l'œil fixé sur un monstrueux grizzly, qui, couché à quelques mètres de nous sur le penchant de la prairie, nous épiait très-attentivement. A quelques pas de lui se tenait sa femelle avec ses deux oursons. Ils attendaient probablement avec quelque impatience le moment de faire de nos trois personnes un confortable déjeuner.

Le temps leur avait sans doute paru long pendant qu'ils épiaient notre réveil. On dit proverbialement dans le pays — et le fait semble fondé — que tout homme couché semble à l'ours moins une proie qu'un appât suspect, et que le grizzly n'attaque jamais un homme endormi, lui qui ne manque guère de se jeter sur tout ce qu'il rencontre en son chemin. Nous connaissions le proverbe, mais pas un de nous pourtant n'eût consenti à confier de nouveau son salut au sommeil et à l'immobilité.

Un conseil de guerre était de première nécessité. En regardant autour de nous, nous découvrîmes que les terribles animaux avaient déjà visité notre barque et transporté tout ce qu'elle contenait sur le rivage, qu'ils avaient brisé, ouvert, dispersé tous les paquets. Et notre pauvre aigle ! — disparu et dévoré sans doute. Attaquer les ours eût été bien dangereux. Ce que nous avions de mieux à faire était de regagner notre canot; de ramasser et recueillir ensuite, si nous en avions le temps, tous nos objets perdus, et de combattre, enfin, s'il le fallait absolument. Nous repoussâmes donc la barque au large et nous nous mîmes à ramer, nos fusils à la main.

Les ours ne bougeant pas, nous ramassâmes nos effets entraînés dans toutes les directions. Des paquets se trouvaient à plusieurs mètres du canot et, à l'exception des portefeuilles contenant mes dessins et dont *Martin* n'avait pu dénouer les cordons, mais qu'il avait jetés dans la boue, tout avait été déplié, étalé, flairé comme les bagages d'un voyageur suspect dans une douane de France ou du Brésil.

Nous possédions, la veille, une provision de viande fraîche pour quatre jours, sans compter quelques délicieuses langues séchées de bison et une bonne quantité de pémican[1]. Les ours avaient tout dévoré. Ma boîte à couleurs n'avait pas été plus heureuse : elle était vide ; les pinceaux avaient été semés sur le rivage ; presque toutes les *vessies* remplies de

---

1. Viande séchée, puis ensuite pilée et mélangée avec une certaine quantité de graisse.

couleurs avaient été mâchées par les gloutonnes bêtes, et leur contenu, répandu partout, couvrait le sol du plus fantastique barbouillage de rouge et de vert. Deux paquets de costumes indiens, solidement liés avec des courroies, avaient été défaits comme par des mains humaines ; et les blouses, les mocassins, les coiffures, les habits, jetés sans ordre dans la boue, ressemblaient également à une lessive au soleil ou à un étalage de vente à la criée. Dieu ! quelle fantaisiste inspection que celle de messieurs les ours !

D'énormes empreintes de griffes, profondes de deux ou trois pouces, prouvaient que les terribles et stupides bêtes avaient longtemps erré entre nos couches respectives, éloignées tout au plus de deux ou trois pieds les unes des autres. N'y avait-il pas là de quoi nous agacer un peu les nerfs ?

Une fois que tous nos effets eurent été rassemblés dans notre canot, confusément, il est vrai, sauf à les mettre en ordre en temps et lieu plus opportuns, nous poussâmes au large, non sans une certaine satisfaction, sachant que les ours gris ne vont dans l'eau sous aucun prétexte.

Au moment où notre barque commençait à flotter, nous entendîmes un battement d'ailes bien connu et, en même temps, nous vîmes les jambes longues et jaunes de notre illustre passager s'abattre sur le perchoir. Ses longs battements d'ailes et une sorte de trémoussement d'épaules montraient assez combien il était heureux d'avoir échappé au danger et d'être revenu chez lui. Jetant autour de lui ses yeux perçants, il semblait se rendre compte des dégâts opérés pendant son absence. Sur quel sommet de colline, sur quel rivage, le noble oiseau avait-il passé la nuit? nous ne l'avons jamais su.

Rassurés désormais contre toute surprise et préparés à l'attaque, nous aurions volontiers sonné une fanfare. Bogard et moi, nous ajustâmes le vieux grizzly qui se trouvait le plus près de nous. Baptiste réserva son feu pour la femelle qui arrivait sur le bord du fleuve, furieuse et poussant d'horribles grognements. Blessée d'une balle à la poitrine, elle rejoignit son compagnon, que deux balles venaient d'atteindre, et tous les deux entrèrent dans un fourré de hautes herbes.

Nous nous remîmes à descendre le courant. En vain je pressai mes deux hommes de retourner en amont pour achever le combat, aucun d'eux ne s'en souciait, et ils traitaient, non sans raison, d'imprudence toute tentative d'entrer dans le fourré à la suite des ours. Nous laissâmes donc les malheureuses bêtes mourir ou guérir de leurs blessures.

CHAPITRE IX.

Le village des Mandans.— Leur chef de guerre.— Ses aventures.
Les belles Indiennes.

Nous arrivâmes le lendemain au village des « hon-
nêtes et hospitaliers Mandans, » ou, comme ils s'appellent dans leur propre langue, *le peuple des faisans*.
Il était situé à quatre cent deux kilomètres en aval
de l'embouchure de la rivière de Pierre-Jaune,
notre point de départ. Cette tribu, qui occupe la rive
occidentale du Missouri, comprend deux mille hommes qui vivent dans des wigwams revêtus et couverts d'argile. Le canot et tous mes effets furent
transportés dans la demeure du chef par ses propres
femmes, et mis en lieu de sûreté; et j'allai de ma
personne m'installer, en qualité d'hôte et à titre
gratuit, dans la case du chef.

Les Mandans, dont j'ai déjà parlé à plusieurs reprises, sont une des tribus les plus intéressantes que
j'aie visitées; par la langue, par un grand nombre
de leurs coutumes, et enfin par la physionomie, ils

diffèrent beaucoup des autres peuplades du nord de l'Amérique.

Ce n'est pas une tribu nomade. Fixée au sol, elle habite un village que la berge escarpée du Missouri protége de deux côtés contre les attaques des autres Indiens, tandis qu'une palissade de pieux défend le reste de l'enceinte.

Ils ne vivent pas comme les Sioux, en suivant les migrations des bisons : leur existence est assurée par la culture de vastes champs de maïs, qu'ils ont l'art de cacher aux yeux de leurs ennemis et qui produisent assez de grain pour les nourrir quand les bisons quittent temporairement leur contrée.

Ce qui frappe le plus dans la physionomie de ces sauvages, ce sont leurs yeux et leurs cheveux. J'ai déjà dit que des cheveux et des yeux noirs ou bruns dorés étaient des traits caractéristiques des Indiens de l'Amérique du Nord. Eh bien, à ma grande surprise, j'ai vu que les Mandans, chez lesquels on trouve plusieurs familles de complexion entièrement blanche, ont tous des yeux d'un bleu clair et les cheveux d'un brillant gris d'argent, de l'enfance à la vieillesse !

On ne peut expliquer cette singularité qu'en admettant que des hommes d'une race civilisée se sont greffés sur le tronc sauvage des Mandans; mais ici l'histoire, pas plus que la tradition, ne mentionne ou ne laisse supposer un fait semblable.

Cependant, quelques mots galliques que j'ai saisis parmi eux, leurs canots de peau ronds, semblables aux bateaux pêcheurs du pays de Galles, leur mode de construction, analogue à celle qu'on observe encore aujourd'hui dans les montagnes de cette dernière contrée : tous ces indices réunis m'ont porté à croire que les Mandans ont dû en partie leur origine à une colonie de Gallois qui, ayant débarqué sur la côte américaine, et après avoir erré dans l'intérieur du pays, auraient fini par trouver un asile et une patrie nouvelle dans une tribu hospitalière.

Les Mandans sont très-pacifiques et ils ne se battent jamais qu'en cas de légitime défense, pour protéger leur village et leur vie contre les terribles et trop fréquentes attaques des *Sioux* et des *Corbeaux*.

Pendant le temps que je passai au milieu d'eux, je vis deux de leurs principaux chefs, le *Loup*, chef civil, et *Mah-to-toh-pah* (les Quatre-Ours), chef militaire de la tribu. Je fis le portrait en pied de ces braves gens, et j'ai toujours considéré le second, qui se prit d'une véritable amitié pour moi, comme un des hommes les plus extraordinaires qu'aient produits les tribus américaines.

Il était, à tous les points de vue, gracieux, civil, élégant, d'une bravoure éprouvée, guerrier invincible. Son portrait, peint par moi, lui plut et l'étonna beaucoup. Plus tard, il me fit présent d'une tunique sur laquelle étaient représentés tous les combats auxquels il avait assisté et dont sa femme exécuta pour lui une copie exacte et fidèle.

Sur ce vêtement extraordinaire, il était représenté en pied et victorieux dans quatorze batailles. Quatorze chevelures y adhéraient comme témoignages incontestables. Quand il me donna cette tunique, craignant sans doute que je ne susse pas assez l'apprécier, il l'étendit sur le sol, m'invita à m'asseoir à côté de lui et me donna une explication de chaque groupe. Il me fit voir où chaque rencontre avait eu lieu, comment il avait remporté la victoire, et, en regard de chaque combat, il me montra et me fit toucher la chevelure, trophée de son triomphe.

Quelques-uns des guerriers les plus célèbres de la tribu, qui connaissaient les exploits de leur chef, étaient là, écoutant ses explications ; ils faisaient des signes d'assentiment à chacun de ses récits, que, de mon côté, je transcrivais mot pour mot dans mon livre de notes. Mah-to-toh-pah décrivit ainsi un de ses quatorze faits d'armes :

« Cette lance, » dit-il, — et en même temps il prit derrière lui, puis posa sur la tunique une lance de huit pieds de long, à pointe d'acier et ornée d'un grand nombre de plumes d'aigle rouges et blanches ; — « cette lance a appartenu au chef militaire des Riccarris (tribu égale en nombre aux Mandans et habitant à trois cent cinquante kilomètres environ en aval, sur la même rive du Missouri). Les Riccarris nous avaient toujours fait la guerre. Une nuit, ils attaquèrent lâchement notre village, et tuèrent un grand nombre de nos jeunes guerriers, de nos femmes, de nos enfants. Mon frère cadet lui-même disparut, et, trois jours après la bataille, où nos ennemis l'avaient fait prisonnier, je trouvai son cadavre dans un bouquet de saules, transpercé d'outre en outre par la pointe de cette lance que vous tenez en ce moment. Je reconnus l'arme pour l'avoir vue entre les mains du perfide chef des Riccarris. Je l'avais touchée lorsque, quelques mois auparavant, j'avais fumé avec lui le calumet de la paix. Plusieurs de mes guerriers la reconnurent comme moi. Je gardai cette pointe acérée, couverte du sang fraternel, et je jurai de venger la mort de mon frère de ma propre main.

« Trois années s'écoulèrent sans m'offrir l'occasion de remplir mon serment de vengeance. D'ailleurs je ne voulais pas verser de sang innocent et semer la guerre entre les deux tribus. Je m'y pris d'une autre manière. Couvert d'un tatouage guerrier que les chefs, chez nous, ne sont pas dans l'habitude de porter, muni d'une provision de blé grillé, et sans autre arme que ce fer de lance, je partis à l'insu de mon peuple pour le village des Riccarris, traversant les prairies la nuit, me tenant à l'écart pendant le jour.

« Au bout de six journées de marche, j'aperçus le village des Riccarris. Je me cachai pendant le jour, mais lorsqu'il fit nuit, j'entrai dans le village sans danger d'être reconnu. Je savais où était situé le wigwam du chef; je m'y rendis, et, tout en me promenant aux alentours, j'épiai ce qui se passait dans l'intérieur et je vis le chef assis près du feu et fumant sa pipe.

« Sa femme se coucha; il fuma encore une nouvelle pipe et se coucha à son tour. Le moment de la vengeance était arrivé ; le feu s'était presque éteint et l'obscurité envahissait le wigwam.

« J'ouvris doucement la porte, je m'avançai dans la chambre, la lance à la main, et je m'assis près du feu, sur lequel dans une marmite fumante cuisaient quelques aliments. Je commençai à manger un peu et j'en avais besoin, car j'étais presque exténué de faim. Au milieu de mon modeste repas, j'entendis que sa femme lui demandait qui donc pouvait manger à cette heure dans le wigwam. « Sois sans inquiétude, lui répondit le chef. C'est « sans doute un homme qui a faim. » Une fois rassasié, j'attisai graduellement le feu jusqu'à ce que j'eusse produit assez de lumière pour voir où gisait mon ennemi, et alors je me levai et je lui enfonçai cette même lance dans le cœur. Puis je quittai le wigwam, ma lance dans une main, la chevelure du chef dans l'autre, et je m'enfuis en toute hâte, sans que la tribu ennemie connût d'où venait le meurtrier et quel chemin il avait pris. .

« Je marchai presque toute la nuit, puis je me cachai pendant tout le jour suivant et ainsi de suite, nuit après nuit, jour après jour, et j'entrai enfin en triomphe dans le village des Mandans, la chevelure du chef des Riccarris suspendue à la pointe de sa propre lance. O mon ami, continua Mah-to-toh-pah, tu peux voir ici la chevelure de cet ennemi et ce fer aigu que j'avais arraché du corps de mon frère, pour le venger un jour avec l'aide du Grand Esprit. Maintenant le sang de la victime et du meurtrier ont séché tous les deux sur cette lance!... Ce n'est pourtant pas ainsi, ô frère, que Mah-to-toh-pah a l'habitude de se venger; mais dans cette affaire il ne voulait que tuer un chien, et il a tué ce chien comme il le méritait. Quoique le chef des Riccarris fût un guerrier et qu'il possédât plusieurs chevelures, ce n'était pas un homme honorable. Il errait autour de notre village comme un loup nocturne et massacrait nos femmes et nos enfants lorsqu'ils se baignaient au bord du fleuve.

« Certes, s'il avait été plus loyal, j'aurais combattu contre lui à chances égales; mais sa vie avait été celle d'un lâche, sa mort ne devait pas être celle d'un homme de cœur. »

Je pourrais remplir le reste de ce petit volume avec le seul récit des exploits de Mah-to-toh-pah, mais je dois me borner, et je n'en raconterai plus qu'un seul. Pendant que nous étions assis sur sa robe-trophée, Mah-to-toh-pah me montra la chevelure d'un héros fameux qui avait été chef des Corbeaux; puis il me fit voir le groupe sur sa toile, et dicta les paroles suivantes à son interprète :

« Les Corbeaux étaient depuis longtemps nos ennemis; leurs guerriers avaient souvent attaqué notre village et couru sur nos chasseurs lorsque ceux-ci parcouraient la plaine. Il y a quelques années, plusieurs centaines de Corbeaux s'étaient montrés dans la prairie, à une petite distance du village des Mandans. Mah-to-toh-pah, suivi de ses braves, marcha à leur rencontre. Quand les deux armées ennemies se trouvèrent en présence dans la plaine et prêtes à la bataille, elles firent halte et le chef des Corbeaux envoya aux Mandans un messager porteur d'un drapeau blanc : « Le grand guerrier « des Mandans, Mah-to-toh-pah, est-il ici? dit le « messager. C'est un homme de cœur; s'il vous « commande aujourd'hui, qu'il vienne se mesurer « avec le chef des Corbeaux et qu'il épargne ainsi la « vie de ses braves. Hora-to-ah, chef des Corbeaux, « lui envoie ce message. »

« Mah-to-toh-pah répondit : « Hora-to-ah est un « chef et un adversaire digne de Mah-to-toh-pah. « Mah-to-toh-pah conduit aujourd'hui les Mandans « au combat. Mah-to-toh-pah est heureux de se

Mah-to-toh-pah, chef de guerre des Mandans.

« rencontrer avec le chef des Corbeaux et d'épar-
« gner le sang de braves guerriers. C'est la réponse
« du chef des Mandans. »

« Dès que le messager eut rendu compte de sa
mission, on vit le chef des Corbeaux traverser la
plaine au galop d'un cheval blanc comme du lait; à
son bras gauche était le bouclier, à sa main droite
un fusil.

« Mah-to-toh-pah courut à sa rencontre; deux fois
ces vaillants guerriers tirèrent l'un sur l'autre en
se croisant au galop, mais sans aucun résultat.
Bientôt Mah-to-toh-pah n'eut plus de poudre; montrant alors sa poudrière, il fit signe qu'elle était
vide. Le chef des Corbeaux, détachant la sienne, la
jeta à terre ainsi que son fusil, prit son arc et passa
bouclier et carquois sur son épaule; Mah-to-toh-pah
fit de même, et les flèches commencèrent à voler
et les arcs à vibrer. Les deux chefs se blessèrent
aux jambes; le cheval de Mah-to-toh-pah, percé au
cœur, tomba pour ne plus se relever. Mah-to-toh-
pah se trouvant alors à pied, rebanda son arc et se
couvrit de son bouclier.

« Le chef des Corbeaux était un brave guerrier,
digne de Mah-to-toh-pah : il sauta à terre, tua son
cheval d'un coup de flèche et marcha à son rival.
Le combat recommença. Bientôt le chef des Corbeaux jeta par terre son carquois déjà vide et bran-
dit son formidable poignard. Mah-to-toh-pah lança

aussi son carquois sur le sol en s'écriant : « C'est
« bien ! » et les deux ennemis se précipitèrent l'un
contre l'autre. Le poignard du chef des Mandans avait
glissé de son ceinturon, mais il était trop tard pour
reculer : il était déjà dans les bras de son adversaire. Le sang de Mah-to-toh-pah coulait par des
blessures nombreuses et terribles. Le fer à deux
tranchants de Hora-to-ah lui avait déjà transpercé
deux fois la main, lorsque le chef des Mandans
réussit enfin à l'arracher à son rival et à le lui
plonger dans le cœur. Ainsi tomba Hora-to-ah, le
chef des Corbeaux. »

La chevelure de ce guerrier, son poignard couvert de son sang, appartiennent à Mah-to-toh-pah ;
je les ai vus, et j'ai vu aussi la main droite de
Mah-to-toh-pah, estropiée pour jamais.

Comme les femmes de la plupart des tribus voisines, les femmes des Mandans s'habillent d'une
manière très-confortable et parfois séduisante, avec
des vêtements de peau tombant presque jusqu'à
leurs pieds. Ces femmes sont, pour la plupart, timides, réservées, très-convenables. Beaucoup sont
belles, et les Indiens savent apprécier leur beauté.

Leurs noms sont, en général, aussi significatifs
qu'ils sont doux : c'est le Soleil du midi, l'Herbe aro-
matique, le Ver luisant, la Sauge sauvage, le Saule pleu-
reur, le Pigeon, la pure Fontaine, et tous ces noms
empruntés à quelque objet gracieux, brillant ou in-

nocent, servent en même temps à engager celles qui les portent à vivre dans la paix et la modestie.

Les noms des hommes ne sont pas moins variés et expressifs. En voici quelques-uns pris au hasard parmi ceux des chefs et des guerriers dont j'ai fait les portraits : *le Tonnerre, le Foudroyant, la Nuée, le Nuage blanc, le Nuage qui vole, la Tempête, la Pluie qui marche, l'Ouragan, la Nuit au clair de lune, le Lac profond, l'Oiseau du tonnerre, l'Ours gris, l'Ours blanc, le Buisson et la Fleur,* et mille autres, provenant tous de quelque allusion à une ressemblance ou à une aventure. Souvent sous l'influence d'une circonstance caractéristique, un guerrier quitte son premier nom pour en prendre un autre. Qu'importent d'ailleurs à ces pauvres et heureuses tribus les noms et les changements de noms? elles n'ont ni reçus, ni contrats, ni transactions, ni obligations à signer.

Les Mandans m'ont rapporté une tradition fort curieuse et très-précise, analogue à notre déluge. Ils racontent que tous les êtres vivants périrent un jour par l'invasion des grandes eaux, a l'exception d'un seul homme qui aborda avec un immense canot sur le sommet d'une haute montagne, à une petite distance de leur village à eux. Ils ajoutent que toute la race humaine descend de cet homme sauvé des eaux.

Ils le désignent sous le nom de *Nu-mohk-muck-a-*

nah (le seul ou le premier homme), et tous les
ans ils célèbrent, pendant quatre jours, une cérémonie religieuse destinée à rappeler ce grand événement et à en conjurer le retour. C'est une cérémonie étrange, qui a pour théâtre un immense
wigwam inhabité, réservé pour cette seule cérémonie et appelé la *Loge de la médecine*. A cette époque,
c'est vers le milieu de juin, arrive un personnage
mystérieux, quelque compère bien déguisé, qui
joue le rôle de *Nu-mohk-muck-a-nah*, l'homme sauvé
des eaux; il ouvre la Loge de la médecine et commence la cérémonie par la mise en fonction d'un
médecin qui porte le titre de *O-kee-pa-ka-see-ka*
(conducteur des cérémonies); puis il retourne,
comme il est venu, aux grandes montagnes où il
demeure, en donnant an peuple l'assurance qu'il
reparaîtra au bout d'une année, pour présider de
nouveau à l'ouverture de la même cérémonie.

Ce Nu-mohk-muck-a-nah est d'une apparence
aussi grotesque que bizarre. A part quatre blanches
peaux de loup cousues en manteau, et deux peaux
de corbeau formant sa coiffure, il est nu; son corps
est enduit d'argile blanchâtre; son visage et ses
joues sont peintes : tout cela, apparemment, pour
imiter la couleur de l'homme blanc.

Je me suis trouvé chez les Mandans lors d'une
autre fête, également de quatre jours de durée, pendant laquelle les jeunes gens de la tribu se suspen-

dent le corps à des morceaux de bois passés dans les muscles des épaules, de la poitrine, des bras, et se soumettent volontairement à toute espèce de tortures dans un but d'expiation religieuse d'abord, ensuite pour montrer à leurs chefs, spectateurs de cette horrible scène, lequel d'entre eux aura le plus de cœur et supportera le mieux la douleur sans pâlir. Tout jeune homme qui arrive à la virilité est obligé d'affronter cette terrible épreuve. Bien plus, il n'est pas de petit garçon qui ne compte avec impatience les jours qui l'en séparent. Cette coutume, la plus extraordinaire et la plus cruelle de toutes celles que j'ai observées chez les sauvages, a été traitée au long, et illustrée dans tous ses détails, dans mes *Notes d'un voyage parmi les Indiens de l'Amérique du Nord*, livre publié il y a quelques années et auquel je renvoie mes lecteurs.

Ici je ne puis que dire combien il m'était pénible de voir une peuplade si affectueuse, si hospitalière, en apparence si heureuse, pratiquer, sous l'influence de l'ignorance et de la superstition, de si extravagantes cruautés! Mais enfin ces cruautés faisaient partie de la religion de ce bon et infortuné peuple, qui, hélas, depuis ma visite, a disparu de la terre, emportant avec lui ses erreurs.

Le jour où je dus quitter les Mandans, notre canot et nos effets furent portés jusqu'à la rive, où l'embarcation fut lancée à l'eau en présence de toute la

tribu. Mon ami Mah-to-toh-pah, le Loup, le grand
chef et le grand médecin m'embrassèrent successivement. Les guerriers et les braves me serrèrent la
main ; les femmes et les enfants m'envoyèrent leurs
plus sympathiques cris d'adieu ; puis Baptiste, Bogard et moi nous nous abandonnâmes de nouveau
au fil de l'eau du fleuve, coulant dans la direction
de Saint-Louis.

En ce moment d'émotion, lorsque nous étions
déjà en route, et emportés par un courant trop violent pour pouvoir nous arrêter, un jeune et vaillant
guerrier de ma connaissance se mit à suivre la rive
du fleuve ; puis, se penchant de notre côté, il jeta
habilement dans notre canot un petit paquet qu'il
avait pris sous son vêtement. Quand il vit que je
m'apprêtais à le déplier, il me fit signe à la fois
de la main et de la tête de ne pas me presser, et
nous nous perdîmes de vue.

Quand nous fûmes arrivés à un kilomètre ou
deux du village, je repris le paquet et je le dépliai
après avoir dénoué une quantité de courroies. A
ma grande surprise, je me trouvai possesseur de la
plus belle paire de mocassins indiens que j'eusse
jamais vue ; ils étaient garnis de franges de cheveux et habilement brodés avec des piquants de
porc-épic.

Je les reconnus du premier coup pour avoir appartenu au fils d'un fameux chef. Je les avais même

marchandés vainement quelques jours auparavant.
J'étais allé jusqu'à offrir au jeune guerrier un cheval en échange; il m'avait répondu : « Non, je ne
puis vous les vendre; les franges en cheveux sont
des trophées précieux, et mes compagnons d'armes
me honniraient si je vous les abandonnais à n'importe quel prix ! »

Ainsi, ce généreux sauvage m'avait donné ce qu'il
avait de plus précieux, et cela sans espoir de me
revoir jamais ! Et dans quel état m'avait-il laissé
son présent? enveloppé d'un lacis de courroies que
je ne pouvais avoir le temps de délier avant que le
canot, emporté par le courant, m'eût mis dans l'im-
possibilité de témoigner ma reconnaissance par un
contre-cadeau, et m'eût forcé d'accepter, à titre gratuit, ce qu'il n'avait pas voulu me vendre au prix
d'un cheval ! Rien ne pouvait mieux me rappeler le
souvenir d'adieu laissé par l'infortuné On-o-gong-
way dans le bûcher de mon père, souvenir qui
ouvrit si bien les yeux et le cœur du pauvre Johnny
O'Neil.

Maintenant, un dernier et triste mot sur cette
intéressante tribu des Mandans.

Dans le cours du second été qui suivit ma visite,
un des vapeurs de la Compagnie américaine de fourrures remontait le Missouri pour commercer avec
les peuplades riveraines, et surtout pour leur vendre du rhum et de l'eau-de-vie ; il eut le malheur

de stationner devant le village des Mandans lorsqu'il avait à bord deux matelots atteints de la petite vérole. L'affreuse maladie se répandit aussitôt
dans la pauvre tribu, et, au bout de trois mois, il
n'y avait plus que trente-deux Mandans debout.

Que cette triste histoire montre bien la perversité
de ces blancs mercenaires qui vont forcer les Indiens
au commerce, et les menacent du canon s'ils ne
prennent pas leur rhum et leur eau-de-vie! Les
Mandans leur achetaient alors ces liqueurs empoisonnées au prix de 4/5 de dollar le litre, et ils dé-
pensaient le reste de leur argent à toutes sortes
d'objets luxueux et extravagants qu'ils payaient pro-
portionnellement aussi cher!

Lorsque le steamer de la Compagnie de fourrures
apporta la maladie et la mort aux Indiens, il y avait
à bord un homme ferme et consciencieux, le major
Dougherty, agent du gouvernement pour les affaires
indiennes. Il s'opposa, de tout son pouvoir, à ce que
le vapeur poussât jusqu'au village des Mandans avec
la petite vérole à bord, et ordonna le retour. Malheureusement on se trouvait alors à 900 lieues de
la limite du domaine des lois, dans une contrée où
régnait la force brutale. Il ne fut pas obéi. Et qu'au-
rait-il pu faire contre la perspective de vente d'une
bonne charge de rhum et de wiskey? Une fois la
race des Mandans à peu près éteinte, la contagion
gagna les Pieds-Noirs, dont 25 000 périrent; puis

les Assiniboines, qui perdirent 6000 hommes au
moins; puis les Kniotencux, dont 4000 moururent;
puis les Shyennes, qui eurent 2500 morts; et les
Corbeaux, qui en comptèrent 3500. Nul ne sait ce
que la maladie emporta plus loin d'êtres vivants,
dans sa route vers le Pacifique; il n'y a point de
journaux dans ces pays lointains, et les marchands
de fourrures ne sont que de fort médiocres infor-
mateurs.

CHAPITRE X.

Descente du fleuve. — Encore des bisons. — Embuscade d'Indiens. — L'auteur peignant des Sioux. — Drame tragique causé par un portrait.

Emporté par le fleuve, notre canot glissait en silence vers les parages où vit la grande tribu des Sioux, dont nous n'étions plus séparés que par quelques journées de rivière. Comme nos provisions commençaient à baisser, nous nous laissâmes tenter par la vue d'un troupeau de bisons qui dormaient ou paissaient en toute sécurité sur la rive droite. Ayant pris terre sans bruit, nous vînmes tout près des pauvres bêtes en nous glissant le long d'une ravine profonde, et nous fûmes bientôt en possession de trois langues et de trois bosses de bisons. Cette petite expédition ne nous coûta pas la moindre peine, et nous nous remîmes en route, non sans avoir pris le croquis du petit recoin où la bande de ruminants se livrait, avant notre arrivée, aux douceurs de la villégiature.

Une fois nos estomacs et notre garde-manger

pourvus, nous nous mîmes à ramer sans perdre une
minute. Rien de plus naturel, alors, que de chanter,
de siffler, de dire de joyeuses histoires. Baptiste et
Bogard étaient donc en train de raconter quelques
anecdotes intéressantes sur les Corbeaux et les
Pieds-Noirs, dans le pays desquels ils avaient été
jadis trappeurs et commerçants, lorsque tout à coup
une explosion de fusil résonna sur la rive opposée,
et une balle vint, en sifflant, tomber dans l'eau à
deux ou trois mètres de notre barque. Un Indien
se tenait sur la rive du fleuve ; il était seul, nous
faisait toutes sortes de signes et nous criait d'accoster.

Ce coup de fusil pouvait être tout bonnement une
invitation amicale d'aborder : c'est le procédé usité
chez les sauvages, mais pour une seconde invitation
seulement, la première se faisant habituellement
par cris et par signes. Mes compagnons inclinaient
à céder aux instances de l'Indien, mais elles me
paraissaient suspectes. Cet homme pouvait fort bien
n'être isolé qu'en apparence ; puis il se tenait
juste à un endroit où le Missouri, faisant un coude
soudain, forme un violent rapide, qui nous eût
jetés, si nous nous y étions confiés, sur une muraille de rochers fort dangereux et très-propres à
cacher une embuscade. Des querelles s'étaient élevées récemment entre des marchands de fourrures
et quelques Indiens de cette partie du fleuve. Nous

Chasse aux bisons, près du Missouri

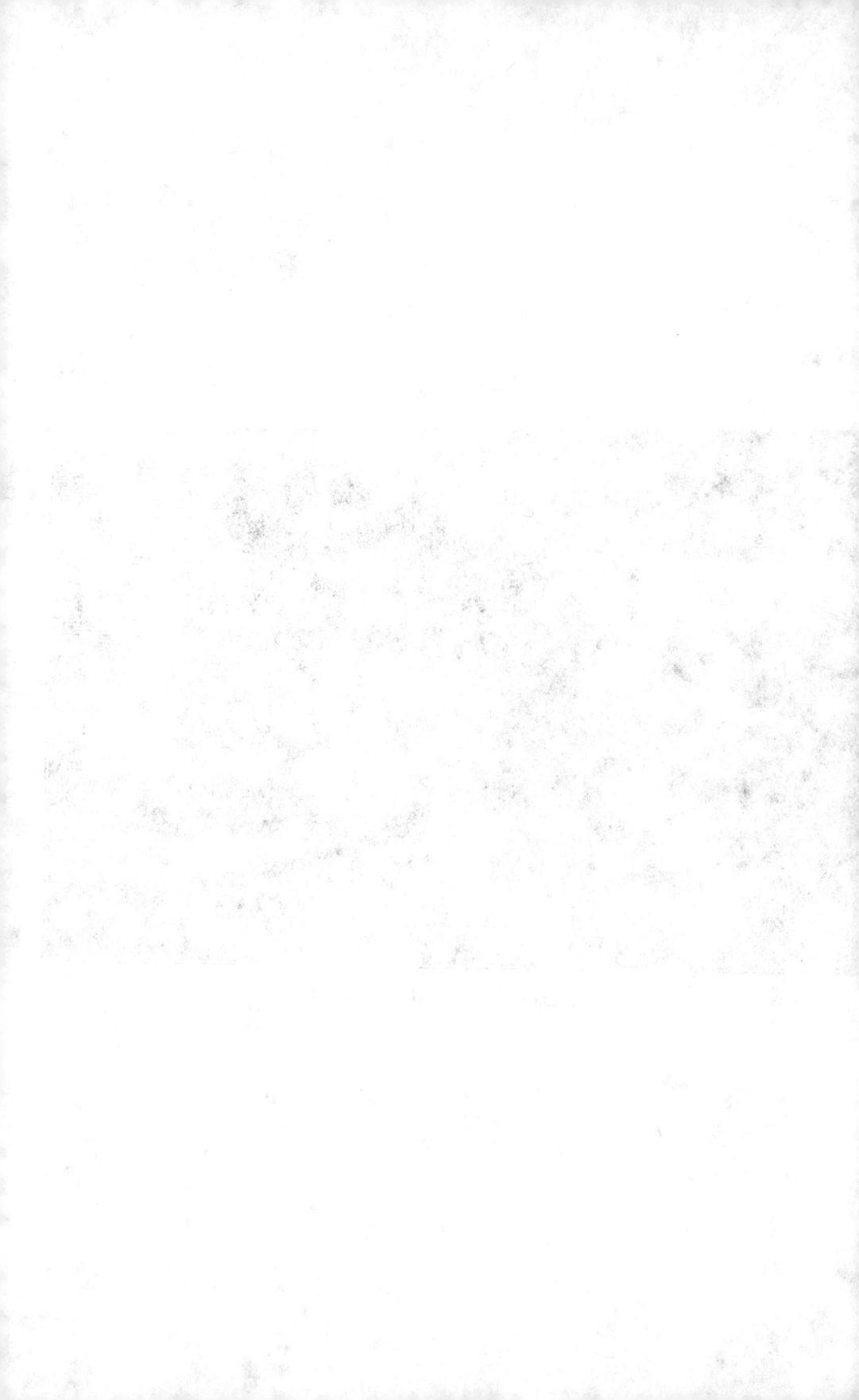

pouvions, quoique innocents, fort bien payer pour les coupables.

Le fleuve est très-large en cet endroit; je manœuvrai de manière à rapprocher mon canot de la rive opposée à celle d'où nous avait hélés le sauvage et à éviter le rapide. Bogard, véritable ivrogne qui espérait sans doute trouver à boire chez les Indiens, s'écria alors d'un ton plus impérieux qu'interrogatif :

« Nous abordons!

— Oui! oui! répondit Baptiste.

— Non! non! dis-je à mon tour; ce canot m'appartient et je reste ici; le bord du fleuve ne me plaît guère là-bas. »

Mes deux hommes retirèrent alors tout à coup leurs rames, les lancèrent brusquement dans le canot et jetèrent un regard par-dessus leur épaule sur leurs fusils qui se trouvaient sous une peau de buffle entre eux et moi.

Saisissant alors mon fusil à deux coups, je mis en joue les deux misérables, qui, heureusement, étaient devant moi. Ils comprirent vite l'un et l'autre, à mon regard et à mes mouvements, ce qui leur arriverait fatalement s'ils essayaient de toucher à leurs armes. Je me mis alors à ramer moi-même, et mes violents efforts réussirent à rejeter le canot hors du courant fatal et à nous ramener vers la rive opposée. Au même moment, et tandis que Bogard et Baptiste murmuraient sourdement, m'accusant d'avoir peur d'un pauvre et chétif Indien, vingt à trente guerriers armés sortirent de derrière les rochers où nous eussions dû aborder; puis, poussant leur cri de guerre, ils descendirent la rive du fleuve pour nous attendre au-dessous du tournant qu'il fait en cet endroit.

« Diavolo! il faut combattre! » dit Baptiste; et il saisit son fusil.

« Non, répondis-je, on ne combattra pas; il faut ramer, ramer!

— On rame, » dit Baptiste, qui déposa son arme; et tous trois nous ramions déjà de toutes nos forces.

Bogard, une vraie tête brûlée, s'écria :

« Assommons donc quelqu'un de ces garnements!

— Non! criai-je à mon tour, ramons plutôt, c'est plus urgent, et que chacun fasse plier son aviron!»

Je maintins le canot au milieu de l'eau pour profiter du courant, tandis que les Indiens, arpentant la rive, hurlaient leur chant de guerre, terrible témoignage du sort qu'ils nous réservaient! Malgré tous nos efforts, ils furent bientôt en aval de notre canot. Huit à dix d'entre eux se précipitèrent dans le fleuve et nagèrent vers nous, tenant de la main droite leur arc et leurs flèches au-dessus de l'eau.

En les voyant approcher, je criai à mes hommes :

« Prenez vos fusils, mais ne faites feu qu'à mon

commandement! » Nous retirâmes alors nos avi-
rons, et nos fusils à la main, je fis signe aux sauvages de regagner le bord. Mais ils n'en firent rien;
déjà ils n'étaient plus qu'à quelques mètres quand
je fis semblant de les coucher en joue : tous alors
plongèrent, disparurent sous l'eau et reprirent la
route du bord. Ceux qui étaient restés sur la rive
hurlaient et couraient toujours; quelques-uns d'entre eux se mirent à l'eau comme pour renouveler
l'attaque, mais ils furent mis en fuite comme les
premiers. Quand je vis qu'ils n'avaient que des arcs
et des flèches, armes d'ailleurs dont ils se servent
fort adroitement dans l'eau, je perdis toute crainte
et résolus de ne pas user envers eux d'une cruauté
inutile. Pourtant, s'ils nous avaient attaqués, il nous
aurait fallu faire feu et sans doute tuer quelques-
uns des plus hardis assaillants.

Après nous avoir suivis pendant plusieurs kilomètres, nos ennemis, voyant l'inutilité de leur
chasse, rebroussèrent enfin chemin; et, nous, la
nuit venue, nous bivaquâmes sur la rive opposée
du fleuve, à l'abri désormais de tout danger.

Quels étaient ces sauvages? je ne sais. Que vou-
laient-ils? je l'ignore aussi, et je remercie le ciel de
n'avoir pas été obligé de tirer sur eux.

Au bout de quelques jours encore de voyage,
nous atteignîmes le *fort Pierre*, vaste établissement
de commerce situé chez les Sioux. Près de quinze

cents wigwams en peau, habitations de ces Indiens, sont dispersés dans la plaine d'alentour, où paissent des centaines, des milliers de chevaux, gardés par une multitude d'enfants et de chiens.

Dès le lendemain de mon arrivée dans ce pittoresque village, on me prépara une tente pour mes travaux de peinture, et, sans tarder, le pinceau à la main, je me mis à reproduire les scènes curieuses auxquelles j'assistais.

Ha-won-je-la (la Corne), chef civil des Sioux, me fournit le sujet de mon premier portrait. Je le peignis dans son plus beau costume. Jusque-là les abords de mon wigwam avaient été assez silencieux, et les Indiens n'avaient guère pris garde à mon arrivée au milieu d'eux; mais quand j'eus fini mon travail, en présence du chef seul et de son médecin, le portrait, tenu par les coins de son cadre, fut glorieusement élevé par le docteur au-dessus des têtes de la multitude, qui grouillait devant ma tente, et à laquelle le savant personnage s'adressa à peu près en ces termes :

« Voyez, mes amis ! nous avons maintenant deux chefs ! quand l'un sera mort, l'autre vivra encore. Voyez-le ! soyez honteux ! il rit de vous ! il est vivant ! Demain, vous me verrez, moi aussi ! Ayez patience, mes amis ! je ne suis encore qu'à l'état d'enfant. » — Il voulait parler d'une esquisse de sa figure, que j'avais mise de côté pour la faire sécher. — « Je suis dans une boîte ; je grandirai cette nuit, et demain mon visage brillera sur vous. Ce sera l'œuvre merveilleuse d'un *grand médecin* blanc qui est maintenant assis et fumant avec les chefs. Vous ne pouvez pas encore le voir, mais peut-être qu'il se promènera entre vos wigwams, et alors vous le contemplerez. Le Grand Esprit lui a montré comment toutes les choses se font, mais il ne faut pas que vous soyez trop bruyants autour de lui. Il dit que je puis en faire autant que lui, et je le crois aussi, mes amis ! »

Pendant la harangue du docteur, j'apercevais, par les trous de ma tente, la foule étonnée, stupéfaite, me donnant un spectacle tel que je n'en ai guère vu de pareil ! Ce n'étaient que têtes rouges et tatouées, que plumes d'aigle, peaux d'hermine, verroteries, bijoux, lances, boucliers, carquois ! Quelques-uns des sauvages étaient à cheval; d'autres étaient montés sur les épaules de leurs amis; tous enfin regardaient avec ébahissement « *leur chef qui avait une petite vie,* » c'était leur expression ; leur chef qui les suivait des yeux, quelque place qu'ils prissent, et dont la bouche semblait remuer. Oh ! que n'avais-je en ce moment un appareil photographique ! quelle scène j'aurais reproduite !

M. Laidlaw, le facteur du fort, dans la demeure duquel j'avais reçu l'hospitalité, introduisit dans mon wigwam quelques-uns des chefs et des guerriers les plus distingués et qui tous désiraient se faire peindre. Je ne manquai donc pas d'occupation. Assis en cercle, ils fumaient leur pipe, tandis que j'essayais de reproduire les traits de l'un d'eux, et chacun attendait patiemment son tour.

Ils avaient l'air de passer gaiement leur temps, racontant des anecdotes, peut-être des gasconnades, et relatant les hauts faits de mon modèle, qui, la bouche muette, immobile, ne pouvait en rien contredire ce qu'on disait de lui. Rires et joyeusetés croissaient encore quand, le portrait achevé, je le plaçais au milieu d'eux.

Pendant ce temps, un guerrier, la lance à la main, gardait la porte de mon wigwam; aposté là par le chef, avec la consigne de ne laisser entrer que ceux dont le rang autorisait une telle faveur. Un peu plus loin le facétieux docteur de la tribu ne manquait pas de besogne, occupé qu'il était à vanter ma puissance, à exalter l'importance de la médecine, et à contenir dans le respect et le silence les femmes, les enfants et les chiens.

On m'avait présenté aux chefs et aux guerriers comme étant moi-même un grand chef dans mon pays natal, où avait pénétré le bruit de leur renommée. J'avais parcouru d'immenses distances pour les voir, et obtenir d'eux la faveur de faire leurs portraits afin de les exposer dans ma patrie à côté des grands hommes du monde civilisé. Je fus

donc obligé de peindre les chefs par ordre stricte-
ment hiérarchique. J'avais commencé par le chef
souverain, puis j'avais peint à peu près le nombre
de ses subordonnés que j'avais en vue, non sans im-
mortaliser les traits des plus laides figures que
j'eusse jamais rencontrées. Chaque jour, de nouveaux sujets attendaient dans mon wigwam, ornés
des pieds à la tête et prêts à poser à leur tour, selon
l'ordre fixé. Quand je sus que les Sioux ne comp-
taient pas moins de quarante fractions de tribus ;
que chacune de ces fractions, commandée naturellement par un chef, possédait, en outre, plus de dix
guerriers ou médecins, je commençai à craindre
que la question de rang et de suprématie ne soule-
vât des difficultés sérieuses.

Sur ces entrefaites, M. Laidlaw m'amena un beau
jeune homme dans le plus coquet costume de guerre,
armé et équipé mieux que personne, et me dit :

« M. Catlin, voici un de mes amis qui désire être
peint par vous. C'est *Mah-to-chi-ga* (le Petit-Ours) ; ce
n'est pas un chef, mais c'est un guerrier si brave
et si bon, que les chefs consentiront à ce que vous le
peigniez immédiatement. »

Les chefs présents, en effet, acquiescèrent à sa
demande. Je posai ma toile sur mon chevalet
et je me mis à l'œuvre séance tenante. Je n'avais
pas encore trouvé, je ne pouvais désirer un plus
beau modèle. Le regard fixé sur un des côtés du

wigwam, il semblait contempler la prairie sans bornes.

Tandis que je le peignais de trois quarts, et que le portrait prenait tournure, un des chefs subalternes, *Chon-ka* (le Chien), dont j'avais fait le portrait quelques jours auparavant, — un drôle sournois, hargneux et sarcastique, — se mit à tourner autour de moi en jetant les yeux sur ma palette et sur le portrait. Connu pour sa méchanceté, détesté par ses camarades et jaloux de la réputation naissante du jeune guerrier, il lui adressa cette insultante parole:

« Je vois que vous n'êtes que la moitié d'un homme !

— Qui parle ainsi? dit Mah-to-chi-ga d'une voix tranquille, sans qu'un muscle de son visage attestât une émotion intérieure, sans même que son regard changeât de direction.

— C'est le Chien, répondit Chon-ka.

— Alors que Chon-ka prouve ce qu'il a avancé, dit Mah-to-chi-ga.

— Chon-ka va le prouver : le médecin blanc reconnaît que tu n'es que la moitié d'un homme, puisqu'il a jugé que la moitié de ton visage ne vaut rien et qu'il a laissé cette moitié dans l'ombre. »

Mah-to-chi-ga reprit : « Si je ne suis homme qu'à moitié, je le suis encore assez pour faire voir à Chon-ka que je suis plus que lui, où, quand et comment il le voudra ! »

Alors commença un échange de violentes repar-
ties, le Chien ne quittant pas des yeux le portrait,
Mah-to-chi-ga le regard toujours fixé sur la prairie
lointaine.

La dispute amusait vivement les chefs; Mah-to-
chi-ga y brilla aux dépens de son adversaire, qui, se
levant tout à coup avec violence, sortit précipitamment de mon wigwam, la rage peinte sur le visage.

Les chefs alors, changeant tout à coup de manières, me parurent craindre une catastrophe; mon
beau modèle resta impassible et immobile jusqu'à
ce que le portrait fût achevé; détachant alors de ses
jambes de belles guêtres toutes neuves, ornées de
chevelures scalpées de sa main, il me pria de les accepter; puis il s'assit, fuma une pipe avec les chefs,
écouta leurs commentaires sur son portrait, vit
qu'il leur plaisait beaucoup, se leva, me serra la
main et partit pour son wigwam, qui se trouvait à
quelques pas seulement du mien.

Pressentant que les dernières paroles du Chien à
sa sortie de mon wigwam ne présageaient rien de
bon, il prit son fusil, le chargea précipitamment, à la
grande inquiétude de sa femme qui le questionna
en vain; puis il mit son fusil près de lui, et, se pro-
sternant la face contre terre, comme font tous les
Indiens à l'approche du danger, il adressa une
courte prière au Grand Esprit. Pendant qu'il priait,
sa femme retira, à son insu, la balle du fusil.

Au moment même retentit la voix du Chien qui, lui aussi, était allé chercher son fusil dans son wig-wam :

« Si Mah-to-chi-ga est assez homme pour affronter Chon-ka, qu'il sorte et qu'il le prouve. »

Il n'avait pas achevé que Mah-to-chi-ga, prompt comme l'éclair, était debout, le fusil à la main, et sortait. Les deux armes firent feu en même temps, Mah-to-chi-ga tomba baigné dans son sang, et la partie de son visage que ne reproduisait pas le portrait et que le Chien avait déclaré « ne rien valoir » entièrement emportée.

Quant au Chien, la face un peu noircie et le pouce de la main gauche enlevé, il s'enfuit dans la partie du village occupée par sa tribu, et appela ses guerriers à son secours.

Au bruit des coups de fusil, les chefs s'élancèrent tous hors de mon wigwam, et, soulevant chacun le bord de la tente qui se trouvait le plus à sa portée, disparurent en un clin d'œil. Je restai seul; pendant quelques minutes, on n'entendit pas un cri, mais des bruits de pas se répétaient dans toutes les directions. Regardant alors par les fentes du wigwam, je vis les femmes et les enfants s'enfuir de toutes parts; les chevaux, amenés en hâte de tous les points de la prairie, remplissaient l'air de leur galop retentissant; les chiens hurlaient; le crépuscule approchait.

GUERRIERS SIOUX.

Chon-ka.   Mah-to-chi-ga.   Tah-teck-a-da-hair.

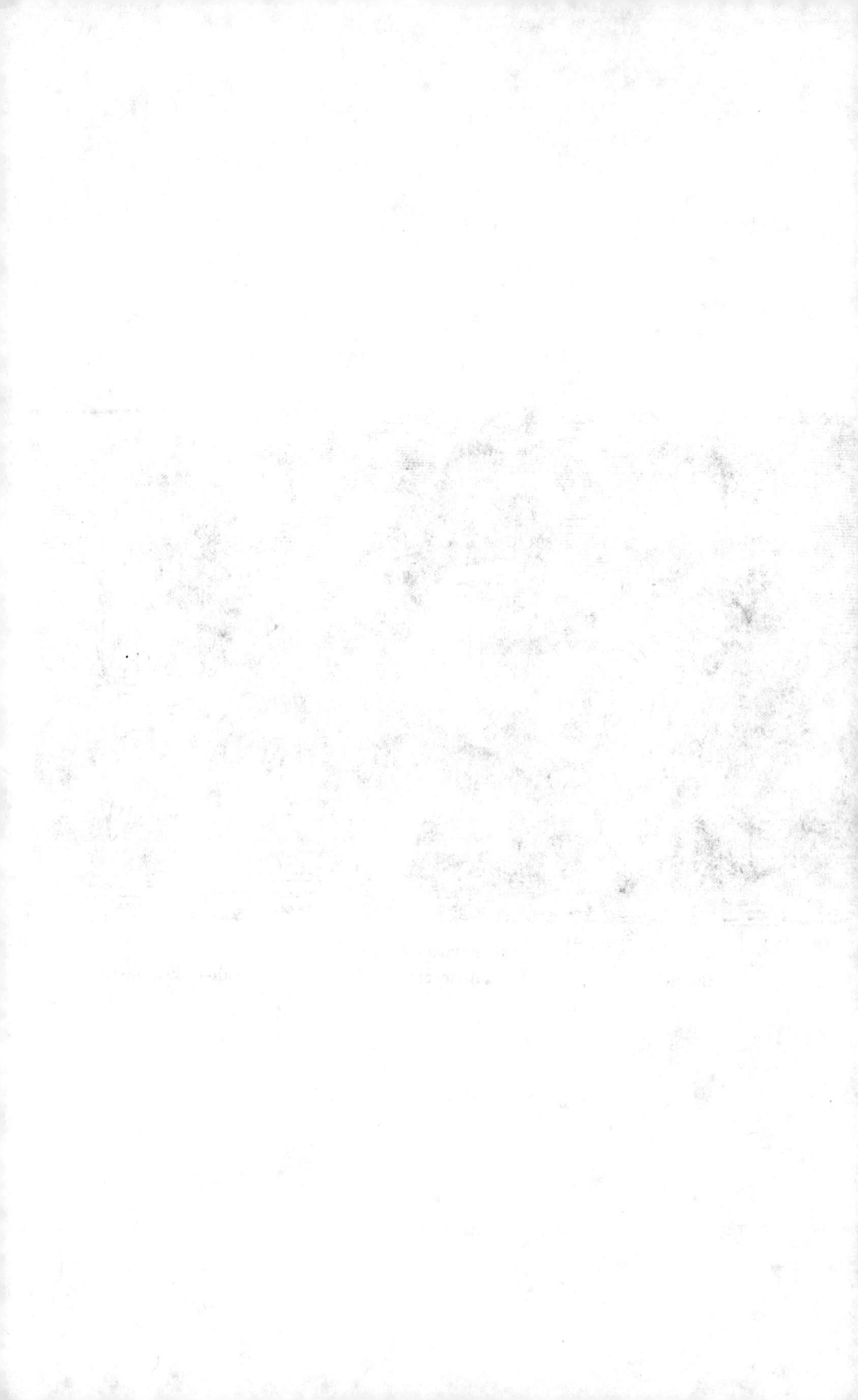

J'avais mis mes pistolets à ma ceinture et j'examinais attentivement les capsules de mon fusil à deux coups, lorsque Laidlaw se précipita dans ma tente :

« Eh bien ! vos peintures ont fait une belle besogne ! Le *Petit-Ours*, ce beau et brave compagnon est mort ! Que le diable les emporte ! Voilà tous ces sauvages qui ne se cachent plus pour dire que c'est vous qui êtes cause de la mort du Petit-Ours. Les guerriers de la bande dont le Petit-Ours faisait partie s'arment, et s'ils ne tuent pas le Chien, c'est vous qui payerez pour ce dernier.

Déjà des coups de fusil éclataient aux extrémités du village.

« Quittez votre tente avec la rapidité de l'éclair, poursuivit Laidlaw, et courez au fort ; vous savez qu'il est presque ouvert et seulement à demi achevé ; nous serons bien heureux si nous ne sommes pas scalpés avant demain matin. »

Je suivis Laidlaw, n'emportant rien avec moi que mes armes et mes munitions. La plupart des gens du fort se trouvaient en ce moment dans les prairies, et notre position était extrêmement critique. Un des employés de Laidlaw, du nom de Halsay, prit avec moi position dans un des bastions non encore armés, espèce de blockhaus dont nous barricadâmes de notre mieux les portes et les fenêtres. Nous tirâmes des magasins de la Compagnie deux à trois douzaines de mousquets que nous chargeâmes ; puis, pendant la plus grande partie de la nuit, nous nous tînmes aux aguets, attendant avec anxiété et sans souffler ce que déciderait un très-prochain avenir. Nous avions éteint toute lumière, mais nous entendions de tous côtés des bruits de pas et des coups de fusil répétés, fatiguant les échos de la prairie ; c'était assez pour nous convaincre que le Chien fuyait, protégé par une bande de guerriers, devant les frères d'armes du Petit-Ours.

Quand l'aurore vint à luire, tout était redevenu tranquille, le village et le fort étaient silencieux et sombres. De temps en temps on apportait les corps inanimés de beaux jeunes gens des deux partis. Le Chien continuait à fuir, quoique blessé, et on le poursuivait toujours. Je retrouvai mon wigwam solitaire et tel que je l'avais abandonné. Mes tableaux, mes instruments furent empaquetés en toute hâte. Nous suivîmes ensuite le convoi suprême du malheureux Mah-to-chi-ga. Un monument honorable fut élevé sur sa tombe ; nous fîmes des présents à sa femme et à tous ses parents ; ces témoignages de sympathie nous sauvèrent peut-être de leur ressentiment.

Dans la suite, les chefs ne cessèrent de me traiter avec amitié, et nul ne m'imputa de blâme pour cette déplorable affaire. Seul, le *grand médecin* fut d'un avis contraire, malgré toute sa politesse et tout son

ancien attachement pour moi. Il savait que ma médecine était trop clairvoyante pour ignorer qu'un
des côtés de la figure du Petit-Ours n'était bon à rien !
Et si je n'avais pas négligé ce côté, à bon escient,
aucune discussion n'aurait surgi et le Petit-Ours
n'aurait pas perdu la vie. Il n'y avait, chez ces
sauvages, aucun dialecticien capable d'infirmer
ces conclusions; je pensai donc que le plus sûr,
après avoir fait tant d'efforts pour prouver mon innocence, c'était de m'embarquer au plus vite, et
c'est ce que je fis sans perdre de temps.

Telle est l'histoire exacte du fait le plus regret-
table qui ait surgi de mes rapports avec ces curieuses peuplades. Cette histoire prouve jusqu'à
quel point ces Indiens poussent leur jaloux point
d'honneur et leur vengeance. J'appris plus tard de
M. Mackenzie, qui descendit le Missouri jusqu'à
Saint-Louis, quelques mois après ces événements,
que les amis de Mah-to-chi-ga, en poursuivant le
Chien, tuèrent par mégarde *Tah-teck-a-da-hair*,
frère du Chien, brave et digne guerrier dont j'avais
aussi fait le portrait. Plus tard, ils réussirent à tuer
le Chien lui-même, au pied des montagnes Rocheuses.

Une autre histoire fort courte, qui eut à peu près
la même origine, est encore digne d'être racontée
parce qu'elle montre jusqu'où peut aller la superstition des Indiens.

C'était dans la tribu des *Omahas*, où nous nous

étions arrêtés en remontant le Missouri, dans une autre occasion. Après avoir peint différents chefs et guerriers, je fis le portrait d'un beau jeune homme qui n'était encore qu'un simple brave. Ce portrait parut à tous ressemblant et bien fait. Cependant je remarquai que mon sujet, plusieurs jours de suite pénétra dans ma tente, s'assit et contempla le portrait longtemps, en silence, le front assombri et la figure morose.

Peu après, il m'amena l'interprète et me dit :

« Je n'aime pas votre portrait; il n'est pas bien. J'ai l'air honteux et je ne regarde pas comme il faut. »

Ce malencontreux portrait était aussi de trois quarts. Le jeune homme continua :

« Vous avez peint tous les autres au complet, et regardant droit devant eux. Moi aussi, j'ai toujours eu l'habitude de regarder les hommes blancs en face. Mais là, dans votre tableau, tout le monde me verra le visage détourné, comme si j'avais honte. »

En conséquence il me pria de lui peindre les yeux de face. Ayant appris, quelques jours après, que je ne changeais pas ses yeux, il envoya encore son interprète pour me faire dire qu'il m'attendait devant mon wigwam, et qu'il était prêt à se battre à outrance contre moi.

Je sortis, ma palette à la main; je trouvai mon homme nu, préparé au combat. Je lui fis entendre que je l'aimais trop pour me battre avec lui; que je n'aurais jamais cru qu'il pût se montrer si offensé d'un portrait que tous les chefs avaient trouvé bien ; que s'il ne lui fallait que changer ses yeux, j'allais le faire avec le plus grand plaisir. A ce prix la paix fut faite, et, le jour suivant, je lui bâclai en quelques minutes, à l'aquarelle et au crayon, des yeux, — mais quels yeux ! Ils regardaient à travers son nez, de la manière la plus fantastique du monde. Jamais je ne vis homme plus enchanté ! Il me serra la main et me fit cadeau d'une paire de mocassins comme témoignage éclatant de satisfaction.

Un an plus tard, revenu à Saint-Louis, je pris une éponge, et passant de l'eau sur ces yeux miraculeux, je rétablis le portrait dans son état primitif. C'est aujourd'hui l'un des plus intéressants de ma collection.

CHAPITRE XI.

Le quai de Saint-Louis. — Le haut Mississipi. — La roche *terre de pipe*. — Le nid du tonnerre.

Il est inutile que mes jeunes lecteurs me suivent pas à pas jusqu'à Saint-Louis. C'est une longue distance que Baptiste, Bogard et moi nous parcourûmes sans nous presser, pagayant, promenant et flânant, à travers la flamme et la fumée. L'automne approchait et les graminées des prairies, hautes de huit à dix pieds, flambaient, au grand péril de nos barbes que nous n'avions pas faites depuis notre malheureuse rencontre avec la famille des grizzlys.

Mon pauvre petit canot, dont les Sioux et les Mandans avaient pris tant de soins, me fut volé à l'embarcadère de Saint-Louis, deux heures à peine après notre arrivée.

En accostant le quai de cette grande ville j'envoyai nos bagages à l'hôtel; puis, pour motif de sûreté, nous hissâmes, avec la permission du capitaine, notre canot sur le pont d'un steamer amarré près du quai. Nous ne voulions l'y laisser que quelques heures au plus, jusqu'à ce que nous eussions trouvé pour lui un amarrage commode. Tout cela était bien calculé, mais quand je revins à bord je ne retrouvai plus de canot et jamais je n'en ai entendu parler depuis.

L'été suivant je remontai, dans un canot d'écorce, la *rivière du Renard*, depuis la *baie Verte* jusqu'à ses sources, en compagnie d'un Anglais, M. Wood, qui réside aujourd'hui à Philadelphie. Arrivés à la source de la rivière, que 3 kilomètres de prairies séparent de l'origine du Wisconsin, affluent du Mississipi, nous retournâmes le canot. Je le pris par un bout et, plaçant sa petite ancre sur mon épaule, je le portai sans fatigue jusqu'aux eaux claires du Wisconsin, large seulement en cet endroit de quelques mètres. Une fois réinstallés sur ce cours d'eau, nous le descendîmes pendant près d'un millier de kilomètres, jusqu'à sa jonction avec le Mississipi, campant à la tombée de chaque nuit sur ses rivages herbeux et pittoresques. Une fois entrés dans le Mississipi, nous eûmes beaucoup de peine à remonter l'impétueux courant de fleuve jusqu'à la *prairie du Chien* et surtout de la prairie du Chien aux chutes de Saint-Antoine, trajet de 725 kilomètres. Quand on voyage dans ces contrées, il faut s'attendre à se fatiguer autant les bras que les jambes.

Parvenus aux chutes de Saint-Antoine, nous remontâmes pendant 160 kilomètres la *rivière Saint-*

Pierre dans le but de visiter la carrière de pierre à pipe rouge du *Grand Coteau des prairies*, carrière d'où les Indiens tirent la matière de leurs beaux calumets. Nous trouvâmes cet endroit fort curieux, non pas tant par les traditions indiennes qui s'y rattachent que par la constitution physique du pays et la singularité de la pierre à pipe, espèce de stéatite, différente de toutes celles qu'on a trouvées en Amérique et peut-être dans le reste du monde.

La plupart des tribus voisines avaient, jadis, l'habitude de se rendre au Grand Coteau des prairies pour s'y procurer cette pierre à calumet, sans avoir rien à redouter alors des armes de leurs ennemis; tous les Indiens considérant la pierre rouge, sans doute à cause de sa couleur, comme la matière même dont ils sont sortis. Ils disent que le Grand Esprit la leur a exclusivement donnée pour leurs calumets, qu'il l'a également donnée à tous et qu'ils seraient criminels de lever le tomahawk contre les tribus ennemies qui vont à la carrière ou qui en reviennent; enfin que le Grand Esprit leur a déclaré que cette pierre était l'os de leurs os, la chair de leur chair, et qu'ils ne devaient s'en servir que pour faire les fourneaux de leurs calumets.

Les Sioux, sur le territoire desquels se trouve cette carrière, nous retinrent pendant plusieurs jours et firent tout ce qu'ils purent pour nous empêcher de la visiter, affirmant que pas un visage

pâle ne l'avait encore vue et ne devait la voir,
parce que c'est une localité sacrée. Ils ajoutaient
que nous étions sans doute envoyés par le gouvernement pour estimer le prix de la carrière et pour l'a-
cheter ensuite, mais qu'ils ne voulaient pas la vendre. Nous dûmes leur donner l'assurance que nous
étions de simples particuliers, désireux de satisfaire
notre curiosité et pleins de respect pour toutes leurs
traditions; ils nous permirent alors de partir, mais
sous la conduite de vingt guerriers, chargés sans
doute de veiller à ce que nul sacrilége ne fût commis
par nous en ce lieu.

Pendant que nous visitions la carrière, les Indiens nous dirent que nous n'étions qu'à une trentaine de kilomètres du *nid du tonnerre*.

« Le nid du tonnerre? mon Dieu! qu'est-ce donc!

— Comment! répliqua un des médecins, mais
c'est là que se couvent les tonnerres.

— Alors, selon vous, le tonnerre sort d'un
œuf?

— Sans doute!

— Eh bien! cet œuf doit être couvé par un bien
puissant oiseau.

— Non, au contraire, cet oiseau est tout petit. Il
n'est pas plus gros que le bout de votre petit doigt.
Beaucoup de médecins sioux l'ont vu.

— Très-bien! très-bien! dit mon compagnon,
M. Wood; il nous faut aller de ce côté, coûte que

coûte! J'ai beaucoup entendu parler de ce fantastique oiseau, il doit être curieux à voir. »

Un *sang-mêlé*, qui nous servait en même temps d'interprète et de guide, nous dit que l'endroit étrange consacré à l'incubation du tonnerre se trouvait sur la crête d'une colline. Les Indiens croient que dans les jours brûlants, précurseurs d'un orage, l'oiseau miraculeux couve les œufs qui renferment la foudre ; il nous dit aussi que, dans notre route jusqu'au nid du tonnerre, il nous ferait obliquer un peu à l'ouest, pour nous montrer le *Médecin de pierre*, « fort grande curiosité, continua-t-il, à laquelle tous les Indiens ne manquent pas de rendre visite.

— Ne nous dites pas ce que c'est, reprit M. Wood, vous nous enlèveriez tout le plaisir de la curiosité ! Allons et voyons ! »

En conséquence, montés à cheval au point du jour, et suivis de trois Indiens, nous consacrâmes toute la journée du lendemain à l'étude de ces lieux merveilleux. Nous atteignîmes d'abord le sommet d'un mamelon élevé, couvert d'herbes courtes et d'où l'on n'a pas un arbre, pas un arbuste en vue. Aussi loin que s'étend le regard, il ne porte que sur des collines onduleuses, couvertes de prairies verdoyantes. Sur ce sommet, qui mesure environ un hectare, est couché le *Médecin de pierre*, sorte de représentation grossière, mais non difforme, de la

figure humaine. Longue de trois à quatre cents
pieds, elle a les bras et les jambes étendus à plat,
comme un bonhomme de pain d'épice; elle est entièrement faite de pierres plates, apportées là par
les Indiens dans le cours des siècles, car j'eus beau
regarder de tous côtés, je ne vis pas, à des kilomètres de distance, un seul caillou assez grand pour
n'être pas couvert par un œuf de pigeon.

Pourquoi a-t-on élevé cet étrange monument? nul
ne le sait, mais les Indiens nous racontèrent qu'ils
ne s'engagent jamais avec confiance dans une expédition de chasse ou de guerre avant d'avoir visité
le *Médecin de pierre* et d'avoir ajouté une petite pierre
plate à la statue, quelle que soit d'ailleurs la distance qui la sépare de leur droit chemin.

Cette masse étrange ne ressemble en rien à un
cairn ou à un *cromlech* celtiques; pas une pierre
n'est posée sur le sommet d'une autre; la quantité
en est vraiment innombrable et, réunies, elles
représentent assez bien l'image d'un homme; on y
distingue même les doigts et les orteils.

Nos compagnons indiens ayant déposé chacun
leur offrande de pierre et nous ayant donné toutes
les explications dont ils étaient capables, nous partîmes pour le *nid du tonnerre*.

Nous n'atteignîmes qu'après un rude galop le
saint des saints où s'accomplit l'effrayant mystère.
Ce sanctuaire est situé, comme l'autre, sur le som-

met d'un monticule gazonné, mais ici croît un petit bouquet de noisetiers, épais, haut comme la ceinture d'un homme et couvrant quelques dizaines de mètres carrés.

·L'homme qui nous guidait en ce moment était un vieux drôle qu'on appelait la *Médecine bleue* et qui connaissait personnellement tous les officiers de l'armée des États-Unis en garnison dans le voisinage des chutes de Saint-Antoine. Dès que nous fûmes arrivés sur le penchant de la colline, en vue de l'endroit sacré, il nous pria de descendre de nos montures et d'attendre un peu. Tous les Indiens détachèrent alors les plumes de leur coiffure, les mirent sous leurs vêtements, lissèrent leurs cheveux d'un noir luisant, prirent leur miroir, s'y contemplant scrupuleusement pour s'assurer si leur tatouage était en bon état, puis, se drapant comme des Romains, ils marchèrent, sous la conduite de la *Médecine bleue*, vers le bouquet de noisetiers, à pas lents, et tenant leurs chevaux par la bride.

Ils s'arrêtèrent à sept ou huit mètres; chacun d'eux jeta une feuille de tabac sur l'herbe qui, devant nous, semblait vierge encore de pas humains, tandis que, sous nos pieds, et derrière nous, elle paraissait avoir été souvent foulée. Donnant les rênes de mon cheval à mon compagnon, et tenant mon fusil à deux mains, comme pour tirer au vol, je me dirigeai vers le bocage redouté, dans le but de m'emparer, s'il était possible, de l'oiseau sacré; mais, entendant derrière moi de sourds gémissements, je me retournai et je vis les pauvres Indiens en proie à la plus affreuse anxiété, se couvrant le visage de leurs deux mains. Je me retirai alors, sans avoir remarqué autre chose que des feuilles de tabac gisant sur le gazon par centaines: offrandes expiatoires de ces pauvres enfants de la forêt, à cet *Esprit du tonnerre* qu'ils redoutent pendant tout le cours de leur vie.

La superstition n'est que de l'ignorance. Si elle n'est pas, en somme, un bien, elle se complique en tout cas d'innocence. Nous venions de contempler deux des sanctuaires, ou, si l'on veut, des fétiches que les Indiens cherchent à se concilier par des sacrifices de propitiation. Que faisons-nous de plus, de moins, ou de mieux?

Au pied du coteau nommé la *Traverse des Sioux*, M. Wood et moi, laissant nos chevaux et, reprenant notre petit canot, nous nous abandonnâmes avec délices au courant de l'eau. Quelle douce vie! Nous ramions quand il nous plaisait; nous pêchions à nos heures; nous dormions à volonté; ou bien mon compagnon chantait de sa voix de ténor, et en s'accompagnant de la guitare, des airs qui avaient fait résonner, quelques années auparavant, les échos du Théâtre-Italien de Londres. Arrivés aux chutes de Saint-Antoine, nous nous confiâmes au puissant Mississipi, et un peu avant d'atteindre la cité de Saint-Louis, fatigués d'avoir ramé pendant 1450 kilomètres, en proie au vent contraire, nous hélâmes un vapeur qui descendait le fleuve et nous fîmes hisser à son bord notre petit canot avec tout ce qu'il contenait.

Je me hâtai de raconter au capitaine comment l'année d'avant j'avais perdu mon bateau à Saint-Louis, et j'ajoutai que, cette fois, je me tiendrais sur mes gardes. Le capitaine rit de bon cœur : « Vous avez été peu favorisé, me dit-il, mais, au moins, cette fois, vous êtes sûr de votre affaire. » Nous entrâmes à Saint-Louis trop tard pour que je pusse reprendre mon canot, mais j'étais sans inquiétude sur le lendemain. Et pourtant ce même lendemain je dus constater la disparition d'un grand paquet que j'avais laissé dans la cabine, paquet portant mon nom, contenant des objets de prix, des costumes indiens, des pipes, des armes, etc. Je me répandis en plaintes devant le capitaine, et lui dis qu'il était impardonnable de m'avoir laissé dépouiller ainsi sur son steamer. Mais le capitaine me rit au nez :

« Eh quoi donc ! répliqua-t-il, ne savez-vous pas encore, monsieur, que si vous laissez sur un navire du Missouri et du Mississipi une boîte ou un paquet quelconque, avec la suscription de votre nom George Catlin, il y a tellement à parier que boîte ou paquet est rempli de curiosités indiennes, que vous devez être moralement certain de ne pas les débarquer avec vous. »

Ajoutons cette dernière perte à toutes celles que j'avais déjà faites de colis envoyés à mon adresse à Saint-Louis, sur des steamers ou autres vaisseaux, et contenant le tiers, au moins, de tous les objets que je m'étais procurés à des prix exorbitants chez les sauvages, et que les pauvres Indiens avaient transportés à travers les monts et les fleuves, de pays extrêmement éloignés. Beau commentaire sur les glorieux avantages de la civilisation !

CHAPITRE XII.

Voyage chez les Comanches. — Récits de chasse : la panthère ;
les chevaux sauvages. — Les Indiens.

Nous avons déjà vu beaucoup d'Indiens. Il nous
reste encore à voir les intrépides *Comanches*, qui combattent à cheval, les grands et solides *Osages*, semblables aux Pawnies, à la tête rasée et surmontée
d'un panache rouge, les *Konzas*, les *Pawnies peints*,
les *Kiowas*, les *Wicos*, et une douzaine d'autres, aux
noms en *os* et en *was*, qui habitent le Texas occidental. Puis les *Senecas*, les *Onondagos*, les *Mohawks*,
les *Mohicans*, les *Delawares*, les *Potowatomies*, les
Kickapous, les *Kaskaskias*, les *Weeaks*, les *Péorias*, les
Chawanos, les *Muskogies*, les *Choctaws*, les *Cherokies*,
les *Seminoles*, et d'autres encore, chez lesquels j'ai
vécu et dont je dirai quelques mots avant de m'engager avec vous dans des régions plus éloignées.
Au printemps de 183., un régiment de dragons
à cheval, aux ordres du colonel Henri Dodge, fut
chargé de quitter le fort Gibson, sur l'Arkansas, à
1100 kil. à l'ouest du Mississipi, pour aller rendre

visite aux Comanches, aux Pawnies peints et à
d'autres tribus des frontières du Texas. Ce régiment
devait faire connaissance avec ces tribus, et apla-
nir quelques difficultés inquiétantes soulevées entre elles et les États-Unis par des questions de limites. Je saisis avec empressement l'occasion qui
m'était offerte d'aller rendre visite à ces tribus
éloignées et hostiles, et j'obtins du ministre de la
guerre la faveur de voyager sous l'égide du régiment avec mon fidèle ami Joseph Chadwick, de
Saint-Louis, excellent jeune homme, tout disposé à
perdre son temps et à risquer sa vie, aussi bien
pour me faire plaisir que pour se livrer à la chasse
et voir les Indiens chez eux.

Joseph Chadwick et moi, nous ne nous fîmes pas
attendre au fort Gibson, armés, équipés, prêts à
partir. Nous avions déclaré notre intention de voyager à nos frais, ne réclamant du régiment que sa
seule protection. En conséquence nous nous étions
procuré des chevaux et une mule pour porter nos
bagages et nos provisions. Pour ma part, j'avais
sous moi le plus beau des chevaux de ce pays, une
noble bête, qui me venait du colonel Birbank. Cet
officier, déjà âgé, commandant le fort Gibson, n'é-
tait pas sûr de lui-même quand, à la parade, il mon-
tait le vigoureux coursier qui faisait l'admiration de
toute la garnison; bref, par sa vivacité et ses cour-
bettes, l'animal superbe avait tant agacé les nerfs

de son cavalier que celui-ci ne demanda pas mieux que de me le céder au prix de 250 dollars.

Charley (c'était le nom du coursier), était un cheval entier, un vrai mustang couleur crème ; queue et crinière noires, balayant la terre. Il avait été pris et dompté par les Indiens Comanches, qui savent réduire ces nobles animaux sans rien leur ôter de leur fierté native.

Le colonel Dodge avait engagé deux Delawares, à demi civilisés, et d'autres sauvages de diverses tribus, en qualité de chasseurs et de guides du régiment. Durant notre séjour au fort, en attendant le départ, ces Indiens nous amusèrent infiniment, Joseph et moi, par leurs ingénieux procédés de chasse.

Ils nous en apprirent plusieurs, et, entre autres, l'usage d'un sifflet d'écorce, long d'environ deux à trois pouces, avec lequel ils imitent si parfaitement le bêlement du faon que, du plus loin que les daims l'entendent, ils accourent se placer à portée du chasseur caché sous l'herbe ou la ramée.

Joseph et moi, impatients de goûter les plaisirs que nous promettait un avenir prochain, nous finîmes par être extrêmement fatigués du long délai des dragons. Pour tuer le temps, nous prîmes donc le parti de raccourcir chaque journée, au moins de deux heures, en allant à la poursuite du daim sur une chaîne de collines boisées, pleines de gros et de menu gibier, comme on nous l'assura au fort, qui n'en est éloigné que de 15 à 16 kilomètres.

Le lendemain donc, à la pointe du jour, nous étions à cheval, le fusil en main et le goûter dans nos poches ; puis, laissant nos chevaux à la garde d'un Indien métis qui vivait au pied de ces hauteurs, nous nous enfonçâmes dans le sombre et épais fourré, munis de toutes les *ruses, précautions* et appeaux réclamés pour la réussite de nos desseins.

Nous battîmes longtemps la forêt, nous fîmes lever plus d'une bête ; plus d'une fois nous vîmes sa ramure grisâtre à travers la feuillée, mais toujours en vain. Enfin, vers le milieu du jour, me trouvant depuis longtemps déjà éloigné de Joseph, je gagnai la lisière d'une petite prairie, et j'allais goûter un moment de repos quand j'entendis tout à coup le bêlement d'un faon : « *ma! ma! ma!* » La direction des cris de la petite bête m'indiquait suffisamment que le faon reposait à l'ombre d'un bouquet de bois, trop éloigné pour mon œil et pour mon fusil. Je me mis alors sur mes genoux, et, caché dans l'herbe, je m'appliquai à épier le moment où la pauvre créature se disposerait à partir.

L'œil obstinément fixé sur l'endroit présumé, je commençai à ramper lentement et attentivement sur mes mains et sur mes genoux, à travers les buissons; j'arrivai ainsi très-près du taillis. Un nouveau bêlement, puis un autre encore, me firent présumer que le faon était en compagnie de son père ou de sa mère, de tous les deux peut-être? je m'attendis à quelque beau coup double. Je continuai donc à ramper, avec des précautions toujours croissantes, jusqu'à ce que j'eusse atteint le fourré, mon fusil appuyé contre l'épaule. Tout à coup, ô surprise inexprimable! j'entendis derrière moi un nouveau bêlement. Je retournai alors doucement la tête, sans changer de position, et j'aperçus, à dix pieds en arrière, près de l'endroit où je venais de passer, nos deux chasseurs delawares cachés dans l'herbe et riant du meilleur de leur cœur!

Mes espérances de chasseur ainsi évanouies, je m'assis entre ces deux confrères en saint Hubert. Ils m'apprirent alors qu'on ne se mettait jamais en campagne à cette heure, où le gibier n'avait pas l'habitude de vaguer. Après une heure, ou environ, ainsi passée à l'ombre, je rentrai sous bois, faisant en vain résonner mon sifflet pour appeler Joseph; il ne me répondit pas.

Je battis le bois sans voir de gibier. Enfin, au moment où je descendais une colline à pente douce, à travers une sombre et haute futaie, j'aperçus Joseph, assis sur un gros tronc d'arbre, le dos tourné vers moi, le fusil posé à côté de lui, bravement occupé à manger le goûter qu'il avait apporté dans ses poches.

Comme j'avais eu ma petite surprise et qu'il me fallait rentrer *bredouille*, je pensai qu'une légère plaisanterie ne serait pas hors de saison ; je me mis donc en tête de surprendre un peu Joseph. Je m'avançai vers lui en ligne droite, aussi doucement et aussi prudemment que possible, évitant de faire craquer les feuilles et de mettre son attention en éveil ; mon fusil à la main droite, je me glissai ainsi pendant trente ou quarante pas, ne mettant qu'avec précaution un pied devant l'autre. Arrivé près de Joseph, et riant à l'avance de l'émoi que j'allais causer à ma victime, absorbée dans son repas, je posai inopinément ma main droite sur son épaule en criant : « *Boum !* » Horreur ! je sentis en même temps une main puissante étreindre mon épaule à moi, et un « *Boum ! à vous aussi, à vous !* » tonner dans mon oreille. Le pauvre Joseph fit un bond d'une vingtaine de pieds, tandis que je sautais aussi loin peut-être d'un autre côté et que j'apercevais, au lieu que je venais de quitter si précipitamment, un énorme *Osage*, à la figure goguenarde, le fusil à la main gauche, et tenant encore en l'air la main droite qui venait de me meurtrir l'épaule.

Nous fûmes bien vite rassurés par la bonne expression des traits de l'Indien, mais, quand il m'eut raconté que, se doutant de mon idée, il m'avait suivi pas à pas, et les pieds dans ma piste, je fus humilié plus que je ne l'avais encore été de ma vie du ridicule de mes prétentions à la renommée de bon chasseur.

Cet Osage était un excellent homme, sans malice aucune et écorchant quelque peu l'anglais ; nous partageâmes notre goûter avec lui, et, tout en buvant l'eau-de-vie qu'avait apportée Joseph, nous nous laissâmes raconter les anecdotes de chasse très-divertissantes dont il était le héros.

Je lui donnai à entendre que, bien que nous n'eussions rien tué de la journée mon ami et moi, nous n'étions pas toujours si malheureux.

« Un jour de l'hiver dernier, lui dis-je, comme ce jeune homme que vous voyez et moi nous remontions le Mississipi de l'embouchure de l'Ohio à Saint-Louis, une des roues du vapeur se brisa ; le capitaine fit alors aborder près d'une épaisse forêt de cotonniers, et nous dit qu'il faudrait tout le jour pour réparer la roue.

« Comme nous avions nos fusils avec nous, nous n'avions rien de mieux à faire que d'entrer dans le bois pour chasser. Le sol était couvert d'une neige épaisse de 5 à 6 pouces; elle portait de nombreuses traces de daims. En les suivant nous prîmes des directions différentes et nous nous perdîmes de vue. La journée était sombre; je marchai longtemps sans avoir l'occasion de tirer un seul coup de fusil; tout à coup je tombai sur les traces d'un homme fidèlement suivies par celles d'un chien.

« Ce ne peut pas être mon ami Joseph, me dis-je,
« puisqu'il n'a pas de chien avec lui. » Là-dessus je
me mis à marcher à grands pas pour rejoindre
l'inconnu.

« Après une longue course, je m'arrêtai et je m'assis sur un gros tronc d'arbre, après en avoir préalablement écarté la neige ; la forêt était si épaisse,
le jour si ténébreux que je commençai à craindre
de m'être égaré. Je me précipitai donc de nouveau
sur les traces de la seule personne qui pût me remettre dans la bonne voie.

« Après une nouvelle course, aussi longue que la
première, je vis que les traces de l'inconnu étaient
rejointes par celles d'un autre homme. « Enfin,
« m'écriai-je, ce doit être Joseph ! très-probable-
« ment c'est lui ! il s'est aussi perdu, et comme
« moi, il suit les traces de l'homme au chien. En
« avant et attrapons-le ! Mais, cependant, ce ne peut
« pas être l'ami Joseph, puisque ce second person-
« nage est aussi suivi par un chien. N'importe ! en
« avant ! et attrapons l'un ou l'autre, puisque je suis
« égaré et sur la pente d'une méchante aventure. »

Je repris donc ma marche et j'atteignis enfin un
tronc d'arbre d'où la neige avait été enlevée :
« L'homme s'y est assis ! me dis-je. Oui ! mais voilà
« bien le tronc dont j'ai fait tomber la neige, il n'y
« qu'une heure. Ce ne peut être ! — Ce doit être, oui,
« ce sont mes propres traces ! Dieu ! je suis perdu !

« j'erre dans un cercle ! Mais ce chien ? il suit mes
« pas sur la neige ; ses traces côtoient les miennes !
« Et pourtant je n'ai pas de chien ! Grand Dieu ! les
« traces du chien ne ressemblent-elles pas à celles
« de la panthère ?... » Je me trouvais alors assis sur
mon tronc d'arbre, mon fusil appuyé contre moi. Je
le saisis sans retard et l'armai de suite pour ne pas
perdre une minute en cas de péril urgent. Alors
me levant tranquillement et, regardant derrière
moi, j'aperçus, à six ou huit pas de distance, le
mufle d'une énorme panthère s'élevant au-dessus
d'un tronc d'arbre abattu, tandis que ses deux pattes de devant étaient appliquées sur la partie inférieure de l'arbre ; la terrible créature me regardait
en face sans bouger, sans remuer un seul muscle !
Un de mes anciens frissons d'enfant passa en moi
pendant que je mettais l'animal en joue : « Allons
« donc, me dis-je, je n'ai pas de temps à perdre
« en tremblements. » Et déjà j'avais ajusté, mes
nerfs avaient repris leur tranquille aplomb et je
frappai si bien mon farouche adversaire entre les
deux yeux que, lorsqu'il eut disparu derrière son
arbre, je marchai à lui aussi paisiblement que le
tireur qui va voir s'il a planté une balle pres ou
loin du point de mire. La panthère ne bougeait pas.

« Je lui liai les pattes et, la jetant sur mon
épaule, je marchai sans fléchir sous son poids,
quelque lourd que fût ce fardeau. D'ailleurs, j'en-

tendais retentir au loin les coups du charpentier
qui raccommodait la roue du steamer ; c'était plus
qu'il ne m'en fallait pour me faire retrouver mon
chemin.

« A mon arrivée, je rencontrai Joseph chargé
de gibier, et encore, me dit-il, il en avait abandonné
deux fois autant derrière lui et il venait d'envoyer
deux hommes sur ses pas pour le chercher.

« Ma panthère fut mise sur le pont du vapeur ; sa
longueur, du bout de la tête au bout de la queue,
approchait de neuf pieds. Passagers et officiers nous
félicitèrent à l'envi de notre heureuse campagne. »

L'Osage fut tout oreilles pour mon histoire, et,
en partant, il me serra vivement la main. Un moment après nous regagnions le logis au galop. Ainsi
finit cette partie de plaisir.

Enfin les dragons se mirent en marche, deux à
deux, comme c'est leur habitude, à travers prairies
et forêts. Joseph et moi, montés sur nos chevaux,
nous les suivions, allant de côté et d'autre, campant la nuit à la belle étoile, couchés dans nos peaux
de buffle, avec nos selles pour oreillers et nos chevaux attachés à des pieux plantés près de nos têtes.

Une semaine ou deux se passèrent ainsi ; nous
traversâmes à gué la *petite rivière bleue*, puis, franchissant à la nage la rivière *canadienne*, nous suivîmes l'arête qui sépare ce dernier cours d'eau des
sources de la rivière Rouge. A chaque instant,

notre approche faisait fuir au galop des troupeaux de chevaux sauvages, et nos chasseurs delawares nous fournissaient de la venaison en abondance.

Un jour, entre autres, j'aperçus, ainsi que mon compagnon, une bande de chevaux paissant trop au loin pour être effrayés du passage des dragons. Confiant à l'un des soldats la mule qui portait nos bagages, nous nous élançâmes au galop dans leur direction. Nous ne tardâmes pas à découvrir qu'un ravin nous séparait de la prairie où se tenait le troupeau. Nous y descendîmes et ses hautes berges couvrirent un instant notre marche. Dès que nous nous crûmes assez rapprochés de notre but, nous gravîmes la pente opposée, et, après avoir attaché nos montures dans un bouquet d'aunes et de noisetiers, situé sur le penchant de la ravine, nous nous trouvâmes à une portée de fusil des chevaux sauvages, sans avoir été éventés ou aperçus, malgré l'excessive et toujours inquiète timidité de ces animaux.

J'avais toujours en poche une forte lorgnette de spectacle; je m'en servis pour examiner les nobles bêtes qui, à la distance qui nous séparait, ne pouvaient nous cacher ni leurs défauts ni leurs beautés. Il y avait bien là deux ou trois cents chevaux de toutes les couleurs, depuis le noir de jais jusqu'au blanc de neige. Marrons, gris de fer, bigarrés, mouchetés, tous balayaient le gazon de leurs queues

touffues et ondoyantes, tandis que leurs belles crinières, tantôt leur couvraient les yeux, et tantôt
tombaient des deux côtés de leur cou jusqu'à leurs
pieds. Nous n'avions aucun moyen de nous appro-
prier ces magnifiques créatures et nous étions venus
jusque-là sans intention malveillante à leur égard,
mais une pensée nous assaillit tout à coup et nous
remit en mémoire la méthode qu'emploient les Espagnols et les chasseurs des frontières pour s'emparer des chevaux qu'ils ne peuvent pas prendre
au lasso. Ils les frappent d'un coup de feu dans la
partie charnue ou plutôt cartilagineuse du cou. Mo-
mentanément étourdi, l'animal s'arrête, tombe; le
chasseur n'a plus qu'à se hâter de le charger de liens
et d'entraves ; quand le cheval se relève il est au
pouvoir d'un maître.

« Faisons-en l'expérience ! » me dit Joseph tout bas.

Je ne demandais pas mieux, mais il y avait une
difficulté. Pour nous alléger en voyage, nous avions
laissé nos lourdes carabines au fort Gibson et nous
n'étions plus pourvus que de petites armes de
chasse à un seul canon, mieux appropriées à nos
besoins du jour, mais qui ne nous offraient que peu
de garantie à une certaine distance. Nous résolûmes
pourtant de tenter l'aventure. Je visai une des plus
belles bêtes du troupeau. Elle m'offrait le flanc en
plein ; je tirai, elle s'affaissa en tournoyant sur
elle-même, et tous ses compagnons disparurent,

rapides comme le vent. « Bravo! bravo! » dit Joseph. Nous courûmes à notre cheval et nous vîmes, hélas, à notre grande confusion, que la balle, au lieu de l'atteindre au cou, l'avait frappé en pleine poitrine. Pauvre Joseph!... il avait le cœur trop tendre pour un tel spectacle. Plus jeune que moi, il avait plus de larmes à répandre : aussi pleura-t-il abondamment sur le destin de la noble créature que nous n'aurions voulu ni blesser ni livrer à la dent des loups. Ayant mille bonnes raisons de tenir cette aventure secrète, nous n'en fîmes part à qui que ce fût du régiment.

Peu après s'éleva dans tous les rangs des dragons ce cri : « Les Indiens! les Indiens! voilà les Indiens! » Leurs traces étaient fraîches ; leurs plumes ondoyantes et le fer brillant de leurs longues lances ne tardèrent pas à se dessiner et à se mouvoir sur les sommets des vertes collines; nous étions sous les yeux d'un corps de guerriers comanches. Plusieurs soldats, et sans doute plus d'un officier n'ayant jamais vu d'Indiens, connurent alors quelque chose des battements de cœur qu'avait ressentis jadis *certain petit garçon* dans les ruines d'une vieille scierie.

Les Comanches forment une des tribus les plus puissantes et les plus belliqueuses de l'Amérique, ce sont les plus audacieux, sans comparaison, et les plus dangereux de tous les cavaliers peaux-rouges, et jusqu'ici, ils ont toujours passé pour les sauvages les plus hostiles aux visages pâles. Ils étaient donc là, galopant autour de nous! et d'un moment à l'autre, nous pouvions rencontrer quel-qu'un de leurs villages! Pendant plusieurs journées de marche et autant de nuits péniblement passées dans de mauvais bivacs, cette horde de sauvages cavaliers ne cessa de nous épier. Tout le jour ils se montraient, de plus ou moins loin, et leurs légers escadrons ne discontinuaient pas de vol-tiger, sur notre front, sur nos flancs et même en arrière de nous, poussant de tous côtés des re-connaissances, puis fuyant au triple galop à notre approche et disparaissant comme l'éclair derrière les collines. Ma lorgnette me permettait de les voir de plus près qu'ils ne le croyaient, et certes, c'étaient de fiers et beaux guerriers. Leurs traits et leur atti-tude énergiques, leurs mouvements élégants et gracieux, joints à la vitesse et à la sauvagerie de leurs coursiers, formaient un des plus beaux spec-tacles qu'il m'ait été donné de contempler.

Nous n'en continuâmes pas moins à pousser en avant et à bivaquer la nuit dans la prairie, en carrés par escadron; chaque homme ayant son sac et sa selle pour oreiller, les chevaux attachés dans l'intérieur du carré, à portée de leurs cavaliers, en cas de surprise.

Les piquets auxquels on attachait les chevaux étaient de petites barres de fer ou de petits pieux de bois fichés dans le sol et qu'on portait, pendant la marche de la journée à la selle ou à la croupière, sous la main du cavalier et toujours prêts quand il fallait camper.

« Et maintenant, mes petits amis, savez-vous ce que c'est qu'un *stampado?* non ! Je vais vous le dire. *Stampado* est un mot espagnol qui signifie *piétinement*, ou si vous l'aimez mieux, et cela sera plus intelligible, la trépidation d'êtres et de choses, le tacarme tumultueux et assourdissant provenant de deux à trois cents guerriers indiens, altérés de combats, montés sur des chevaux de guerre aussi rapides que le vent, brandissant leurs lances et leurs massues, et tombant sur un bivac d'ennemis ou d'étrangers, à l'heure sombre et silencieuse de minuit, quand les chevaux sont éreintés et que les soldats, à bout de forces, dorment d'un pesant sommeil. C'est un camp inopinément forcé, au terrible cri de guerre des Indiens, au bruit étrange de peaux sèches[1] froissées l'une contre l'autre, et produisant une sorte de grondement assez analogue à celui qui imite le tonnerre dans nos théâtres, et en-

1. Ces peaux sont faites du tiers ou du quart d'une dépouille d'un bison, séchée comme du parchemin, bien qu'on y ait laissé adhérer les matières animales qui produisent la colle forte. Tout Comanche allant en guerre en porte une pour l'agiter violemment et effaroucher, à l'occasion, les chevaux des ennemis, par un bruit semblable à celui de deux plaques de fer-blanc choquées l'une contre l'autre.

fin au petillement des coups de fusil. Alors l'affreuse mêlée commence ; les chevaux épouvantés se
ruent les uns contre les autres, se jettent sur leurs
cavaliers et s'enfuient comme le vent dans les prairies avec les ennemis à leurs trousses. Quant aux
soldats, hors de sens et d'à-propos, ne reconnaissant
plus leurs guerres savantes, les bras, les jambes,
les fusils brisés, ils se traînent çà et là dans l'obscurité, cherchant en vain du regard quelque sauvage à régaler d'une balle.

Voilà ce que c'est qu'un *stampado* : c'est comme un
ouragan. — Il a passé ; mais où est-il ? s'est-il arrêté ?
reviendra-t-il ? Non. — Les Indiens, il est vrai, n'ont
scalpé aucune chevelure ; personne ne manque à
l'appel. Mais les chevaux, où sont-ils ? à plus de
trente kilomètres, harassés, hors d'haleine, et demain matin les Comanches les prendront, comme
en se jouant, au lasso.

Déjà, depuis plusieurs nuits, on craignait une
semblable attaque ; mille indices la présageaient,
absolument comme un temps lourd et de pesants
nuages font prévoir une explosion électrique. Chaque soir nous ne parlions que de stampados, et
nous prenions nos précautions dans l'attente d'une
soudaine alerte. Chaque homme ne dormait plus
que le fusil en main, son cheval attaché à sa portée. Joseph et moi, nous eûmes l'honneur d'être
invités à coucher au quartier des officiers, au

centre du campement; mais nous préférâmes, par une sorte de pressentiment, coucher sur nos couvertures, nos selles nous servant d'oreillers, un peu en dehors du camp, et toujours sur le point le plus élevé du terrain.

Je savais que les Comanches comptent au moins 30 000 âmes, dont près de 10 000 cavaliers, les plus intrépides de la terre. Cependant, préparés à tout événement, nous étions résolus, Joseph et moi, à tout faire pour ne pas nous laisser fouler aux pieds de nos chevaux, et même, s'il était possible, pour ne pas perdre nos montures. En conséquence, nous plantions toujours les piquets de nos montures près de nos têtes; nous entravions nos bêtes, et, pour comble de précaution, nous ne dormions plus qu'à tour de rôle, l'un montant la garde, tandis que l'autre sommeillait.

Ma lorgnette nous était alors de la plus grande utilité; ce télescope de poche nous permettait de reconnaître, minute par minute, et mieux que personne, les abords de notre campement.

Les Indiens ayant cessé pendant plusieurs jours de se montrer sur le sommet des collines, tout le monde autour de nous commença à croire qu'ils nous avaient définitivement quittés, et la nocturne discipline du camp se ressentit de cette croyance. Mais une nuit où les étoiles brillaient, vers minuit, à l'instant même où Joseph observait tranquillement

les environs avec la longue-vue, et que j'étais plongé
dans un profond sommeil.... Pan!... voilà qu'un
coup de fusil retentit près d'un bouquet de noisetiers
à quelques pas de nous, et à l'endroit même où une
sentinelle se promenait un peu auparavant à pas
comptés. A ce coup de feu succéda aussitôt un concert de cris terribles, un grand bruit de broussailles
violemment écartées ; puis, ô terreur ! un grincement
de cordes rompues, un bruit sec de sabots de
chevaux frappant précipitamment la terre ; le tout
suivi de cris et de gémissements, puis des coups
de fusil répétés ; mais cependant point de cris de
guerre, nul froissement de peaux desséchées, rien
que des chevaux à la queue et à la crinière écheve-
lées, fuyant et disparaissant comme une flotte
qui, voguant à pleines voiles, irait se perdre dans
la brume.

Et dans le camp tous les *visages pâles* étaient, les
uns à genoux, les autres immobiles, ceux-ci prêts à
se battre, ceux-là se plaignant de leurs contusions.
A mon réveil, je vis Joseph tenant d'une main le
licou de Charley, et, de l'autre, celui de sa propre
monture. Charley, la crinière et la queue en dés-
ordre, faisait tableau ; ses yeux étincelaient, ses naseaux frémissaient ; il tremblait, et, jetant de temps
en temps un regard sur les bandes de chevaux qui
passaient en fuyant comme des ombres, il me flairait
la poitrine, comme pour voir si, moi aussi, j'avais

peur. A tout le tumulte succéda un moment de profond silence : « Tiens, dit Joseph, garde mon cheval; c'est un imbécile qui a causé tout ce tumulte en tirant là-bas sur un pauvre cheval. » En disant ces mots, Joseph pénétra dans le camp au milieu des baïonnettes et des canons de fusil braqués sur lui : « Ne tirez pas! bas les armes! cria-t-il; ce ne sont pas les Indiens! » Il risquait un peu sa vie, ce brave ami; cependant il arriva sans encombre au quartier des officiers, qui tenaient un conseil de guerre au petit pied : « Messieurs, leur dit-il, c'est tout bonnement un alezan du commissariat qui s'est détaché; il s'est mis à paître en toute conscience et honnêteté près d'un bouquet de noisetiers; une sentinelle, voyant apparaître sa tête et son poitrail, l'a pris pour un Indien Comanche, et, sans crier : « Qui vive? » lui a planté une balle dans le cœur. »

On mit la sentinelle aux arrêts, ainsi que trois ou quatre soldats qui avaient déchargé leurs armes pendant le tumulte. Au nombre des punis fut aussi le caporal Nugent, qui avait visé et manqué le lieutenant Heuser, auquel sa casquette fourrée donnait un faux air de Comanche. Bientôt mon ami et moi nous nous remîmes à dormir; les blessés furent confiés aux chirurgiens et à leurs aides. Une halte de plusieurs jours fut ordonnée, on la fit durer plusieurs semaines, si je ne me trompe, et non sans cause, car les chevaux demeurés au

camp étaient en si petit nombre qu'il fallut longtemps pour retrouver ou remplacer les manquants.

Dans leur fuite, les pauvres bêtes, folles de terreur, avaient repris la route qu'elles venaient de
suivre; on en rattrapa quelques-unes à 30 kilomètres,
d'autres à 80, d'autres manquaient pour toujours;
un grand nombre furent pris par le lasso des Indiens, qui les ramenèrent loyalement à notre camp.
C'est avec cette probité que nous traitèrent ces sauvages, dont l'image nous importunait pendant notre
marche et jusque dans notre sommeil. Dès que la
fuite de nos chevaux leur eut fait connaître notre
position fâcheuse, ils s'empressèrent de nous offrir
une cordiale assistance.

CHAPITRE XIII.

Traité de paix avec les Indiens. — Maladie au fort Gibson.
L'auteur et Charley dans la prairie.

Le lecteur doit comprendre qu'il ne nous fut pas difficile, d'après ce que nous venons de raconter, d'entrer en relation avec les Comanches. Aussi une bienveillance mutuelle ne tarda-t-elle pas à se manifester entre nous et deux ou trois chefs d'un rang secondaire, qui furent envoyés à notre rencontre avec une centaine de leurs plus beaux et de leurs plus célèbres guerriers, tous montés sur de magnifiques chevaux en équipage de guerre. L'arrivée de cette petite troupe au galop, les rangs serrés, de longues lances en main, et faisant étinceler des boucliers éclatants de blancheur, nous offrit un des tableaux les plus saisissants que j'aie jamais vus.

Après un cordial échange de poignées de main entre nos officiers et les leurs, ils nous engagèrent à nous rendre à leur grand village situé à trois ou quatre journées de marche. Tant que dura la route,

ils nourrirent le régiment de chair de bisons qu'ils
tuaient avec une incroyable agilité, et charmèrent
les officiers aussi bien que les soldats par le spectacle, tout nouveau pour ceux-ci, de l'habileté avec
laquelle ils saisissent et domptent les chevaux sauvages.

Nous arrivâmes ainsi au sommet d'une montagne
qui dominait une immense et riante vallée; là, ils
prièrent notre régiment de faire halte, et nous
montrèrent du doigt, à une distance de trois ou
quatre milles, le grand village des Comanches, autour
duquel 8 ou 10000 chevaux et mulets paissaient
dans la plaine. Ensuite ils nous firent descendre
dans la vallée, et, lorsque nous ne fûmes plus qu'à
un mille environ du village, ils nous demandèrent de
nous arrêter de nouveau pour attendre le chef et la
cavalerie de la tribu qui venaient au-devant de nous.

Le colonel Dodge rangea aussitôt son régiment
sur trois lignes, dont il occupa lui-même le front
avec son état-major, et, au bout d'une heure passée
dans cette position, nous aperçûmes 2 ou 3000 cavaliers qui s'avançaient vers nous dans un ordre
vraiment militaire. Le chef marchait en avant, entouré de son état-major, et faisant porter à ses
côtés une bannière blanche, symbole de paix, et
une bannière d'un rouge de sang, pour exprimer
qu'il était prêt à la guerre aussi bien qu'à la paix,
suivant nos propositions.

Dès qu'il vit flotter le drapeau blanc aux mains de chacun de nos enseignes, son drapeau rouge disparut, et lui-même vint serrer la main au colonel Dodge et à ses officiers; ensuite formant sa troupe en une double colonne de près d'un mille de long, il la fit manœuvrer avec autant de précision qu'aucune autre cavalerie du monde, puis il vint avec sa suite prendre position au centre, précisément en face de nos officiers de dragons.

Après un échange de témoignages affectueux entre le colonel Dodge et le chef indien, celui-ci fit défiler tous ses hommes, et chacun en passant tendait la main au colonel et successivement à tous les officiers. Ensuite le chef nous indiqua un endroit convenable pour notre campement, et nous fûmes bientôt installés pour un séjour de deux semaines, qui fournit à l'auteur de ces lignes et à son fidèle ami Joseph Chadwick assez de matériaux et une assez grande abondance de faits pour remplir tout ce volume. Certes, nous aurions beaucoup à dire sur les mœurs de cette peuplade, que nous avons pu étudier dans un beau village de 1200 tentes de peaux, dressées au bord d'une limpide rivière; sur les courses à cheval, les jeux de balle, les danses, les assemblées, les achats et les ventes de chevaux, etc., dont nous avons été témoins; mais nous devons passer outre.

Les propositions de paix et de commerce perpé-

tuel avec les États-Unis furent agréées et le calumet
pacifique fumé ; ensuite nous allâmes huit milles plus
loin, chez les Pawnies peints, alliés des Comanches,
dont j'ai déjà dit que les habitations étaient construites en forme de ruches d'abeilles et couvertes
de chaume et de longues herbes. Nous fîmes également la paix avec eux, et nos officiers furent pres-
sés dans les bras du vénérable chef Wee-tar-ra-
sha-ro. Nous vîmes aussi les Kiowas, les Wicos et
les Arapahos ; tous furent aussi bienveillants et aussi
disposés à la paix que les Comanches ; nous la con-
clûmes donc avec tous *et pour toujours.* C'est ainsi
que la mission des dragons fut remplie, de même
que le projet le plus important de l'auteur de ce
livre. Car si des flots de rhum et d'eau-de-vie, ver-
sés à l'occasion de ces traités d'alliance et de commerce, surgirent mille griefs réciproques, dont les
conséquences furent telles qu'au bout d'un an tous
les germes de paix et d'amitié que nous avions semés furent étouffés par une recrudescence de haine
et d'hostilité, du moins mes travaux n'ont pas été
perdus, et je les retrouve dans mes cartons, aussi
intacts que le jour où ils sont sortis de mes mains.

Notre retour au fort Gibson fut long et intéressant ;
mais il n'est pas nécessaire d'en raconter ici les divers
incidents. Qu'il suffise de savoir qu'à notre arrivée
Charley était en aussi bon état et que son poil était
aussi luisant qu'au commencement de notre voyage,

bien que je l'eusse monté pendant plus de 3000 kilomètres; j'ajouterai qu'en raison de beaucoup de circonstances diverses notre familiarité et notre mutuel attachement étaient arrivés à un degré de perfection tel, que peu d'hommes et même de chevaux en ont éprouvé ou seulement compris de semblables.

À cette époque je fus atteint d'une fièvre bilieuse qui me retint au lit pendant que Charley allait paître dans une immense prairie, abondante en luzerne blanche et autres plantes savoureuses.

Joseph, mon toujours fidèle et affectueux compagnon, ne me quitta pas un instant pendant cette maladie, mais dès que je fus convalescent, il partit pour le Mississipi où l'appelaient ses affaires. Pendant ce repos forcé de deux mois, il ne me fut pas possible de voir Charley; en compensation, j'eus souvent de ses nouvelles; j'appris donc qu'il se portait à merveille et qu'il était devenu aussi sauvage et aussi indépendant que s'il n'eût jamais été monté.

Je n'en formai pas moins le dessein de l'emmener à Saint-Louis. Mais lui faire longer l'Arkansas pendant sept cents milles, puis remonter avec lui pendant neuf cents autres milles le Mississipi, sur un bateau à vapeur, c'eût été m'exposer à de trop fortes dépenses. C'est pourquoi je résolus de regagner Saint-Louis par le chemin le plus court, c'est-à-dire à travers les prairies, contrée entièrement sauvage et sans route tracée, mais qui ne nous donnait plus que

cinq cent quarante milles à parcourir. Je connais-
sais parfaitement notre point d'arrivée, de sorte qu'a-
vec une boussole dans ma poche, du beau temps et
d'abondantes provisions, je n'avais nulle crainte,
quoi qu'il pût advenir. Aussi un matin des premiers
jours de septembre, ayant préparé mon léger bagage et me sentant assez de force pour monter Charley, avec un peu d'aide, je l'envoyai chercher pour
qu'on le sellât; mais on ne tarda pas à venir m'annoncer qu'il était désormais impossible même de l
rattraper. Sans me décourager, je pris avec moi u
de mes vieux professeurs de la vallée de Wyoning
le docteur Wright, alors chirurgien du fort, et qu
m'avait soigné pendant ma maladie, puis je me rendis dans le pré où Charley prenait ses ébats.

Dès que je l'aperçus, je l'appelai : aussitôt le noble animal, reconnaissant évidemment ma voix
malgré nos deux mois de séparation, releva sa têt
intelligente, fit ondoyer sa belle crinière et sa longu
queue noire, puis la bouche pleine encore d'herb
fraîche qu'il oubliait de mâcher, il me répondi
par un « Hi hi hi hi! » et vint à moi d'abord au peti
pas, puis bientôt au trot, et enfin au galop, en poussant un autre hennissement. Sa provende encor
pendante à ses lèvres, il commença par flairer mo
haleine qu'il avait toujours aimée, me tendit sa têt
et ouvrit sa bouche pour recevoir la bride avec laquelle je le ramenai chez moi.

Une demi-heure après, j'étais prêt à le monter et à partir, avec deux peaux de bison pour literie, une petite cafetière, un gobelet d'étain attaché à ma selle, une provision de grains de café et de sucre, la moitié d'un jambon bouilli, un peu de sel, mes pistolets dans leur boîte et mon fusil de chasse au bras. Mais les chefs des Cherokies, des Choctaws et des Creeks s'étaient réunis pour prendre congé de moi. Que vous ai-je dit d'eux? rien, je crois, jusqu'à présent.

Les Cherokies, au nombre de 25 000, les Creeks, qui comptent 21 000 âmes, les Choctaws, 15 000, et les Seminoles, 12 000, habitent à sept cents milles à l'ouest du Mississipi, et à douze, quatorze et dix-huit cents milles de leurs anciennes possessions de Géorgie, d'Alabama et de Floride. Ces peuples étaient déjà à moitié civilisés, dans leurs propres pays; beaucoup d'entre eux possédaient de grandes plantations, cultivaient de vastes champs de coton et de blé, logeaient dans des maisons confortables; ils avaient fondé des écoles, construit des églises, imprimé et publié des journaux écrits dans leur langue et même en anglais. Comment donc sont-ils venus dans cette sauvage et déserte contrée? Ce n'est pas un mystère.... rien, au contraire, de plus simple, de plus facile à s'expliquer. Seulement ce serait chose trop longue à narrer ici dans tous ses détails.

Nous avons dit qu'ils étaient riches autrefois. Ils possédaient, dans la Géorgie et dans l'Alabama, les meilleures terres à coton; or, pour les blancs, possesseurs d'esclaves de ces régions, ces terres étaient trop fertiles pour appartenir à des Indiens et les Indiens étaient de mauvais voisins. Aussi, lorsque le général Jackson fut élu président, décida-t-il que toutes les tribus indiennes seraient envoyées bien loin à l'ouest du Mississipi. Cette émigration forcée eut lieu; elle fut longue et cruelle; les malheureux Indiens furent contraints d'abandonner les tombes de leurs aïeux et de leurs enfants, leurs maisons, leurs terres, leurs champs couverts de riches moissons, pour aller dans le pays qui leur était donné en échange; pays sans frontières à l'ouest, mais délimité à l'est, au nord et au sud par une ligne géométrique. Il leur fut sévèrement interdit de dépasser leurs limites du côté des blancs, leurs voisins à l'est; en revanche, ils avaient la permission de se servir, autant qu'il leur plairait, de leurs fusils pour tuer des bisons et détruire les Indiens sauvages, du côté de l'occident.

L'ordre de chasser les Seminoles de la Floride fut pour tous un véritable désastre. On commença par envoyer à leur conseil assemblé la copie d'un traité par lequel ils se déclaraient disposés à échanger leurs terres contre un pays situé à l'ouest du Mississipi. Le conseil refusa de signer, les chefs donnant pour raison que leurs pères et leurs enfants étaient enterrés autour d'eux; que d'ailleurs ce pays leur avait été donné par le Grand Esprit, et que par conséquent ils ne consentiraient jamais à s'en éloigner. Ce même traité leur fut présenté plusieurs autres fois encore, et toujours sans succès, jusqu'au jour où l'on annonça aux onze chefs subalternes que le chef suprême Charley-Omatla l'avait accepté et consentait à le signer. Ne pouvant croire semblable chose, ils se rendirent tous ensemble, la carabine sous le bras, au bureau des agents du gouvernement, où devait se terminer cette affaire, pour voir si véritablement le grand chef accomplirait une pareille lâcheté. Oscéola, dont vous avez sans doute entendu plus d'une fois le nom, s'était joint à eux : ce n'était pas un chef, mais un guerrier intrépide et d'une grande influence dans sa tribu. Le traité ayant été posé sur la table, Charley-Omatla, persuadé que les autres chefs allaient suivre son exemple, s'approcha pour exécuter sa promesse; mais à peine avait-il apposé sa signature au bas du fatal traité, que, percé de sept balles parties de la carabine d'Oscéola et de celles de six autres chefs, il tombait sur la terre, cadavre inanimé.

Ceci se passait à deux mille kilomètres de Washington, à une époque où il n'y avait ni chemins de fer ni télégraphes électriques. Avant donc que la nouvelle des détails de cet événement fût parvenue au sénat, qui venait d'ouvrir sa session dans cette ville, on se hâta d'envoyer à sa ratification le traité « signé par le chef défunt. » Le sénat ratifia et décida que la tribu serait éloignée par force du sol natal, au nom de ce contrat, bien que l'élite de la noble assemblée eût la preuve irrécusable que le consentement du grand chef lui avait été acheté moyennant 7000 dollars.

Oscéola s'enfuit dans le désert, où les autres le suivirent comme leur général, selon la coutume de toutes les tribus indiennes de l'Amérique, où il est d'usage que celui qui tue le chef le remplace et garde le commandement tant que les autres lui permettent de vivre. Si son action est approuvée, nul ne peut se soustraire à son autorité; si elle ne l'est pas, il est mis à mort.

Un millier de soldats des États-Unis furent envoyés dans les forêts contre les Seminoles révoltés, pour commencer la guerre et les chasser au nom du traité par la force des armes. Le major Dade, officier d'un véritable mérite, fut chargé du commandement de la troupe d'invasion, et peu de jours après on apprit qu'il avait été tué, dans une embuscade, avec tous ses hommes, à l'exception d'un seul. L'affaire s'était passée absolument comme celle du massacre de Wyomeng, mentionné dans la première partie de ce petit livre: c'est-à-dire que les Indiens s'étaient jetés sur les soldats et les avaient égorgés avant que ceux-ci eussent eu le temps de se servir de leurs fusils.

La nouvelle de cet événement remplit tous les journaux des États-Unis; elle traversa l'Atlantique, racontée comme un horrible guet-apens, et il en fut de même de tous les combats où les Indiens remportèrent l'avantage; mais lorsque plus tard on en tua un grand nombre, en se servant contre eux du même stratagème ou d'un autre plus adroit, chacun put lire en tête des bulletins de ces faits d'armes : « Glorieuse victoire. »

Le vaillant Oscéola, après avoir, à la tête de sa bande de vrais Spartiates, disputé bravement pendant six ans, pied à pied, le sol natal, à dix mille hommes de troupes disciplinées qu'il mit souvent aux abois, Oscéola fut enfin pris, ou plutôt surpris, avec quatre de ses principaux chefs et deux cents soldats, au moyen d'une ruse infâme dont ne se serait jamais servie une tribu indienne, et dont jusqu'alors on n'eût pas soupçonné capable un ennemi supérieur en nombre, en habileté dans le maniement des armes, et faisant profession d'un degré de civilisation qui lui avait conquis la confiance de ses adversaires. Ce fut avec un pavillon parlementaire qu'on attira Oscéola et les siens, et lorsqu'ils répondirent à cet appel en venant sans armes au rendez-vous, et leur chef portant à la main un drapeau blanc, ils furent, sur l'ordre de l'officier comman-

dant, cernés, liés, garrottés sur la croupe de leurs
chevaux, déclarés prisonniers de guerre et envoyés
comme tels au fort Moultrie, à Charleston, dans la
Caroline du Sud.

Ici, mes chers lecteurs, nous sommes en face
d'une véritable *trahison*. Cet acte honteux fut con-
damné par tous les officiers de l'armée des États-
Unis, excepté par celui qui s'en était rendu coupable,
et que, sans doute, sa honte et son repentir auront
depuis suffisamment puni. Le gouvernement désap-
prouva cet acte; mais les Indiens étaient une trop
bonne capture pour qu'on pût se décider à les relâ-
cher. On les envoya donc comme prisonniers de
guerre à l'autre extrémité des États-Unis, aux con-
fins du désert où nous venons maintenant de les
retrouver.

C'est ainsi que fut détruite la confédération des
Seminoles, et que se termina cette guerre qui avait
coûté au gouvernement 32 millions de dollars
(160 millions de francs), la vie d'un grand nombre
d'officiers et de soldats, sans compter autant d'Indiens et deux mille victimes innocentes, hommes,
femmes, enfants, fermiers ou colons des frontières;
résidence toujours dangereuse en temps de guerre
et surtout de guerre indienne.

De New-York à Charleston, il y a quinze cents
milles (2400 kilomètres), que je franchis avec mes
pinceaux et mes toiles, pour aller faire le portrait

d'Oscéola. Traité en simple prisonnier dans le fort, cet homme extraordinaire me parut affable, d'un commerce facile et gai, en dépit de son cœur brisé. Sang-mêlé de naissance, il parlait assez bien l'anglais pour me raconter les événements de la guerre et le honteux artifice dont il avait été victime. Je pus faire, tout à mon aise, son portrait, ainsi que celui des quatre autres chefs capturés avec lui.

Il y avait alors au fort Moultrie, avec Oscéola, 250 individus, hommes, femmes, enfants, prisonniers de guerre comme lui. Un d'eux, superbe jeune homme, fut un jour accusé par un blanc, marchand de volailles et de légumes dans le voisinage du fort, de lui avoir volé un poulet la nuit précédente. L'accusation fut portée devant les chefs, qui, avec une impartialité stoïque, recueillirent les preuves avancées par la partie plaignante, d'une façon assez concluante, il faut l'avouer. Le jeune accusé, qui n'en pouvait fournir aucune pour sa décharge, se contentait de dire à ses juges :

« Jamais un Seminole a-t-il reconnu Chee-Hoka pour un voleur ? »

A quoi le blanc répondait par des affirmations tellement fortes, que le jeune Indien fut déclaré coupable, et que les juges, tout prisonniers de guerre qu'ils étaient, prononcèrent contre leur compatriote, suivant leurs lois et coutumes, une sentence qui le condamnait à être fouetté publique-

ment le lendemain, à neuf heures du matin. Mais
ce jour-là, dès sept heures, le cadavre de ce malheureux fut trouvé pendu et étranglé, par une courroie
en cuir grossier, à un poteau élevé sur le mur du
fort. Et pendant que les officiers de la garnison et
les Indiens rassemblés autour de son cadavre le
regardaient tristement, l'infâme qui l'avait accusé
arriva, portant sous son bras le poulet vivant, et
confessa qu'il n'avait jamais été volé. Le misérable
se trouvait à ma portée, et, dans mon indignation,
je le saisis à la gorge avec deux mains de fer, et je
l'étreignis avec une énergie que je ne m'étais jamais connue auparavant et que je n'ai jamais sentie
depuis. La pensée de lui faire subir le sort de sa
victime se peignit sans doute en ce moment sur
mon visage, car plusieurs des officiers me prièrent
de ne pas user de violence, et, ce qui produisit sur
moi un effet autrement puissant que leur prière,
Oscéola posa doucement son bras sur mon épaule
en me disant à l'oreille :

« Que faites-vous ! que faites-vous, mon ami !
Pourquoi lui faites-vous du mal ! Est-ce qu'on bat
un chien ? »

À ces paroles, je lâchai le monstre, que les
femmes, les enfants huèrent et chassèrent du fort
en lui rendant son poulet pour qu'il le remportât
chez lui.

Après cet événement, je retournai à New-York,

et, à ma grande surprise, j'appris en arrivant la mort d'Oscéola, dont la nouvelle m'avait devancé en chemin. Elle avait eu lieu le lendemain de mon départ du fort, et on l'attribuait à une soudaine attaque d'esquinancie.

Mais voilà assez longtemps que mon pauvre Charley attend tout sellé, et comme il est, ainsi que son maître, toujours impatient de partir lorsqu'il est prêt, j'abrége donc. Je pris congé de mon vieil ami le docteur Wright, des officiers du fort et des chefs indiens, qui, ainsi que je l'ai dit plus haut, s'étaient réunis pour me faire leurs adieux; adieux qui furent tristes de part et d'autre, car ils devaient être éternels. Mais il n'en fut pas de même de ceux que nous adressâmes à la contrée, où les hommes de la garnison, soldats et officiers, mouraient au nombre de six à huit par jour, d'une fièvre maligne qui à ce moment décimait, presque avec la même fureur, les tribus indiennes du voisinage.

Je montai avec Charley la plantureuse montagne qui s'élève à côté du fort, et derrière laquelle nous disparûmes bientôt. Le pays que nous allions parcourir a environ 540 milles d'étendue (deux fois la largeur de l'Angleterre), bien qu'il soit accidenté de monts et de vallées, de riches prairies et de plaines fertiles, arrosé de rivières et de ruisseaux,

ombragé de chênes touffus; son aspect est triste;
néanmoins j'y entrai avec un plaisir que ne com-
prendront que ceux qui ont subi les monotonies de
certaines heures de la vie, car mon départ du fort
Gibson, dans mon état actuel de convalescence, était
une espèce d'escapade: mais j'avais besoin de respirer librement l'air tiède et doux de l'atmosphère
d'automne.

Quoique nous fussions depuis longtemps, Charley
et moi, les meilleurs amis du monde, nous avions
trop constamment vécu en nombreuse compagnie
pour savoir à quel point nous nous aimions; mais
la solitude absolue dans laquelle nous entrions et le
besoin naturel que nous allions avoir constamment
l'un de l'autre devaient, sans aucun doute, développer pleinement la sympathie qui existait depuis
longtemps entre nous, et la pousser aussi loin qu'elle
puisse aller entre un bimane qui agit dans un but et
un quadrupède qui travaille sans but. Si, depuis le
commencement de ce voyage, nous avions à sup-
porter beaucoup de fatigue, nous étions du moins
devenus de vieux compagnons, connaissant parfaitement chacun sa besogne et sachant s'en acquitter.
Enfin ce tête-à-tête avait l'avantage d'égayer notre
long chemin. C'est beaucoup de passer trente-cinq
jours dans un complet mutisme, sans pouvoir parler à qui que ce soit et sans que le son d'aucune
voix réjouisse notre oreille; mais grâce à notre

longue habitude de familiarité, nous avions, Charley et moi, établi entre nous un langage qui devenait quelquefois très-significatif et qui, à tout prendre, valait définitivement mieux que rien, car il était une agréable distraction à la monotonie d'une route isolée à travers les immenses prairies. Quand, à mes demandes, il me répondait à l'instant : « Hi hi hi hi ! » c'était certes une affirmation très-distincte, bien qu'on appelle cela un baragouin. Charley ne parlait point sans intention, et, s'il lui arrivait parfois de se tromper, il était du moins sûr de répondre toujours bien quand je posais bien la question. En outre, il avait une qualité fort agréable pour un homme sans compagnon de voyage dans une contrée déserte : c'était de répondre immédiatement, soit la nuit, soit le jour, à toutes mes interrogations. Mais continuons notre récit. Nous étions donc partis ; nous marchions maintenant par monts et par vaux : tantôt parcourant des prairies verdoyantes, tantôt nous enfonçant dans de sombres forêts, franchissant d'un bond les ruisseaux, ou les passant à gué ; puis, quand la nuit nous surprenait, bivaquant dans la plaine ; nous n'avions d'autre guide que le soleil, lorsqu'il daignait luire, ou ma petite boussole de poche, lorsqu'il jugeait à propos de se cacher.

J'étais faible comme un convalescent, mais le vent frais et pénétrant de l'automne me rendait à chaque heure de nouvelles forces, bien que j'eusse encore tous les jours le frisson et un peu de fièvre. Quand je sentais venir cette indisposition, je me glissais à bas de Charley, que je laissais paître en liberté jusqu'à ce que mon malaise fût passé. Il profitait de ces haltes avec une satisfaction évidente, et dès que sa selle et sa bride étaient enlevées, il se lançait dans l'herbe, caracolant et bondissant. Il prenait un plaisir particulier à faire ses évolutions le plus près possible de moi, sans jamais m'incommoder. Ensuite, l'accès de fièvre entièrement passé, le dîner fini, la promenade terminée, Charley sellé de nouveau, nous nous remettions en route.

Comme un des fusils que je portais avec moi était toujours chargé à balle et l'autre avec du petit plomb, à la destination des coqs de bruyère ou de tout autre menu gibier, j'étais facilement approvisionné, chaque jour, de nourriture fraîche, sans même avoir besoin de mettre pied à terre, si ce n'est pour poser sur ma selle le gibier destiné au déjeuner ou au souper de notre campement. Les coqs étaient si abondants, qu'ils se levaient quelquefois jusque sous les pieds de Charley; d'autres fois, un gros et beau daim venait tout près de nous, sans se douter qu'au bout de cinq minutes la partie la plus délicate de son train de derrière serait appendue à ma selle.

À l'exception d'une seule nuit sur trente-cinq, je m'arrangeai toujours pour camper au bord d'un

Charley et l'auteur bivaquant dans la prairie.

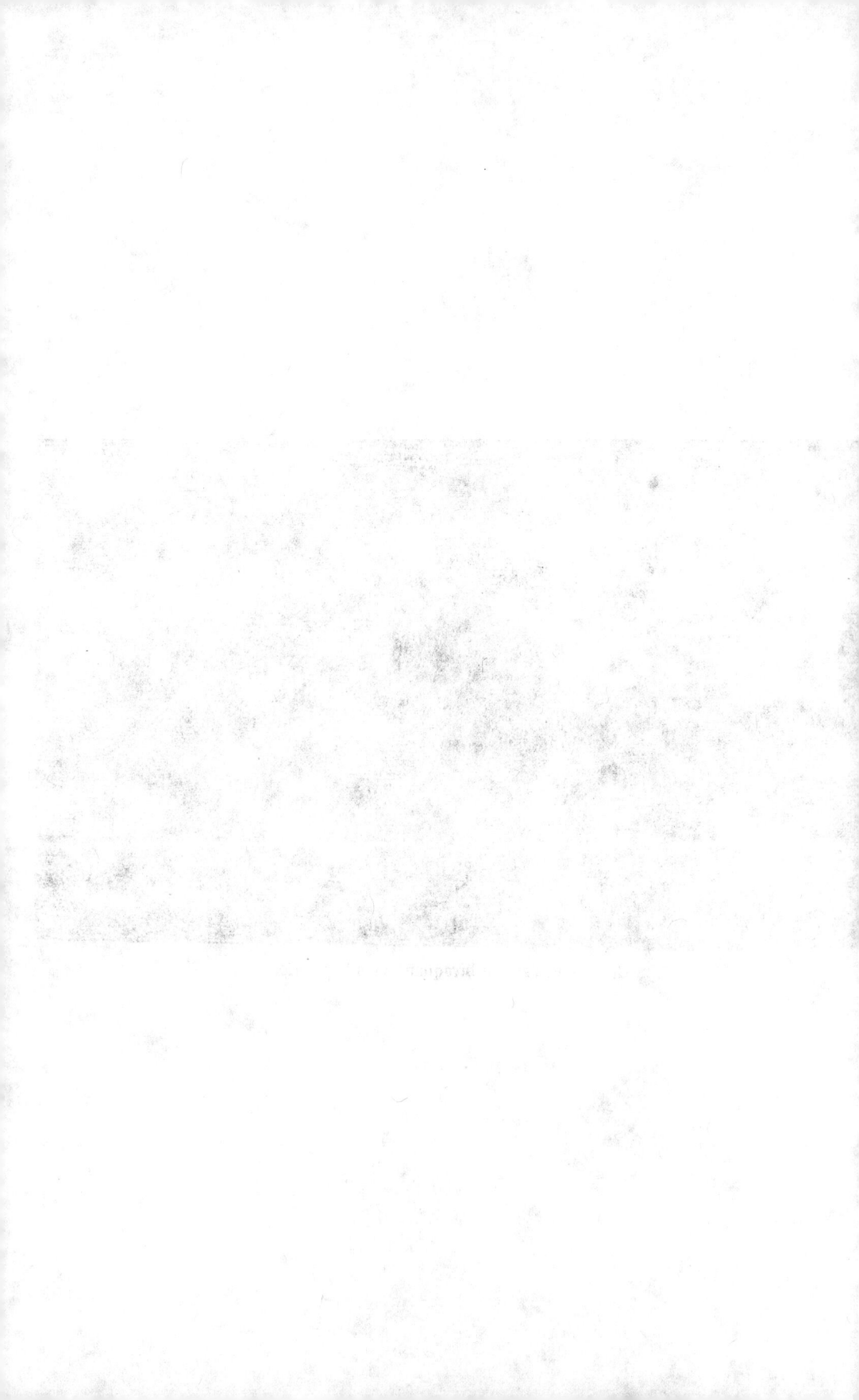

petit ruisseau ou d'une rivière, afin d'avoir de l'eau pour faire mon café, et dans un endroit où je pusse me procurer le bois pour avoir du feu. Nous établissions généralement notre bivac un peu avant le coucher du soleil, de manière que Charley eût le temps de finir son repas avant que j'eusse pris le mien.

Dès que je l'avais dessellé, j'allais planter son piquet là où l'herbe me paraissait la plus grasse et la plus fraîche, et j'avais soin de laisser au *lasso* qui l'attachait le plus de longueur possible. J'allais ensuite ramasser du bois, j'allumais mon feu, et lorsqu'il était bien pris, je faisais rôtir mon coq de bruyère ou tout autre gibier, en le présentant devant le foyer au bout d'un bâton pointu ; puis je mettais ma cafetière sur la braise, et je posais sur une petite table improvisée une fourchette, un couteau, une cuillère à café, du sel, du sucre et deux tranches de jambon. J'avais l'habitude, contractée de longue date entre Charley et moi, de quitter mon campement toujours à la même heure, et d'aller au-devant de Charley avec un peu de sel, dont il était très-friand et qu'il léchait dans ma main. C'était sans doute là une des causes de son grand attachement pour moi : aussi, pour conserver nos relations amicales durant notre voyage, en avais-je fait bonne provision. Il avait si bien l'habitude de recevoir cette petite marque d'attention au moment où son repas était à moitié achevé, et le mien à peu près préparé, et ce moment était tellement présent à son souvenir, que si je n'étais pas auprès de lui à l'instant précis, mon sel dans la main, il venait à moi en relevant la tête et la queue comme un coq d'Inde. Je ne lui demandais pas alors de quoi il avait besoin, car il eût pu être embarrassé pour me faire une réponse académique; je me contentais de lui dire : « Charley, voulez-vous votre sel? » Un hennissement ne manquait jamais de me répondre affirmativement; et de mon côté je ne manquais jamais de le satisfaire.

Mon souper fini, et la nuit venue, j'enlevais les restes de mon repas, et après avoir attaché Charley tout près de moi, j'étendais par terre une de mes couvertures, et je m'enveloppais entièrement de l'autre, ma selle me servant d'oreiller. Je dormais ainsi confortablement et profondément jusqu'aux premiers rayons de l'aurore, moment où Charley commençait à s'agiter, rôdant et tournant autour de son piquet; puis je jouissais généralement encore d'une heure de bon sommeil en attendant qu'il fît grand jour. Le feu allumé, le déjeuner mangé et Charley sellé, nous nous remettions en chemin.

Nous traversâmes un jour un espace de prairie d'une immense étendue, entièrement couverte d'une herbe de six à huit pouces de haut, sans un arbre ou même un buisson, rien en un mot où l'œil pût s'arrêter jusqu'aux bornes de l'horizon. La nuit nous y surprit, et nous fûmes obligés de bivaquer sans eau, sinon sans feu, car j'en fis un avec de la fiente de bison desséchée.

Je fus réveillé au milieu de la nuit par un terrible orage. Je me hâtai d'assujettir et de consolider le piquet de Charley, et d'abriter sous la selle un de mes manteaux que je voulais conserver sec. Je m'assis dessus, enveloppant ma tête dans mon autre couverture que je laissai flotter autour de moi comme une tente qui préservait tous mes objets de l'inondation. La pluie tombait à torrents, les éclairs sillonnaient toute la prairie, comme autant de serpents de feu en quête d'une victime, et je craignais, à chaque coup de tonnerre, que Charley ou moi n'en fussions foudroyés. Cet orage dura jusqu'au matin, et je pus seulement alors prendre un peu de sommeil, toutefois dans une position qui n'était pas extrêmement confortable, car j'étais obligé de me tenir assis comme je l'avais été toute la nuit.

La monotonie de notre route à travers cette prairie que rien n'accidentait devenait par moments extrêmement triste; fréquemment, tout en cheminant, je m'endormais, et je ne m'éveillais jamais sans trouver Charley toujours en train non-seulement de trotter, mais même de galoper. Quand nous avions ainsi passé quelques heures, sans rencon-

trer aucun être vivant, et sans apercevoir même
un oiseau, je disais à Charley, plongé comme moi
dans une profonde contemplation : « Hé! Charley,
deux sous pour vos idées. — Hi hi hi hi! » me répon-
dait-il. Et ainsi nous encourageant l'un l'autre, nous
reprenions notre course avec une nouvelle vigueur,
par conséquent avec un redoublement de vitesse.

Un jour que nous cheminions absorbés dans nos
réflexions, un magnifique daim, orné d'un bois
énorme, sortit subitement de son gîte et à quatorze
ou vingt mètres tout au plus de nous. A son aspect,
Charley releva la tête et s'arrêta, les yeux fixés sur
lui, pendant que je préparais un de mes fusils; il
tremblait si fort de frayeur ou d'anxiété, que j'eus
bien de la peine à ajuster mon arme. Sous mon
coup de feu, le daim fléchit un peu, bondit et prit
la fuite, mais sans relever son bois; d'où je conclus
que je l'avais bien atteint. Je l'eus bientôt perdu de
vue derrière le sommet d'une petite colline; mais
dirigeant Charley du côté où il avait disparu, je vis
par terre une mare de sang qui me prouva que
tout était pour le mieux. Quant à Charley, il flairait
le sang et promenait ses naseaux sur le sol comme
pour chercher l'endroit où gisait l'animal; je le mis
donc sur la piste, qu'on pouvait aisément suivre
aux traces de son sang. Il avait évidemment passé
là, et s'était élancé dans de hautes graminées qui
montaient jusqu'au garrot de Charley. Dès que nous

nous y fûmes engagés, frappé de l'excitation extraordinaire du cheval, excitation que révélaient tous
ses mouvements, et remarquant en outre sa disposition à suivre les traces de la bête blessée, j'éprouvai
la curiosité de voir ce qu'il ferait livré à lui-même
et je lui abandonnai la bride. Il partit avec une im-
pétuosité qui n'était pas naturelle, flairant le sang
tout le long de la route et suivant la piste aussi
exactement qu'un chien courant. Il la suivit ainsi
pendant plus d'un mille ; puis, sortant des hautes
herbes, il s'arrêta soudain au pied d'une petite colline, tourna la tête un peu à gauche, et les oreilles
pointées en avant hennit un : Hi hi hi ! qu'on ne pouvait traduire que par : « Il est certainement ici. » Je
regardai dans cette direction et vis sur le flanc du
monticule, à trente ou quarante pas de nous, la noble
bête gisante sur la terre, morte et déjà refroidie.

Les traits d'intelligence et d'attachement de cet
admirable Charley, ainsi que le récit des incidents
qui marquèrent le reste de notre voyage jusqu'à
Saint-Louis, rempliraient un volume beaucoup plus
gros que celui-ci. Je suis donc obligé de renvoyer
pour tous ces faits aux *Notes de voyages recueillies
parmi les Indiens de l'Amérique du Nord*, et publiées
en deux gros volumes, il y a déjà quelques années,
par un certain George Catlin.

CHAPITRE XIV.

La Scylla et les Llanos de Caracas. — Plaines de Vénézuéla. — Indiens. — Danse d'honneur. — Les *Bolas*. — Navigation sur l'Orénoque. — Un monde dans une fleur. — Le paresseux. — Barrancas. — Bouches de l'Orénoque.

Quittons maintenant les prairies du *Far-West* pour des plaines et des forêts sans bornes et d'une verdure éternelle, — où tout dans la nature semble inaltérable, la joie, les fleurs, les couleurs et les chants ; où le souffle glacial de l'hiver est inconnu, où dans le temps même où les feuilles tombent, les bourgeons croissent et les fleurs s'épanouissent ! Il m'a été donné de connaître une telle contrée ; et quel homme ayant respiré la tiède atmosphère, contemplé les brillantes couleurs, entendu les douces harmonies de ce jardin tropical, de cette salle de concerts, de cette volière du monde, — l'immense et grandiose vallée de l'Amazone ; — quel homme, dis-je, ayant joui une fois de ce magnifique spectacle, ne voudra pas, si sa bourse est assez garnie et sa vie assez longue, aller encore en repaître ses yeux ?

Mais nous n'y sommes pas tout à fait encore, — *Caracas* n'est pas dans la vallée de l'Amazone, elle est à peine le commencement de l'Amérique méridionale. Elle se trouve dans le Vénézuéla, sur une côte sablonneuse et brûlante. C'est là que je débarquai pour la première fois sur le continent du sud ; ce sera notre point de départ.

Un événement dont on ignore encore et la nature et la cause survint, il y a environ soixante ans, dans l'immense foyer qui brûle sous cette région, et produisit, avec un choc terrible, des secousses épouvantables qui firent périr dix mille habitants; on peut voir encore, de l'autre côté de la ville et à une grande distance le long de la côte, les abîmes effrayants qui s'entr'ouvrirent à cette époque et que le temps n'a pas comblés.

La nature a tout créé en grand dans cette contrée. Que se passe-t-il dans l'immense fournaise sur laquelle nous marchons? Depuis combien de temps est-elle en travail? Nul ne le sait. Jadis elle a lancé sa fumée et ses cendres jusqu'au sommet du Chimboraço, à une hauteur de 5250 mètres, et aujourd'hui encore elle fume et gronde en pleine activité, à une hauteur presque égale, au sommet du Cotopaxi. Le bruit de ses murmures et de ses mugissements se fait entendre à une distance de 600 milles! Elle lança une fois jusqu'à une distance de 14 500 mètres un bloc de granit de 327 pieds cubes !

Non loin de là roule l'Orénoque, fleuve énorme.
Plus loin est l'Amazone, fleuve beaucoup plus grand,
plus grand même que le Missouri et le Mississipi
réunis, mais pas tout à fait aussi long. A l'endroit
extrême où remonte la marée, sa largeur est de
trente milles; il ne renferme pas moins de quinze
cents îles, dont la plus grande, occupée par de riches
propriétaires, contient peut-être plus de cinquante
mille têtes de bétail! Des ingénieurs maritimes qui
ont examiné le lit de l'Amazone, aux frais du gouvernement des États-Unis, rapportent que le *Pennsyl-
vania*, vaisseau de 140 canons construit à Philadelphie, put remonter, à l'époque des eaux basses,
jusqu'à Tabatinga, c'est-à-dire à 2900 kilomètres de
l'embouchure du fleuve, et que les steamers qui
font le service le long de ses rives remontent encore jusqu'à 1600 kilomètres plus haut sans courir,
en aucune saison, le moindre danger d'échouage.

La *Scylla*, ou muraille de rochers escarpés qui en-
ceint par derrière la ville de Caracas, n'a pas moins
de deux mille mètres de hauteur. Dans les secousses
qu'elle éprouva lors de l'événement que j'ai rapporté, elle fut si violemment ébranlée que les pierres
et les arbres se détachaient de ses flancs vacillants
et roulaient dans toutes les directions! Qui aurait
pu la gravir alors? .personne. Il est possible aujourd'hui, au prix d'un rude et long jour de fatigue, de parvenir à son sommet. Mais alors, où

est la ville? où est l'Océan? On ne peut les voir, si
le jour est d'une clarté parfaite et si le soleil brille.
Si le temps est couvert et brumeux et que l'on ose
se pencher sur le bord à pic de la Scylla, on aperçoit à ses pieds comme une petite bande de sable
blanc et quelques taches de couleur rouge; mais
le ciel et l'Océan se confondent, et il est impossible de les séparer. Mais au sommet, — à ce sommet drapé de nuages, — qu'y a-t-il? Voici un galet, —
un galet des bords de la mer! Usé et arrondi par les
vagues sur le rivage même et non au fond de l'Océan,
où les vagues ne roulent pas et où les eaux dorment, calmes et immobiles. Quel oiseau pourrait
l'avoir apporté ici? Mais attendez, en voici un autre,
puis un autre encore, des milliers d'autres!

Ce sont des silex, — ils contiennent des zoophytes
silicifiés! Tout ce qui existe a une vie et une mort;
ces zoophytes ont vécu, — ils ne vivent et ne croissent que dans la mer; ils y ont formé des couches
crétacées. Nous sommes à six mille pieds au-dessus
du niveau de la mer, et nous l'apercevons à peine
dans le lointain. A quelle époque ses vagues rou-
laient-elles ces galets? Combien lui a-t-il fallu de
milliers d'années pour les arrondir comme ils le
sont? Dans quelle couche crétacée ont-ils reposé
pendant des milliers d'années, et peut-être des milliers de siècles, pour que des animaux vivants,
pourvus de tentacules curieux et compliqués, aient

été changés en silex avant d'avoir été roulés par les vagues? Depuis combien de temps sont-ils sur cette sommité? De quelle manière y sont-ils venus? Que s'est-il passé ici?... Mais ne nous laissons pas gagner par le vertige; descendons de ces lieux où la tête tourne. Cependant, nous aurions trop de peine à revenir sur nos pas; nous sommes maintenant au sommet de la Scylla, dont l'immense pente méridionale s'étend jusqu'à l'Orénoque. Ces plaines contiennent des Indiens, il me faut donc les traverser. Y a-t-il quelques tribus indiennes qui m'aient jamais échappé? Oui sans doute, et je ne puis espérer les voir jamais toutes.

Oh! avec quelle facilité voyage le lecteur! Comme il traverse rapidement l'Atlantique! Comme il parvient vite au faîte de la Scylla et dans les plaines du Vénézuéla! La traversée de la mer ne lui coûte pas cinquante livres sterling; ses genoux ne lui font pas mal comme les nôtres. Assis tranquillement dans sa demeure, il fume peut-être un mignon petit cigare et savoure à loisir un bon repas, et tout en nous lisant il se rit de nos fatigues et de nos gémissements. Cependant beaucoup des choses que nous voyons lui échappent. Il n'a point sur le dos son sac de voyage; et la pensée d'avoir joué heureusement sa vie avec un serpent à sonnettes, un tigre ou un précipice, fait peut-être éprouver en une minute, au voyageur, plus de plaisir que le lecteur n'en goûte en un mois. Qui pourrait prétendre qu'il n'en est pas ainsi?

Mon sac est lourd, mais j'ai résolu de le porter. Le docteur Hentz, botaniste allemand, et son domestique sont avec moi. Nous n'avons pas de chevaux, mais nous traverserons à pied ces belles plaines; peut-être les pasteurs nomades de ces régions viendront-ils à notre aide avec leurs mules. Quatre cents kilomètres, au moins, nous séparent d'Angostura, qui est sur l'Orénoque ; nous les franchirons.

Les prairies dans ce pays sont appelées *Llanos*; par leur étendue et leur aspect elles ressemblent beaucoup à celles que j'ai traversées avec Charley entre le fort Gibson et Saint-Louis ; elles s'étendent et s'inclinent dans toutes les directions ; au milieu d'elles serpentent de beaux et clairs ruisseaux dont les rives sont ombragées de taillis d'arbrisseaux et de bouquets de grands arbres.

Mais qu'ils sont beaux ces arbres et ces taillis, quand on vient à les admirer de près ! De superbes bananiers, des palmiers pennés de toutes dimensions, et, à leur pied, des palmiers nains ! L'œil se perd sur des hectares entiers de géraniums, dont les fleurs étalent les plus charmantes couleurs et embaument l'air des plus suaves odeurs ; ailleurs ce sont des roses sauvages, et cent variétés de plantes en fleur ! Des lis aux teintes variées couvrent les prairies ; les prunes et les raisins sauvages font fléchir les massifs ! Pas un monticule où ne brille, à côté des teintes diaprées de la figue, l'or des oranges marié à l'éclatante blancheur de leurs fleurs aux senteurs enivrantes ! Sous nos pieds, des œillets de cent couleurs différentes, des violettes aux teintes sans nombre ; et puis, de temps en temps, comme contraste, un énorme serpent à sonnettes !

Autour de nous s'agitent et bourdonnent de ravissants petits oiseaux-mouches ; des milliers de coléoptères et de grosses mouches que personne ne s'arrête à regarder s'entre-choquent et se heurtent contre nous. Les spathes des fleurs de palmier s'entr'ouvrent, et aussitôt fourmillent tout autour des myriades de ces petits animaux.

Le soleil des Llanos ressemble au nôtre, quoique peut-être un peu plus petit et plus vertical ; pour le regarder, il faut rejeter la tête en arrière. Ici l'homme commence à réfléchir moins qu'il ne fait en Angleterre ; — son ombre est plus courte, elle ne le suit pas aussi exactement et ne s'étend pas aussi loin derrière lui.

Quant aux Indiens, ils sont peu nombreux. La petite vérole, le rhum et le wiskey en ont détruit le plus grand nombre. On trouve néanmoins ici les *Chaymas* et les *Goo-wa-gives*, à demi civilisés et mélangés pour la plupart avec les Espagnols. Quelques-uns sont de race pure ; pour la couleur et le caractère, ils ressemblent beaucoup aux Ojibbeways de l'Amérique septentrionale. Peut-être leur taille est-elle plus souple et plus légère, mais ce sont des hommes vifs et pleins de force, et si bien conformés qu'il n'y a parmi eux aucune difformité.

Quel est, en ce moment, l'homme le plus heureux dans ce monde? Eh! c'est le docteur Hentz, pendant qu'il cueille ces belles plantes et ces charmantes fleurs et qu'il les renferme dans ses gros livres qu'un Chayma est chargé de porter à Angostura. Et qui vient après lui dans le même ordre d'idées? C'est moi, naturellement, moi qui classe dans mon portefeuille des croquis de ces belles scènes, — et même d'une belle danse toute récente! Quelle danse! la *Mach-ce-o-a* (danse d'honneur ou de réjouissance), de réjouissance ou de reconnaissance, parce que les Indiens sont contents de nous, ou peut-être parce qu'ils ont reçu quelque présent inestimable; peut-être encore parce que leur docteur ou sorcier leur a dit que j'étais moi-même un grand médecin.

Eh quoi! l'Amérique méridionale a donc aussi ses docteurs? Oui, exactement les mêmes que l'Amérique septentrionale. Le portrait du chef était ici porté par les coins de la même manière que là-bas, et tout autour les médecins exécutaient des pas de circonstance. Puis encore les guerriers dansèrent leur pyrrhique guerrière et poussèrent leur cri de guerre, absolument le même que dans l'Amérique septentrionale, — et le tout fut suivi de la danse d'honneur, ou la *belle danse*, exécutée par des dames, car dans ce pays les jeunes femmes dansent *quelquefois*, je ne suis pas autorisé à dire *souvent*. Trois femmes jeunes et belles furent choisies à cet effet par le chef : c'était un hommage extraordinaire rendu à ma *medicine*, car depuis plusieurs années on n'avait pas vu un tel spectacle, — le plus beau dont j'aie jamais été témoin.

Comment ces jeunes personnes étaient-elles vêtues? demanderez-vous. — Chacune d'elles avait une belle peau de jaguar étendue sous ses pieds en guise de tapis. Leurs cheveux, retenus par un ruban d'argent qui leur ceignait la tête, retombaient en tresses luisantes sur leur dos et sur leurs jolies épaules; à travers leur lèvre inférieure passaient de longues épingles d'où pendillaient des chapelets de grains bleus et blancs; autour de leur cou était une profusion de grands et de petits colliers; elles portaient aux poignets et aux chevilles des anneaux de cuivre et des bracelets de verroteries; leurs joues étaient peintes en rouge, et toute leur personne, depuis la ceinture jusqu'aux pieds, était enduite d'une couche d'argile blanche qui leur tenait lieu de vêtements.

Eh bien, sans autre costume, et se mouvant discrètement sur leurs peaux de jaguar, qu'elles semblaient à peine effleurer, ces jeunes filles dansaient parfaitement en mesure, au son du tambour et au chant de leur chef. Elles étaient même gracieuses! Oui, et aussi muettes, aussi pures, aussi blanches, aussi modestes, sinon aussi belles que le marbre de Vénus sur son piédestal !

On ne saurait voir de plus belles plaines que celles qui se déroulent entre Caracas et l'Orénoque. Elles sont peuplées d'une multitude de chevaux, et, à défaut de bisons, de bestiaux sauvages dont la chair offre une nourriture qui répond aussi bien aux besoins des Indiens qu'à ceux des blancs. Les Indiens et les Espagnols les chassent également, non pas avec l'arc et les flèches ou la lance, mais avec l'inévitable *bola*.

La bola est une corde tressée avec la peau non préparée des animaux sauvages; elle se divise en trois branches au milieu de sa longueur; chacune de ces branches, longue de huit à dix pieds, porte à son extrémité une balle de plomb pesant environ une demi-livre. Le cavalier tient dans sa main droite une de ces balles pendant que son cheval le porte au galop vers la proie désignée; les deux autres vibrent autour et au-dessus de sa tête jusqu'à ce qu'il se trouve dans une position convenable. Alors il lance sa balle, qui entraîne les deux autres, et toutes les trois, gardant leur position respective, tourbillonnent çà et là dans l'air jusqu'à ce que l'une des cordes frappe le cou du gibier poursuivi, autour duquel elle s'enroule, pendant que les deux autres en font autant autour de ses jambes. Il n'est point d'animal ainsi atteint qui ne tombe aussitôt et ne devienne une proie certaine et facile pour le chasseur, qui l'achève du haut de son cheval avec sa lance, ou, après en être descendu, avec son couteau.

On ne se sert de ce procédé que pour *tuer*. On tue de cette manière les chevaux sauvages pour leur peau et leur crin, et les autres animaux pour leur chair, leur peau et leurs cornes.

Si l'on veut capturer les chevaux sauvages pour les dompter, ce mode ne répondrait pas au but cherché, car neuf fois sur dix la chute du cheval lancé au galop et enlacé dans les replis de la bola briserait le cou de l'animal ou le rendrait impropre à toute espèce de service.

En ce cas on se sert simplement du *lasso*, presque de la même manière que les Indiens de l'Amérique septentrionale, dont j'ai décrit le procédé; la seule différence qu'il y ait, c'est que lorsque le cheval est *lassé* et arrêté dans sa course, les indigènes des Llanos le frappent sur la partie supérieure de la tête avec un bâton court et plombé, à peu près comme un *gourdin de sûreté*; ce coup étourdit, abat ordinairement l'animal. Le chasseur lui met alors un bandeau autour des yeux et monte sur son dos. Le cheval, revenu à lui, se relève, et n'osant s'emporter les yeux bandés, obéit en esclave à son cruel dompteur.

Mais je crois que ce procédé, que j'ai vu employer et que j'ai étudié avec une minutieuse attention, a pour effet de faire perdre, pour toujours, à l'animal sa vigueur naturelle, et que sa valeur en est considérablement diminuée.

Dans la petite ville de Chaparro, à soixante milles environ de l'Orénoque, nous apprîmes qu'un corps nombreux et armé d'insurgés (car la guerre civile éclata alors subitement dans le Vénézuéla), marchait sur Angostura. Grâce aux mules que nous avions louées, nous pûmes gagner San-Diégo, et de là un endroit situé sur l'Orénoque, à trente milles au-dessous d'Angostura; un canot nous porta de là à Barrancas, à la pointe du Delta, où nous prîmes un steamer pour nous conduire à Démérara, dans la Guyane anglaise.

Mais nous n'arrivâmes pas à Démérara en un moment, — nous ne le pouvions pas, et pourquoi l'aurions-nous fait quand de notre modeste *cabine* nous voyions défiler devant nous les forêts majestueuses et sombres suspendues sur les rives de l'Orénoque? Y a-t-il sur la terre quelque chose qui les égale? je ne le crois pas.

Majestueuses et superbes sont leurs épithètes inséparables. Le Mora en forme de tour, — le Miriti avec sa flèche haute et élégante, — le Hackea vi-

goureux, — le greenheart, — l'ébène, — le carou-
bier qui fournit le copal, — le hayarva aux belles
formes, — le alow d'où suinte une douce résine, —

Forêt des bords de l'Orénoque.

le gracieux bananier, le roi de la forêt, et vingt
autres s'y trouvent réunis. Au milieu d'eux la vigne
rampe, grimpe, s'étend en guirlandes et pend en
festons; partout des corbeilles et des bouquets de

17

fleurs de toutes couleurs et de toute dimension; partout des singes qui jacassent, sautent de branche en branche avec leurs petits sur le dos, et nous jettent un regard malicieux pendant que nous passons.

Les toucans solitaires se penchaient sur nous du haut des sommités nues des moras élevés et semblaient nous saluer de leurs cris : *Tso-cano-tso-cano! no-no-no!* qu'un voyageur peut traduire par : *Avancez! avancez!* Des centaines de cygnes blancs, des pélicans aussi blancs que la neige, agitaient leurs longues ailes dans les airs avant que *Sam* fut prêt à les attaquer. *Sam Colt* est une petite carabine à six coups, toujours couchée *devant* moi pendant le jour et *dans mes bras* pendant la nuit, et au moyen de laquelle, à cent yards de distance, je suis sûr de faire tomber une larme de sang de l'œil d'un tigre ou d'un alligator. A propos de ce dernier animal, on en voyait partout se chauffant au soleil et quittant précipitamment leur retraite bourbeuse au fur et à mesure que nous approchions. Les timides chélonées se précipitaient de leurs bancs de sable, tandis que d'autres espèces de tortues, la tête haute, se retiraient à pas lents de la forêt où elles rôdaient çà et là, pour chercher un abri sous les flots, pendant que leurs ennemis passaient.

Il est plus aisé de fuir sur l'eau, entre ces îles, dont la végétation est tressée et serrée en un lacis impénétrable, qu'il ne le serait de les traverser ; ces canaux, aux voûtes de verdure, sont pour les oiseaux et les amphibies de ces régions ce que le Palais-Royal est pour les Parisiens.

Il y a là des oiseaux de toute sorte, de toute grandeur, et dont les ailes brillent de toutes les couleurs ; il en est de lents, il y en a d'agiles ; les uns flanent évidemment, les autres semblent porter des messages ; ils percent l'air et la foule emplumée comme un trait. Il y en a de babillards, qui ne cessent d'élever la voix même en voyageant, associant ainsi au mouvement un assourdissant tapage. Telles sont les oies sauvages, dont voici venir une bande nombreuse disposée en triangle. A leur tête est un chef qui ne cesse de crier comme un conducteur d'omnibus : *Place ! place ! gare ! gare !* pendant que le splendide toucan, de la cime élevée où il perche, répète comme un écho : *En avant ! en avant !*

« Qu'est-ce qui tombe à nos pieds ? — Un essaim d'abeilles, dit le docteur ; elles vont nous piquer à outrance ! — Non, docteur, ce n'est qu'une spathe entr'ouverte, et vous savez mieux que moi ce que c'est qu'une spathe ; ceci est de votre ressort, docteur. — C'est vrai, dit le docteur, je vais perfectionner votre savoir.

« Il y a dans cette contrée plus de deux cents variétés différentes de palmiers, et chacune diffère

des autres par la fleur et par le fruit. Le fruit d
tous les palmiers croît à l'endroit où les palmes o
branches sortent du tronc; et, précédant le frui
des enveloppes ou spathes, d'un volume énorme,
montrent pendant des semaines et quelquefois pe
dant des mois, jusqu'à ce qu'elles aient atteint
point de perfection où elles doivent s'ouvrir. Si
quelques palmiers ces spathes ont des dimensio
telles qu'elles feraient la charge de trois ou quat
hommes. En s'ouvrant elles laissent voir le spadi
chargé de dix, de cent et même de mille fleu
emmiellées et suaves, aux teintes purpurines
qui embaument l'atmosphère autour d'elles ju
qu'à une grande distance.

« Les oiseaux qui sucent le miel et les insec
connaissent en général quelques jours d'avar
quand se produiront ces événements importan
ils se rassemblent par myriades autour de o
spathes, prêts à livrer l'assaut, quand un ciel cl
et brillant leur montrera au matin la table ouve
et le festin servi. C'est là le spectacle qui s'offre o
vant vous. Vous voyez au milieu de ce nuage tou
billonnant d'insectes le spadice d'un palmier
pleine fleur, et c'est précisément le moment
l'assaut et du pêle-mêle pour en prendre le miel.
n'y a pas de danger d'être piqué maintenant. Qu
que pour la plupart armées de dard, ces activ
petites créatures sont tout à l'œuvre — elles o

leur petits à nourrir, et n'ont pas le temps de nous chercher noise : avançons-nous et regardons-les pendant quelque temps. — Merci, docteur, pour votre petite leçon de la botanique. » Le docteur nous en avait déjà donné beaucoup d'autres.

Nous arrêtâmes notre canot devant le groupe affairé. Ma lorgnette nous fit assister à un spectacle d'un intérêt indescriptible. Pendant que des milliers de mouches à miel, de grosses abeilles d'une espèce particulière, de coléoptères, d'oiseaux mouches, et d'autres insectes qui suçent le miel bourdonnaient autour des calices entr'ouverts, il était facile de remarquer qu'il y avait là, comme sur d'autres échelons de l'échelle de la vie, des privilégiés et des déshérités ; il était facile aussi de voir le petit nombre des heureux. La surface de cette gerbe de fleurs semblait principalement grossie par le rapide rayonnement et le vif éclat des oiseaux mouches, de toute grandeur et de toute couleur, dont les becs longs et minces pénétraient dans chaque cellule accessible, pendant qu'ils se balançaient sur leurs ailes vibrantes, prêts à disparaître à l'approche du danger. Ces oiseaux paraissaient être les rois du banquet. Mais il y avait peut-être d'autres convives plus heureux encore : les abeilles, ces petites mouches laborieuses et intrépides, et d'autres insectes, qui se glissaient entre les replis tortueux du labyrinthe fleuri, et y re-

cucillaient les saveurs les plus délicates, les plus
fraîches, là où les autres ne pouvaient entrer. —
Et ensuite, où allaient-elles? — Hélas, comme beaucoup trop de personnes de ce monde, repues de
jouissances, elles passaient du banquet à la tombe.

Les griffes pointues du petit faucon des abeilles à
l'œil brillant le fixent aussi à ces faisceaux de fleurs;
il aime le miel, mais il ne le suce pas; il se le pro-
cure d'une manière plus prompte et plus facile — il
enlève les petites ouvrières au moment où elles reviennent chargées d'un riche butin, et en fait sa
proie. Son festin terminé, il s'envole lourdement,
chargé de butin. Il connaît lui aussi les dangers
qu'il a à courir : *ses* ennemis sont de sa propre race,
mais plus forts et pourvus d'ailes plus rapides.
Posés comme des sentinelles silencieuses sur les
branches desséchées des futaies qui dominent le
théâtre de ses rapines, ils fondent sur lui et l'atteignent dès qu'il se hasarde dans l'air libre. Au milieu
de ces masses hétérogènes d'animalcules querelleurs
et jaloux, pourvus d'armes qui donnent la mort,
il y a beaucoup de conflits et beaucoup de trépas.
Un grand nombre de combattants tombent tout
emmiellés, les uns sur le sol, les autres dans le
gazon du rivage. — « Mais là, sur le bord de l'eau
s'écria le docteur, regardez! voyez-vous ce petit
serpent vert et cet autre tout blanc? Ils appartiennent à la même espèce, quoique leurs couleurs

soient différentes ; tous deux sont des mangeurs de miel, quoique le monde l'ignore. Ils savent tout aussi bien que ces insectes quand un spathe de fleurs s'entr'ouvre, et en voici la preuve. Ils s'emparent des cadavres chargés de miel des malheureux combattants qui tombent. — Comment avez-vous appris ce fait curieux, docteur? — Des Indiens.

—Docteur, repris-je, après les Indiens, ce que je désire le plus contempler, c'est l'arbre qui porte la noix de coco, et d'en entendre la description de votre bouche. — Je ne pense pas qu'il y en ait près d'ici, dit le savant ; le cocotier n'est pas originaire de l'Amérique, mais il y a été introduit, et, suivant toutes les probabilités, nous en verrons plusieurs avant qu'il soit longtemps. »

Ainsi devisant, observant, nous cheminions le long de l'Orénoque. N'oubliez pas, la première fois que vous irez au muséum, d'y regarder les beaux cotingas : il y en a de plusieurs espèces, l'une d'elles un peu plus grosse que l'oiseau mouche, ne lui cède en rien pour la beauté du plumage. Toutes ces tribus emplumées sont là autour de nous voltigeant et rayonnant de lumière.

Et le campanero! Quel étrange oiseau! son chant rappelle exactement le tintement d'une cloche. Il imprime à la forêt le caractère le plus singulier. Le campanero est un oiseau solitaire, je le suppose, car nous ne le voyons jamais. Nous entendons ses notes étranges, et alors, par un mystère du son qui n'a pas encore été expliqué, nous ne saurions dire de quel endroit elles partent; allons-nous d'un côté ou d'un autre à la recherche de l'oiseau c'est toujours en vain; par son cri il semble toujours aussi éloigné et toujours autour de nous — il paraît être à un mille de distance, mais en réalité il peut être à quelques yards. — Le campanero ne se fait entendre précisément que le soir, quand il est trop tard pour le voir, ou bien au point du jour, quand la difficulté est la même. Y a-t-il de la sorcellerie dans son existence? il est comme l'oiseau du tonnerre, du *nid du tonnerre* des Indiens. Je n'ai jamais pu en voir un seul, quoique j'aie reçu le diplôme de sorcier. Est-ce un oiseau? ou bien simplement un *mirage du son?* N'est-ce pas la clochette d'une vache qui tinte dans le lointain? —Ce n'est pas un *fantôme* les fantômes apparaissent, et celui-ci n'apparaît jamais — il est autour de nous, devant nous, derrière nous, il voyage avec nous — et s'il nous quittait, nous ne saurions où le retrouver.

Quoique ces forêts et ces charmants rivages résonnent continuellement du chant des oiseaux, cependant la moitié des êtres animés semble dormir pendant le jour, car à peine un chœur de chanteurs a-t-il fini, qu'un autre commence, mais quelle différence entre eux! Les concerts du jour sont tous gais et joyeux, autant que nous pouvons en juger, — ils semblent refléter l'éclat et la brûlante chaleur des rayons du soleil ; mais ceux de la nuit sont comme les emblèmes de la tristesse et de la solitude qui régnent alors autour de nous ; ils portent l'empreinte de cette promptitude furtive avec laquelle les animaux nocturnes enlèvent pendant son sommeil leur proie que rien ne protège ! Nous entendons les rugissements fréquents du jaguar affamé, — les hurlements plaintifs du singe rouge, — les huées des hiboux, et chaque nuit, l'engoulevent inquisiteur, perché sur un rameau, aussi près de nous que le lui permet la prudence, nous agace les nerfs de sa voix rauque, mais parfaitement mâle et humaine et qui semble dire : — *Qui êtes vous! Retirez-vous!*

Nous lui obéirons ; — aussi bien nous nous sommes arrêtés trop longtemps en cet endroit, — mais un mot encore avant de nous éloigner. Quelle est cette grande vilaine bête que je vois là-bas, suspendue à une branche de ce *hayama?* Cela? c'est un *paresseux*, monsieur, — l'animal le plus paresseux qu'il y ait au monde et parfaitement inoffensif; il n'a pas assez d'énergie pour se tenir sur ses jambes, mais il demeure toute la journée sans aucun mouvement, et plongé dans un profond sommeil sous une branche d'arbre, à laquelle le tiennent accroché ses doigts de pieds, longs comme des tenailles. Quoi ! il reste suspendu et dort toute la journée ? Eh bien !

cela est plus facile que de dormir debout, — c'est
comme si l'on dormait dans un hamac. Quel aristo-
crate ! se bercer tout le long du jour ! mais c'est un
personnage dont l'embonpoint doit être remarqua-
ble. — Je crois qu'il veille toute la nuit, et si vous
avez un poulailler, je vous engage à vous méfier de
lui, — il paraît bien nourri ; — le monde est plein
de gentilshommes de cette espèce. Il ne peut se
mouvoir : à moi, *Sam !* — je vais le pincer un peu
pour le voir de plus près. Patatra ! — il tombe dans
la rivière ! mais il nage ! et le voilà maintenant sur
la rive ! et d'un seul bond le voilà sur le flanc d'un
arbre ! et un autre bond de quarante pieds, le porte
sur un autre arbre ! et un troisième le met hors de
vue ! C'est là votre gentleman paresseux ; ah ! mais il
n'y a pas d'alligator qui puisse l'atteindre dans l'eau,
—aucun chien ne saurait l'attraper sur la terre—et
dans les arbres, il est peu de singes qui puisse lutter
d'agilité avec lui. Je crois que c'est un grand vaurien.

Nous voici maintenant à Barrancas ; une grande
ville ; mais que nous font à nous les grandes villes ?
n'avons-nous pas vu Londres ? Le steamer va à
Démérara, où justement notre petit canot ne peut
atteindre, et où nous *devons* aller. « Bonne chance,
docteur Hentz, pour embarquer et aérer vos plantes.

— C'est là une considération de premier ordre,
monsieur. »

« Voici une contrée bien singulière , capitaine,

quelle prodigieuse quantité d'îles se présente devant nous! sommes-nous à l'embouchure de l'Orénoque?

— Pas toutà fait.

— L'Orénoque a cent embouchures, à ce que l'on m'a dit?

— Non; seulement cinquante.

— Quelle grandeur et quelle magnificence dans ces forêts qui s'élèvent autour de nous! ces hauts palmiers, dont les troncs, par milliers et dizaines de milliers, se trouvent actuellement dans l'eau, ressemblent à une grande colonnade ou au portique de quelque immense édifice!

— Oui, votre comparaison est juste; mais il n'en est pas ainsi quand l'eau est basse. La marée va monter bien haut maintenant. — Je vois que vous êtes Anglais, monsieur?

— Non, capitaine, pas tout à fait; je suis Américain; ce qui n'en diffère pas beaucoup.

— Donnez-moi votre main, étranger; vous savez qui je suis; nous reprendrons plus tard cet entretien.

— Mais, capitaine, avant que vous descendiez, dites-moi quels sont ces nids d'oiseaux que j'aperçois dans les arbres du rivage, et sur cette île qui est devant nous? ils sont trop gros pour être des nids de *freux*, je suppose.

— Quoi! vous ne les connaissez pas encore! Vous me ferez sourire, monsieur, si vous n'y prenez garde. Ils appartiennent à une grande espèce d'oiseaux que vous verrez planer autour de nous avant qu'il soit peu. Ces oiseaux volent sur l'eau, monsieur, et dans l'air; ils se nourrissent de poissons et d'huîtres; et j'en attends des provisions toutes fraîches d'un moment à l'autre.

— Ces oiseaux, monsieur, portent le nom de *Guaraunos*, ils bâtissent leurs demeures dans les arbres, y montent de leurs canots au moyen d'une échelle, et ne se hasardent jamais à en sortir, excepté quand la marée est haute, — et quand ils en sortent, c'est toujours dans leurs canots : quand la marée se retire, il n'y a autour d'eux que de la vase et un épais limon sur lesquels aucun être ne saurait marcher.[1] »

1. .... Le palmier éventail, connu sous le nom de *Mauritia*, nourrit seul, à l'embouchure de l'Orénoque, la nation des *Guaraunos*. Quand ces peuples étaient plus nombreux et vivaient réunis, non-seulement ils élevaient leurs cabanes sur des pieux de palmiers recouverts d'un plancher horizontal, mais ils étendaient adroitement d'un tronc à l'autre, ainsi du moins le dit la tradition, des nattes tressées avec les nervures du mauritia. Le sol mouvant de ces huttes était en partie recouvert d'une couche humide de terre glaise, sur laquelle les femmes allumaient le foyer du ménage, et le voyageur, naviguant la nuit sur le fleuve, voyait briller une rangée de flammes isolées de la rive et de l'eau et suspendues à une grande hauteur dans la feuillée. Aujourd'hui encore les Guaraunos doivent la conservation de leur liberté et peut-être aussi l'indépendance de leur caractère au sol mouvant, marécageux, à moitié liquide, sur lequel ils courent d'un pas léger, et à leur séjour dans les arbres.

(A. de Humboldt, *Tableaux de la Nature.*)

Village de Guaraunos sur l'Orénoque.

CHAPITRE XV.

Georgetown ou Démérara, dans la Guyane anglaise, est une grande ville, une cité très-florissante, où la culture en grand, du café, du coton et du sucre, est aussi développée que perfectionnée.

On pourrait s'y arrêter longtemps et même y passer sa vie avec plaisir; mais, comme je l'ai dit, nous ne voyagions pas pour voir de grandes villes et de belles cités; nous n'en avions pas le temps, et d'ailleurs tout le monde sait ce qu'elles sont; mais ce qui était devant nous, tout le monde ne le connaît pas et on ne saurait mieux lui en donner une idée qu'en plaçant sous ses yeux les extraits suivants, tirés d'une série de lettres écrites de Para, au Brésil, par un beau jeune homme du nom de Smyth, lequel (comme mon fidèle ami Jo Chadwick, dans l'Amérique septentrionale) m'accompagna dans mon excursion à travers les monts Acarari ou Tumucumaques à la vallée de l'Amazone. Ces lettres furent adressées à son frère dans le Berkshire il y a plusieurs années; et, depuis mon retour, j'ai obtenu la permission d'en faire des extraits, qui décrivent d'une façon si géographique et si exacte les scènes de voyage et la contrée traversée, que je n'hésite pas à les mettre sous les yeux du public.

« Para, Brésil, 1854.

« Mon cher frère,

« Vous avez pensé, peut-être, d'après mon long silence, que j'avais été tué par un tigre, ou avalé par un alligator. Je suis arrivé à Georgetown-Démérara, il y a maintenant un an, et j'ai le regret de vous dire que je n'y ai pas trouvé la belle ville que l'on m'avait tant vantée. J'y suis resté environ six mois sans y gagner un sou. Mon étain était toujours exposé sans trouver d'amateur, lorsque je fis dans une société la rencontre d'une vieille connaissance de Londres, M. Catlin, que vous devez vous rappeler, et dont nous avons visité souvent la collection indienne dans le musée Égyptien.

« Un jour j'aperçus une foule amassée dans la rue, et badaudant autour des têtes rouges de quelques Indiens caribbes qui se montraient à une fenêtre. Je me hasardai à entrer dans la maison, et, me trouvant au haut de l'escalier, je jetai un coup d'œil à l'intérieur pour voir ce qui s'y passait. Il y avait là une multitude de personnes, et à l'autre bout de la chambre je reconnus le vieux vétéran occupé, sa palette et ses brosses dans les mains, à peindre le portrait d'un chef indien, qui se tenait debout devant lui. Il ne me remarqua point, et je me retirai tranquillement.

« Environ une heure après, quand la foule se fut à peu près dissipée, et que la chambre commença à se vider, je rentrai une seconde fois, m'avançai et tendis ma main en disant : « Vous ne vous sou-« viendrez pas de moi, monsieur, il y a plus de six « ans que vous ne m'avez vu. » Mais il m'appela par mon nom presque au même instant. . . . . . .

. . . .

« Il y avait là avec lui un docteur allemand; ils étaient récemment arrivés d'Angleterre, par la voie de l'Orénoque; leur nez et leur visage étaient si hâlés, si brûlés, qu'on les aurait presque pris pour des Indiens. Une grande table qui se trouvait dans la chambre était chargée de plantes et de peaux d'animaux et d'oiseaux, et le pourtour des murs était tapissé de portraits d'Indiens et de vues du pays.

« J'appris qu'ils devaient bientôt partir pour se rendre à travers les montagnes Tumucumaques, dans la vallée de l'Amazone, au Brésil, précisément dans l'endroit où j'avais surtout besoin d'aller. Je fis

donc entendre tout doucement à M. Catlin que s'il
voulait payer mes dépenses et me fournir de poudre
et de balles, je l'accompagnerais avec une carabine
Minié de première qualité, que je chasserais pour lui
et que je le protégerais, le cas échéant, au risque
de ma propre vie. Cette proposition lui convenait
d'autant plus qu'elle le dispensait de louer pour
l'emploi proposé un homme d'une basse condition.
Nos arrangements furent bientôt conclus . . . .

. . . .

« Vous connaissez bien ma *vieille Minié*, vous
savez ce qu'elle peut faire, et vous pouvez vous
imaginer facilement qu'on allait lui préparer assez
de besogne. Dès que M. Catlin eut peint quelques
tribus dans le voisinage et dans la Guyane hollandaise, à *Parimaribo*, nous terminâmes nos prépara-
tifs pour traverser les montagnes, et enfin nous
nous mîmes en route, remontant d'abord le cours
de l'Esséquibo. Notre troupe se composait de M. Catlin (ou du commandant comme nous l'appelions),
du docteur allemand et de son domestique, d'un
Indien métis loué pour nous servir de guide; d'un
Espagnol, notre interprète, et de moi.

« Nous suivîmes l'Esséquibo pendant près de
deux cents milles, jusque dans le voisinage de ses
grandes cataractes, puis nous nous rendîmes dans
un village indien, où on nous avait dit que nous
pourrions nous procurer des chevaux et des mules

pour nous transporter jusqu'à la base des montagnes.

« On ne saurait rien décrire ou imaginer de plus beau que les rives de ce fleuve majestueux, bordé de magnifiques palmiers et d'autres arbres toujours verts. Son cours est animé, pour ainsi dire, par des palmipèdes et des alligators, et ses rives sont peuplées d'une multitude d'animaux sauvages que nous voyions défiler devant nous. La vieille Minié était presque toujours dans mes mains, et la quantité de plomb qu'elle envoya sur ces rivages ne fut pas mince, je vous assure.

« Les Indiens de ce pays ne font pas usage du fusil, et la société indienne, qui se trouvait dans notre bateau, paraissait aussi amusée qu'étonnée de la distance à laquelle je débusquais les alligators, et de la manière dont leurs écailles volaient en éclats sous mes balles.

« Les deux rives étaient bordées d'une immense forêt de palmiers et d'autres arbres dont les rameaux baignaient dans le fleuve, et plusieurs de ces hautes futaies, depuis le sol jusqu'au sommet, étaient couvertes de fleurs blanches et roses. Leurs branches étaient constamment secouées par des singes qui poussaient des cris, cherchaient à nous voir, sautaient d'arbre en arbre et tournaient le dos à notre approche; pendant que les perroquets jacassaient et criaient après nous comme si nous n'avions eu aucun droit d'être là. Des peccaris, espèce de cochons sauvages, couraient en grand nombre sur les rives du fleuve; c'est un beau gibier dont la chair est excellente.

« Pendant la nuit, les Indiens dormaient toujours dans le canot; mais nous, au contraire, tendant nos hamacs sur les hautes rives, nous dormions au milieu des arbres, sous lesquels nous allumions un grand feu qui flambait toute la nuit.

« Il y a, dans ces régions, une espèce de singe, l'alouate, qui pousse des hurlements tant que durent les ténèbres et se livre au plus affreux vacarme qu'on puisse imaginer; ces singes paraissaient s'assembler chaque nuit autour de nous. Dès que la nuit venait à tomber les chauves-souris sortant et voletant sur les rives du fleuve nous offraient un curieux spectacle. Quelques-unes étaient aussi larges qu'un tablier de cuir; et les moustiques..., oh! horreur! nous n'avons jamais eu de plus cruels ennemis à combattre; la vieille Minié ne pouvait pas les atteindre. Nous n'avions rien de mieux à faire que de nous coucher à dix ou onze heures du soir, heure à laquelle ils ne manquaient pas de disparaître.

« Quand il nous fallut quitter le canot et notre société indienne pour continuer notre route par terre, d'autres difficultés se présentèrent. Chacun de nous eut à porter sa part de bagage, et elle lui parut bien lourde. Nous partîmes dans la matinée, et notre guide nous conduisit dans un petit village indien, à travers des marais et des fondrières, sans autre chemin qu'un petit sentier à peine tracé. La bourgade indienne, que nous n'atteignîmes qu'à la nuit, était, cependant, située dans une plaine ouverte, d'une grande beauté, et de nombreux groupes de petits palmiers l'ombrageaient.

« Les huttes des indigènes étaient toutes couvertes de feuilles de palmier; tout autour paissait un grand nombre de chevaux et de mules, et, parmi ces dernières, quelques-unes des plus belles bêtes que j'aie jamais vues.

« Le guide nous conduisit à la hutte du chef, qui nous reçut avec une civilité parfaite. C'était un homme assez âgé, assis sur le sol nu. Il fit étendre devant nous quelques peaux pour que nous pussions nous asseoir, et l'interprète aidant, le commandant engagea bientôt avec lui une conversation, lui faisant connaître où nous allions, et quel était le but de notre voyage. Le chef, assis les jambes croisées, fumant dans une longue pipe et la tête penchée, faisait entendre, de temps à autre, une espèce de grognement, et je crus m'apercevoir que le commandant commençait à prendre à la chose un intérêt tout particulier.

« La conversation se prolongeait cependant sans grande variante, lorsque M. Catlin ayant fait avec ses mains une sorte de signe maçonnique au vieux chef, celui-ci, soudain, releva un peu sa tête, et, après avoir considéré pendant une minute environ les signes que lui faisait M. Catlin, déposa sa pipe, et, frappant ses mains l'une contre l'autre avec une grande vivacité, commença à répondre par d'autres signes. Le commandant se mit à sourire, et le chef, voyant qu'ils s'entendaient mutuellement, bondit sur ses pieds avec autant de légèreté et d'agilité qu'aurait pu le faire un jeune garçon. Le commandant se leva, et le chef le serra dans ses bras en l'appelant son *frère!*

« La conversation devint alors plus animée entre les deux personnages, et tant qu'elle dura les membres du vieux chef ne cessèrent de trembler de plaisir et d'émotion. Le commandant lui expliqua qu'il venait de visiter un grand nombre de tribus d'hommes aussi rouges que lui qui vivaient à trois ou quatre cents jours de marche dans le nord, que tous comprenaient les mêmes signes et fumaient leur pipe de la même manière; à quoi le chef répliqua : *Ces hommes sont nos frères, et vous êtes leur père!*

« M. Catlin dit au chef quels étaient nos desseins, et il ajouta que nous avions besoin de louer quelques chevaux et quelques-uns de ses jeunes gens pour nous conduire à la base des montagnes. A cette parole, le chef se tourna vers l'interprète qui, à ce qu'il paraît, lui avait donné une interprétation différente, et lui dit qu'il était un misérable de tromper les blancs qui l'avaient employé et d'essayer de le tromper lui-même.

« L'Espagnol, se voyant découvert, entra dans une grande colère, et demanda qu'on lui payât ses appointements, pour les trois mois qu'il s'était engagé à passer avec nous. Le commandant refusa de lui payer la moindre chose, et l'Espagnol, s'approchant de M. Catlin en portant la main sur le manche d'un grand couteau qu'il portait à sa ceinture, réclama encore une fois de l'argent; mais, remarquant que le canon de la vieille Minié se trouvait à cet instant tout près de ses côtes et entendant le *click! click!* ou sorte de hoquet qu'elle a quand elle est sur le point de parler, il recula de quelques pas.

« Le chef lui dit alors que comme il avait joué le rôle d'un traître dans *sa* maison, c'était à *lui* à payer, et non pas à l'homme blanc; qu'il était connu de beaucoup de jeunes gens de la tribu comme un misérable, et que, pour sa sécurité, plus tôt il se retirerait, mieux cela vaudrait. Le chenapan partit alors, et depuis nous n'en avons jamais entendu parler.

« Dès ce moment tout prit, autour de nous, un air de fête et de cordiale amitié; on nous passa, à tous et à plusieurs reprises, la pipe chargée de tabac. Le vieux chef tenant le long tuyau dans ses deux mains, marchait autour du cercle et le plaçait lui-même entre nos lèvres. Le vieillard nous présenta ensuite ses deux fils, jeunes hommes de mon âge environ ; ils étaient presque entièrement nus, comme la plupart des hommes de la tribu; mais je ne désirerais qu'une chose, ce serait d'avoir des membres aussi arrondis et aussi beaux que les leurs. J'ai souvent pensé combien serait magnifique le spectacle d'une course de chevaux montés par des écuyers semblables à ces jeunes gens.

« Le chef nous dit que sa maison était petite et peu commode, mais qu'il ferait tout ce qui dépendait de lui pour nous faire passer une bonne nuit, et que nous recevrions un bon accueil. Nous fûmes logés, avec tous nos effets, dans une petite hutte contiguë, où nous passâmes la nuit d'une manière très-confortable.

« Le commandant reprit la conversation le lendemain matin en disant au vieux chef qu'il allait lui montrer, ainsi qu'aux gens de sa tribu, quel air avaient les peaux rouges de l'Amérique septentrionale, d'où il arrivait. Ces paroles demeurèrent pour le vieillard parfaitement incompréhensibles, jusqu'au moment où le commandant, ouvrant son grand portefeuille en exhiba plus de cent portraits d'Indiens, des tableaux de chasses aux bisons, etc., tous peints et vivement coloriés. Peu d'hommes peut-être sur la terre furent jamais surpris plus agréablement et plus subitement que le fut en ce moment le vieux vétéran.

« Nous étions alors assis à côté de lui, sur la terre nue, avec le docteur allemand et son domestique, et il n'y avait pas d'autres Indiens dans la hutte. Le vieillard ayant jeté sur toutes les peintures un regard rapide, se mit à hurler et à chanter la plus comique chanson que j'aie jamais entendue de ma vie. Ce fut comme le signal d'entrée en scène d'une apparition étrange : un être au visage couvert de rides, à la face peinte de la façon la plus curieuse, et qui tenait d'une main un éventail et de l'autre un hochet qu'il agita en entrant.

« Ce personnage n'était autre que le docteur de la tribu; il prit place à côté du chef, et lorsqu'il eut regardé précipitamment les peintures, le vieux chef se leva et détacha de dessous le toit de sa hutte un petit rouleau d'écorce, long d'environ huit à neuf pouces, semblable à un rouleau de papier, autour duquel étaient enroulés plusieurs rubans jaunes, et renfermant à son centre une sorte de collier de verroterie blanc, ainsi que des pendants. Il le remit au vieux docteur qui, le portant à ses lèvres, fit jaillir de celles-ci, à trois ou quatre reprises différentes, une pinte d'un certain liquide aussi blanc que le lait, qui le couvrit d'un bout à l'autre. D'où sortait ce liquide et quel était sa nature, c'est ce qu'aucun de nous ne put dire. Le chef plaça ensuite le rouleau sur le feu, près duquel il s'assit, et qu'il attisa en silence jusqu'à ce

que les rubans et leur contenu fussent entièrement
consumés. La chose faite, le chef et le docteur se
levèrent et tout en souriant nous serrèrent cor-
dialement la main.

« M. Catlin ne put jamais savoir quelle était la signification de cette cérémonie, mais il supposa que
c'était une offrande au Grand Esprit.

« Pendant ce temps tout le village s'était réuni
autour de l'endroit où nous étions, et le reste du
jour se passa à regarder les peintures et à examiner
nos fusils. Vous connaissez la *vieille Minié*; et le
commandant avait toujours à la main une carabine
de Colt à six coups : c'est elle qu'il avait surnom-
mée *Sam*.

« Ces gens n'avaient dans leur village que trois
ou quatre fusils légers, courts et bons à rien, leurs
armes étant l'arc et les flèches, la lance et le bola.
Le fusil de M. Catlin était pour eux, en conséquence,
le plus grand objet de curiosité, car ils n'avaient
jamais entendu parler de revolver et ne s'en faisaient aucune idée. Et dès que je leur eus dit que
cette arme pouvait tirer toute la journée sans inter-
ruption, il fallut leur en fournir la preuve.

« A cette fin, je pris une vieille peau de vache
étendue sur un cerceau et qui avait servi de porte
à une hutte; après l'avoir placée à une distance
de cinquante à soixante mètres, avec une mouche
au milieu, le gouverneur se mit en position et

tira un! — deux! — trois! — quatre! — cinq! — six coups!... Comme nous en étions convenus, je feignis alors de l'arrêter pour demander au chef, qui se tenait à côté de nous, si cela était suffisant; sur quoi, après avoir fait un appel à la foule, il nous déclara que tout le monde était parfaitement satisfait. Pendant ce petit colloque, le gouverneur avait, sans qu'on s'en aperçût, remplacé le cylindre vide par un cylindre de rechange prêt à tirer ses six coups, qu'il portait toujours dans la poche de son pantalon. Il leva de nouveau sa carabine dans la direction du vieux bouclier et il allait continuer son tir, quand le chef s'avança et dit qu'il était inutile de dépenser tant de poudre et de balles, qui pourraient nous faire faute dans le cours de notre voyage, et que ses gens étaient maintenant tous convaincus que son fusil pouvait faire feu toute la journée.

« On apporta la cible : tous les coups auraient tenu dans la paume de la main; les naturels furent encore plus étonnés, et moi-même je ne le fus guère moins qu'eux.

« Ensuite vint le tour de la *vieille carabine Minié*. J'avais un extrême désir de montrer ce qu'elle était capable de faire. J'allai donc moi-même reporter le but à une centaine de mètres plus loin, et, quand ils virent que je l'atteignais du premier coup, à une telle distance, ils eurent pour mon arme, quoiqu'elle ne pût faire feu aussi vite que celle du

commandant, un respect égal. Toutes deux furent
considérées comme des objets très-mystérieux, et
certes on n'aurait pas trouvé un homme dans toute
la tribu qui eût consenti à toucher la détente de
l'une ou de l'autre.

« Mais le dernier incident de cette scène fut le
plus amusant. Quelques-uns des petits garçons qui
se tenaient près du commandant ayant aperçu dans
sa ceinture un pistolet revolver qu'il portait toujours sur lui, avertirent de ce fait d'autres jeunes
gens qui vinrent lui demander très-timidement si
ce n'était pas là une jeune carabine. M. Catlin qui
n'avait pas pensé à son pistolet durant cette scène,
se mit à sourire, et, le leur montrant, répondit affirmativement. Alors les femmes, qui étaient restées
jusque-là en arrière, commencèrent à s'approcher,
mais en usant de beaucoup de précautions, ayant
toutes leurs mains sur leur bouche, pendant qu'a-
vec une espèce de gloussement elles faisaient entendre un *ya-ya* prolongé. C'était réellement un
spectacle amusant.

« Le gouverneur tint élevés ensemble et l'un à
côté de l'autre le pistolet et la carabine, et leur
exacte ressemblance, à la grandeur près, les con-
vainquit que le pistolet était *un enfant* de la carabine,
et s'il eût pu dire *maman*, il n'aurait pas excité parmi les femmes une sympathie plus grande
que celles qu'elles témoignèrent alors.

« Le gouverneur expliqua que cette arme était très-jeune, mais que néanmoins elle avait été élevée de manière à se bien conduire à une courte distance. En disant ces mots il ajusta le tronc d'un palmier, qui se trouvait à environ dix ou douze mètres et tira deux coups à leur grand étonnement. Les petits garçons coupèrent et creusèrent avec leurs couteaux pendant plusieurs jours pour trouver les deux balles, mais ils n'y étaient pas encore parvenus lors de notre départ.

« Les voyant tous satisfaits, le gouverneur remit son pistolet dans sa ceinture, et comme il l'enveloppait de sa redingote, les femmes poussèrent toutes un cri d'approbation : *ah!* dirent-elles, *tenez le pauvre petit être bien chaudement.*

« Le bruit du *fusil sorcier*, qui pouvait faire feu toute la journée sans être rechargé, nous précéda dans toutes les tribus que nous visitâmes ensuite, et, dès que nous arrivions, tout le monde nous attendait pour le voir. Si ces pauvres gens avaient eu des *schellings* à leur disposition, j'aurais fait bien rapidement toute la fortune que je puis désirer en leur montrant *le vieux Sam et son petit.*

« Lorsque le commandant eut peint quelques portraits, et que son ami le docteur allemand eut recueilli bon nombre d'herbes et de plantes, nous nous trouvâmes prêts à nous mettre en marche. Cependant le docteur, dont la constitution était fort délicate, se sentait affaiblir chaque jour, et ceci joint à la peur que lui causaient les Indiens, lui fit prendre la résolution de quitter ce pays et de s'en retourner avec son domestique. Depuis ce moment nous n'avons jamais appris ce qu'ils étaient devenus. Notre société, coupée en deux, se réduisit juste à la moitié du nombre dont elle se composait au moment du départ.

« Le chef nous donna pour guide un de ses fils et un de ses neveux, qui était un bel homme, et nous fournit des chevaux pour nous porter jusqu'à la base des montagnes. Nous avions en outre avec nous le fidèle métis, qui nous avait accompagné jusque-là. Le chef, qui le connaissait très-bien, le vantait comme un homme d'une parfaite honnêteté et possédant de grandes qualités. Le commandant, enfin, acheta une forte mule pour porter nos bagages, et nous nous mîmes en route.

« La contrée que nous eûmes à traverser était belle et délicieuse, composée en grande partie de vastes prairies ombragées çà et là de bouquets de grands arbres. Nous visitâmes plusieurs villages d'Indiens qui ressemblaient beaucoup à ceux que nous avions quittés; le fils du chef paraissait les connaître parfaitement et s'entretenait avec leurs habitants; le langage était partout à peu près le même.

« Comme nous approchions de la base des montagnes, un phénomène vraiment singulier s'offrit à nos regards sous la forme d'une bande d'un rouge éclatant, pouvant avoir plusieurs milles de longueur et très-étroite. Le commandant pensant que ce devait être quelque substance minérale, nous nous dirigeâmes de ce côté. Nos Indiens savaient sans doute ce que c'était; mais comme ils n'avaient pour désigner l'objet en question aucun mot que nous pussions entendre, notre curiosité resta en éveil jusqu'à ce que nous fussions parvenus assez près pour nous en rendre compte par nous-mêmes. Nous reconnûmes alors que c'était un immense lit de pavots sauvages à peu près aussi hauts que les étriers de nos selles, et semés si serrés par la main de la nature qu'aucun autre végétal n'aurait pu croître au milieu d'eux. Leurs têtes rouges étaient groupées si près l'une de l'autre, que vues à la distance de trente pieds, les fleurs formaient une masse compacte de rouge, sans aucun mélange d'aucune autre couleur.

« Il nous fallut faire un mille ou deux pour traverser ce lit de fleurs, et la quantité de daims qui bondissaient et couraient au travers était réellement surprenante. A voir leurs têtes et leurs bois sillonner cette immense plate-bande, on aurait dit qu'ils nageaient dans un lac de sang. . . . .

. . . .

« A la base des montagnes nos deux guides indiens s'en retournèrent avec leurs chevaux, et nous continuâmes notre route à pied, n'ayant avec nous que notre mule chargée de nos bagages.

CHAPITRE XVI.

Traversée des monts Tumucuragues. — Sources du Rio Trombutas. — Descente de son cours. — Jaguar. — Alligator. —
Serpent à sonnettes. — Chasse aux tortues. — Œufs et beurre
de ces amphibies. — Obidos et Para.

« Les monts Tumucuragues, qui séparent les
bassins des Guyanes de celui de l'Amazone, forment
une chaîne immense ; moins remarquables toutefois
par leur élévation que par leur largeur, ils sont
formés d'une série de chaînons juxtaposés et de
sommités échelonnées, l'une derrière l'autre. Leurs
âpres escarpements, leur nature rocheuse, stérile,
nous firent regretter plus d'une fois l'ardeur aventureuse qui nous avait poussés sur leurs rudes
pentes et dans leurs replis déserts. Notre pauvre
mule à bagage refusa d'avancer quand elle fut parvenue au milieu de ces montagnes, et nous fûmes
obligés de l'abandonner. Nous dûmes laisser avec
elle derrière nous nos objets les plus lourds, et
prendre les autres sur notre dos. Les pieds des chevaux ne sont pas faits pour gravir ces cimes ro-

19

cheuses ; les deux jambes de l'homme sont beaucoup mieux appropriées à ce genre d'exercice;
aussi nous pûmes, une fois allégés, nous traîner
tout le long des pentes et traverser la ligne de faîte.

. . . .

« Pour la première fois enfin notre regard s'étendit
sur la grande vallée de l'Amazone, au moment où
nous sortions d'un profond ravin que nous avions
suivi pendant plusieurs milles.

« En débouchant dans la vallée, nous eûmes devant nous, à mon avis, le plus beau spectacle qu'il
y ait dans le monde — d'immenses et belles prairies,
couvertes de plantes incultes et de fleurs, de troupeaux de bestiaux et de chevaux sauvages. Des daims
non moins nombreux s'élançant de chaque petit
bouquet de palmiers, marchaient pendant quelques verges, puis s'arrêtaient pour nous regarder,
et n'ayant jamais entendu la détonation d'une arme
à feu, se mettaient en rang à portée de nos balles
meurtrières. Je suis sûr que parfois j'aurais pu facilement, avec la vieille Minié, en tuer de quarante
à cinquante par jour, sans nous déranger de notre
route. Mais c'eût été une vraie cruauté que d'agir
ainsi, car il n'était pas plus difficile de tirer sur eux
que sur le gibier enfermé dans le parc de quelque
noble personnage.

. . . .

« Le lit desséché d'un large ruisseau, qui nous

servait de sentier pendant plusieurs milles, était couvert d'une prodigieuse quantité de cailloux roulés, dont quelques-uns pouvaient avoir deux pieds d'épaisseur ; ces cailloux, quand nous les cassions, se trouvaient contenir les plus beaux cristaux de quartz de diverses couleurs — quelques-uns étaient pourpres, d'autres jaunes, d'autres enfin aussi transparents que l'eau. Il y avait aussi des charges de wagons d'ammonites pétrifiées, d'un volume tel que deux hommes auraient eu peine à les soulever ; presque toutes ces pétrifications contenaient de beaux cristaux, et comme M. Catlin ne cessait d'en ramasser et d'en casser pour mieux les étudier, cette occupation lui valut de la part des Indiens du voisinage le surnom de *mangeur de pierres*.

. . . .

« Nous arrivâmes enfin au Rio Trombutas dont les rives possèdent quelques villages d'Indiens trèshospitaliers. Ayant rencontré deux métis et plusieurs Indiens qui chargeaient un grand canot de peaux d'animaux et d'autres objets à destination du Para, nous en profitâmes pour descendre le fleuve avec eux. Ce canot, qui avait de quarante à cinquante pieds de long sur cinq de large, consistait en un seul tronc d'arbre, creusé et muni de bords hauts d'un pied à un pied et demi, et fortifié par des étançons entrelacés avec des feuilles de palmier, de manière à tenir les vagues en respect. A pleine

charge ce canot pouvait porter facilement de quatre
à cinq tonnes.

« A la source de ce fleuve nous étions exactement sous l'équateur ; le soleil frappait alors per-
pendiculairement sur nos têtes. Il n'y a point d'hiver
dans ce pays : c'est un été et un printemps per-
pétuels. Tout est en pleine floraison d'un bout de
l'année à l'autre. Tous les arbres y sont toujours
verts, et nous voyions en même temps sur leurs
rameaux des fruits mûrs et des fleurs fraîchement
écloses.

« La gelée y est inconnue, et le commandant tomba
dans un grand discrédit auprès de la population
d'un petit village où il s'était arrêté quelques jours
pour faire des portraits, en s'efforçant d'expliquer à
ces *fils du soleil* combien le pays d'où il venait était
différent du leur. Il entreprit de leur décrire la
grêle et la *neige*, mais comme il n'y a point, à ce
qu'il paraît, de termes dans leur langue pour exprimer ces objets, ils ne pouvaient pas le comprendre
le moins du monde. Et quand il leur parla de la
glace, de nos rivières qui gèlent, et qui deviennent
si dures que nous pouvons marcher et courir sur
leur surface, et même y faire passer nos chevaux et
nos voitures, leur incrédulité éclata en rires et en
railleries de toute sorte. Un vieillard (suivant toutes
les probabilités, un de leurs docteurs) qui s'était opposé fortement à ce qu'on laissât faire des portraits,

commença à s'élever contre M. Catlin de la façon la plus violente, disant à ses gens que c'était une chose très-ridicule que de prêter l'oreille à de pareils contes, et que le mieux était de s'éloigner au plus vite de celui qui se les permettait.

« Le commandant m'envoya chercher — j'étais alors sur le bâteau — et me pria d'attester la vérité de ce qu'il venait de raconter, ce que je fis facilement; mais mon assertion ne fit qu'augmenter le tumulte, et les faits n'en parurent pas plus vraisemblables aux Indiens, car le docteur leur dit que *tout cela ne servait qu'à rendre le mensonge plus fort!*

« Nous n'avions pas d'autre genre de preuve à leur offrir; et le vieux docteur s'enveloppant de sa peau de jaguar, se dirigea fièrement vers le village, distant de quelques verges. Nous étions alors assis sur le bord du fleuve à l'ombre de quelques palmiers, sous lesquels la plupart des habitants du village étaient rassemblés pour voir peindre les portraits.

« La plus grande partie de la foule se leva et suivit le docteur jusqu'au village, et quelques femmes plaçant leurs mains sur leur bouche, commencèrent à hurler et à se lamenter, croyant sans doute que l'insulte que nous faisait le docteur était telle que les hommes blancs se croiraient dans l'obligation de la venger, et qu'il y aurait bientôt un combat.

« Le chef, cependant, qui était un homme de bonne mine et de manières dignes, resta assis à côté du commandant, lui dit que le vieux docteur s'était conduit d'une façon très-ridicule, et l'affaire en resta là ; M. Catlin en fut quitte pour être affublé d'un nouveau sobriquet — les femmes l'appelèrent *eau durcie*, nom sous lequel, sans aucun doute, on parlera longtemps de lui dans ces montagnes.

. . . .

« Dès que nous eûmes recruté l'équipage du canot, que celui-ci fut chargé, et que le commandant eut achevé quelques esquisses, nous nous mîmes tous en route pour l'Amazone, route d'environ trois cents milles, le long de laquelle vous pouvez bien vous imaginer que la *vieille Minié* eut encore beaucoup à faire. Tous les animaux ainsi que les oiseaux et les plantes nous parurent être les mêmes que sur l'Esséquibo ; mais le nombre des jaguars et des singes avait au moins triplé.

« Les premiers de ces animaux habitent principalement les rives du fleuve, leur nourriture favorite consistant dans les tortues à écailles douces qui sortent de l'eau pour déposer leurs œufs dans le sable pendant la nuit. Les jaguars les guettent, fondent sur elles, en retournent un grand nombre sur leur dos avec leurs griffes, et, après en avoir dévoré autant qu'ils veulent, et avoir retiré du sable leurs œufs qu'ils mangent comme une sorte de *dessert*, ils grimpent à l'endroit le plus élevé de la rive, où ils se couchent jusqu'à ce que la faim les presse de de nouveau ; alors ils n'ont plus qu'à sauter sur la table qu'ils se sont préparée ; de cette manière ils deviennent si gras que leur poil brille comme s'il était huilé.

« Quand, de leur gîte, ils nous entendaient parler et ramer, on les voyait nous épier, ne montrant que leur tête au-dessus du gazon et des herbes. Nous dirigions alors notre canot assez près de la rive pour tirer sur eux, sans les manquer jamais. Le commandant conquit ainsi cinq belles peaux, dont l'une est celle d'un beau jaguar noir, espèce très-rare ici ; quant à moi, j'en ai eu huit, dont chacune est percée entre les deux yeux aussi exactement que si j'y avais placé la balle avec le doigt.

« Tuer ces gaillards-là de cette manière, c'est comme si l'on tirait à la cible à une distance de trente à quarante pas, et cela, direz-vous, est un jeu d'enfant. Nous aurions pu toutefois faire acte de vrais chasseurs en allant les chercher à terre ; mais nous n'en avions ni le temps ni un bien vif désir, et nous avions grand soin de ne pas descendre à terre quand nous apercevions leurs traces. Leurs repaires nous étaient généralement indiqués par des carcasses de tortues étalées sur les bancs de sable, et cet indice suffisait pour nous mettre sur nos gardes.

« Nous faisions d'habitude une halte vers midi, pour nous reposer et dormir pendant la plus grande chaleur. Un jour que nous avions pris terre sur un

côté du fleuve qui ne portait aucune trace de jaguar,
et tandis que nos Indiens dormaient dans le canot,
M. Catlin, le métis et moi, nous avions allumé sur la
rive un grand feu pour faire rôtir un gras pécari que
j'avais tué du canot. Le commandant assis d'un côté
du foyer et moi accroupi de l'autre, nous étions tout
entiers à notre opération culinaire ; armé d'une
cuiller de bois il arrosait notre futur dîner avec
l'excellent jus de viande qui s'amassait dans un
poêlon à manche court, que je tenais soigneusement sous le rôti. Tout à coup je remarquai que
les yeux de M. Catlin se fixaient attentivement sur
un objet placé derrière moi, dans la direction d'un
bouquet de palmiers, sous lequel le métis notre
guide venait de s'endormir profondément.

« Smith ! murmura doucement le commandant,
restez calme et froid ; ne répandez pas le jus de la
viande et ne bougez pas d'un pouce ; il y a un magnifique jaguar juste derrière vous ! » Je continuai
à tenir la poêle, mais détournant peu à peu la tête,
je vis la bête carnassière étendue tout de son long
à côté du métis, qui dormait le visage contre terre ;
l'animal soulevait avec ses pattes l'un des pieds de
l'homme et jouait avec lui, en apparence au moins,
avec autant de précaution et aussi innocemment
qu'un petit chat aurait pu le faire.

« Le gouverneur, qui avait laissé son chapeau
derrière lui, se laissa glisser, les pieds en avant, du

Convives inattendus et mal reçus.

haut de la rive gazonnée jusqu'au bateau, où nous avions laissé nos armes. A peine eut-il un pied sur le pont qu'il eut aussi sa carabine dans sa main. J'espérais qu'il aurait pris la vieille Minié, mais il préféra la sienne. Pour viser il fut obligé d'attendre une minute environ, que l'animal eût relevé la tête assez haut pour ne pas mettre en danger le corps de l'homme qui le masquait, et par-dessus lequel la balle devait passer. Impatienté, il poussa un sifflement qui attira sur lui l'attention de la bête fauve; elle souleva la tête, ouvrit les yeux et, les tournant de son côté, parut prête à prendre la fuite.

«Au bruit de la détonation qui suivit immédiatement, le jaguar poussa un cri effrayant, bondit à environ quinze pieds en l'air et retomba roide mort. L'Indien sauta à peu près aussi haut dans une autre direction, et au même instant s'élança et disparut, comme un éclair, un second jaguar qui jusque-là s'était tenu tapi dans un massif de broussailles, distant d'environ quinze pieds de l'endroit où le commandant s'était assis auprès du feu.

« Quand notre pécari fut rôti, et que le jaguar (qui était une belle femelle) eut été porté à bord, nous poussâmes un peu en avant dans le courant et nous attendîmes une couple d'heures dans l'espérance que le mâle se remontrerait sur la rive; mais nous attendîmes en vain et nous dûmes continuer notre course sans plus penser à lui.

« Dans une autre occasion, ayant accosté une plage sablonneuse, asséchée entre l'eau du fleuve et la lisière de la forêt, quelques-uns d'entre nous se disposaient à pénétrer sous bois, quand un sifflement aigu suivi de l'apparition d'un énorme alligator nous arrêta subitement. Comme l'affreuse bête sortait d'un massif d'arbres pour regagner le fleuve, il venait droit à nous, et nous étions sur le point de chercher un refuge dans notre bateau, quand notre brave petit métis, plus habitué que nous aux allures du monstre, courut à sa rencontre sans aucune arme, les yeux inébranlablement fixés sur les siens. Quand ils furent à dix pas l'un de l'autre, l'animal s'arrêta, releva la tête et, tenant son effroyable gueule si ouverte que sa mâchoire supérieure faisait un angle droit avec son dos, il poussa un horrible sifflement.

« Le petit métis immobile se contenta de nous demander doucement une bûche de bois ; un de nos gens s'élançant aussitôt sur la plage, en rapporta un tronçon d'arbre flotté, gros comme la cuisse d'un homme, et long d'environ deux mètres. Le métis le balançant horizontalement dans ses deux mains, s'avança vers le monstre et le lui jeta en travers dans la gueule, qui se referma sur ce semblant de proie avec la rapidité de l'éclair ; et nous entendîmes les dents longues et aiguës des deux machoires pénétrer dans les fibres du bois avec d'horribles craquements.

« Notre petit champion s'élançant alors à côté de l'animal, monta à califourchon sur son dos, et bientôt accourus tous à son aide, nous renversâmes la brute stupide, l'accablant de coups et la traînant dans toutes les directions ; mais rien ne put lui faire lâcher le tronçon de bois, et rien ne le pouvait, nous assurèrent les Indiens, tant qu'il lui resterait un souffle de vie, c'est-à-dire pendant huit ou dix heures encore.

.   .   .   .

« Je ne crois pas que le bruit d'un fusil eût jamais retenti auparavant sur ces rives, car on ne peut se faire une idée du tumulte qu'y soulevait l'explosion de ma vieille carabine. Je l'ai quelquefois fait parler au milieu du jour, quand tout était silencieux et que pas une feuille d'arbre ne bougeait ; et soudain, elle éveillait un concert de plusieurs milliers de voix s'élevant, non-seulement du faîte des grands arbres où bondissaient des légions de singes, mais des masses mouvantes de ramées et de feuillage, secouées par des myriades de perroquets, épiant curieusement notre passage sans laisser entrevoir une seule de leurs brillantes plumes.

« Pendant une de nos haltes méridiennes, à la lisière de l'ombreuse et éternelle forêt, un nombre prodigieux de singes apparut tout à coup au-dessus de nos têtes, sautant, gambadant et babillant avec une animation si inaccoutumée que je crus, ainsi

que le commandant, à une attaque prochaine de la
part de ces animaux. Leur multitude ne cessait de
s'accroître, et on ne pouvait prévoir quand et comment s'arrêteraient leur nombre et leur folie.

« Notre petit métis, souriant de notre appréhension, nous dit que pour faire un tel vacarme il fallait
qu'ils eussent dérobé quelque chose dans le canot.
Je courus aussitôt à l'embarcation, où tous nos gens
reposaient, plongés dans un profond sommeil, et
je m'assurai aussitôt que deux belles parures de
têtes, en plume, achetées le matin même à une
troupe d'Indiens, avaient disparu, ainsi que notre
poudrière laissée par mégarde sur le pont du canot.
En témoignage irrécusable du larcin, une pluie de
plumes ne tarda pas à tomber sur nos têtes.

« Les petits voleurs avaient emporté les deux parures au sommet des arbres, et pendant que les uns
travaillaient à les mettre en pièces, les autres gamba-
daient avec des tuyaux de plumes dans leurs bouches, ou les fixaient derrière leurs oreilles à la
manière de nos commis de magasin. Quant à la
poudrière, ballottée de çà, de là, entre les rameaux
de la verte coupole, nous entendions le bruit qu'elle
faisait, sans qu'il nous fût possible de l'apercevoir.

« Un des hommes de nos bateaux, attiré par tout ce
tumulte, entra dans une telle colère, que saisissant
la *vieille Minié* que j'avais déposée contre un arbre,
il coucha en joue un grand singe, qui, suivant lui,

était l'auteur de tout le mal, et le précipita sur le sol, l'épine dorsale fracassée.

« Les cris de détresse du pauvre animal imposèrent silence à tous ses congénères, et tous disparurent en un instant, mais la poire à poudre ne revint pas. Quoiqu'il eût été convenu entre nous, au moment du départ, que l'on ne tuerait pas de singes, il était impossible de guérir le pauvre blessé, et nous fûmes forcés de l'achever.

. . . .

« Les serpents sont très-nombreux dans ces parages ; quelques-uns y atteignent de fortes dimensions. Les Indiens nous dirent y avoir tué d'immenses anacondas et des boas constrictors de grande taille, mais nous n'avons pu voir nul échantillon de ces deux espèces. Il n'en a pas été de même des serpents à sonnettes, et nous en avons tué plus d'un nageant dans le fleuve.

« Un jour que nous longions une berge haute d'une quinzaine de pieds et entièrement dépourvue de végétation forestière, M. Catlin eut l'idée d'y aborder pour voir du haut de cet escarpement ce qui s'étendait au delà. A peine eut-il touché la terre et fait deux ou trois pas en avant, que je le vis reculer, les yeux fixés devant lui, sur un objet que je ne pouvais apercevoir. Presqu'en même temps il s'écria vivement en étendant la main en arrière « Smyth ! une carabine ! — Voulez-vous la mienne,

« lui dis-je. — Non! sans délai, donnez-moi *Sam!* »
Je lui remis son fusil, et rapide comme l'éclair,
il l'épaula et fit feu. Je vis alors un gros serpent
s'élancer du sol beaucoup plus haut que la tête du
commandant, et tomber à ses pieds, pendant que
celui-ci, bondissant en même temps en arrière, retombait dans le bateau, sa carabine à la main et pâle
comme un spectre. Coïncidence effrayante, je vous
assure! — Il me dit qu'il venait de tirer sur un serpent à sonnettes, et qu'il l'avait manqué. L'explosion du fusil et l'attaque du reptile avaient eu lieu
simultanément; le serpent l'avait heurté en pleine
poitrine, mais heureusement ne l'avait pas mordu.
Comment avait-il manqué la bête, c'est ce qu'il ne
pouvait expliquer, à moins que la charge n'eût
glissé hors du canon auparavant. « La tête du ser-
« pent, ajouta-t-il, était droite, élevée et parfai-
« tement immobile; à soixante pas je devrais at-
« teindre un tel but. »

M. Catlin portait un sarrau de grosse toile brune,
fermé par des cordons sur le cou et sur la poitrine.
A l'instant même où il me contait son aventure, je
remarquai sur son vêtement une tache de sang de
la grandeur d'une demi-couronne, et je m'écriai:
« Vous êtes mordu! » A ce cri tous nos gens ac-
coururent autour de nous, les Indiens comme les
autres. Ayant ouvert la blouse, nous vîmes encore
plus de sang sur la chemise, et plus encore sur la

flanelle qui recouvrait la peau. La poitrine, précipitamment mise à nu, présentait une tache sanglante,
large comme la paume de la main. Le sang fut étan-
ché, et le fidèle petit métis, agenouillé devant M. Catlin, se disposait à sucer la blessure, méthode usitée
par les Indiens pour en extraire le venin; mais
après une rapide recherche de la lésion, il se releva, et, avec un sourire de bonheur, « Il n'y a
« pas de mal, dit-il, vous trouverez le serpent sans
« sa tête ! »

« Un de ses compatriotes gravit la berge à l'endroit
où l'incident s'était passé, et là, après avoir écarté
quelques tiges d'herbe avec le bout de sa pagaie, il
nous montra le monstre régulièrement enroulé à la
place où il était tombé; son tronc, décapité mais
encore droit, semblait se préparer à une nouvelle
attaque. Sa tête avait été détachée par le coup de
feu aussi régulièrement que par une arme tranchante, au moment même où il prenait son élan;
ce qui n'avait pas empêché le tronc mutilé et san-
glant de suivre l'impulsion donnée et de heurter le
commandant au point même où, s'il eût été moins
bon tireur, les crochets du reptile eussent pénétré
et fait de son corps un cadavre en moins de dix
minutes.

« Un coup de pagaie mit fin aux convulsions du serpent. Sa longueur était de cinq pieds, et sa grosseur
égalait celle de mon bras au-dessus du coude. N'est-

il pas étrange que la vie persiste pendant plusieurs
heures dans cet animal privé de sa tête, au point
même que le tronc s'élancera sur vous, si vous ve-
nez à le toucher avec un bâton ; tandis qu'au contraire, le moindre coup qui lui casse l'épine dorsale
le tue instantanément. Nous avons vérifié ce fait en
maintes occasions.

. . . .

« En continuant à suivre le cours du Trombutas,
notre attention et nos craintes furent, peu de temps
après, éveillées par les hurlements et les chants
peu mélodieux de plusieurs centaines d'Indiens de
tout sexe et de tout âge, qui descendaient la rivière
derrière nous avec une extrême rapidité. Cette
troupe, qui semblait nous poursuivre, venait des villages hospitaliers que nous avions traversés, et se
rendait à une plage fameuse comme *rendez-vous*
des tortues, qu'on y venait chasser à cette époque
de l'année.

« Ces braves gens nous invitèrent à nous joindre à
eux; nous y consentîmes, et nous campâmes tous
ensemble un peu avant la nuit.

« Ils nous racontèrent que le théâtre de leurs
opérations était une longue plage sablonneuse, située précisément au-dessous de l'endroit où nous
avions débarqué; et que, connaissant la configura-
tion du terrain, ils étaient également au fait de
l'heure de la nuit où l'on devait attaquer les tortues

et de la manière de conduire la chasse. Ces tortues ont des écailles fines, et sont un mets délicieux. A certaines époques de l'année elles sortent du fleuve en grand nombre, généralement vers minuit, et se traînent sur les bancs de sable jusqu'à cinq ou six verges de la rive; là elles creusent dans le sable des trous d'un pied et quelquefois plus de profondeur, et y déposent chacune cinquante ou soixante œufs de la grosseur environ d'un œuf de poule, parfaitement ronds, et revêtus d'enveloppes molles; ils ne renferment que des jaunes et sont aussi bons à manger que les œufs de basse-cour.

« Il est étrange que ces animaux ne se montrent jamais pendant la journée; vous les épieriez d'un bout du fleuve à l'autre, que vous ne les verriez jamais que la nuit, et jamais avant minuit — heure à laquelle ils sortent de l'eau pour déposer leurs œufs que la chaleur du soleil fait seule éclore.

« Les Indiens, parfaitement au courant de toutes ces choses, avaient campé à une distance d'environ un demi-mille en amont de la zone de sable en question, et s'étaient fait des espèces de tentes avec des nattes de feuilles de palmier, qu'ils apportaient roulées dans leurs canots. Leurs feux étaient allumés, et tout autour régnait beaucoup d'entrain et de gaieté, mais il n'y eut ni repas ni danse avant la chasse qui devait avoir lieu un peu avant minuit. M. Catlin disait qu'il n'aurait pas voulu manquer

ce spectacle pour cinquante livres sterling. Il essaya de faire danser quelques-uns des hommes;
mais ils objectèrent que leurs *ventres étaient trop
vides*, qu'ils n'avaient rien mangé depuis quatre ou
cinq jours, de telle sorte qu'un repas de tortue était
ce qui leur souriait le plus; qu'ensuite ils danse-
raient tant qu'on voudrait.

« Pendant ce temps toutes les femmes étaient occupées à fabriquer des torches avec une sorte de
feuilles de palmier qui brûle comme une pomme
de pin. Il y avait là un docteur, espèce d'exorciseur,
qui se livrait aux pratiques de son art pour faire
venir les tortues; il avait dit aux Indiens qu'il craignait qu'elles ne vinssent pas cette nuit-là, et comme
beaucoup d'entre eux ajoutaient foi à ses paroles,
la troupe devint soucieuse et triste.

« Cependant vers onze heures un quart tous les
hommes partirent, laissant les femmes derrière
eux pour former l'arrière-garde avec des torches;
mais on leur recommanda à toutes de ne pas arti-
culer un seul mot à haute voix, à partir de ce moment.

« L'homme qui semblait être le chef de la troupe,
était un de ceux dont le gouverneur avait fait le portrait pendant que nous nous étions arrêtés dans son
village quelques jours auparavant. Il prit la tête de
la bande et la guida à travers un massif de grands
arbres large d'environ un quart de mille; il avait

Un chef indien.

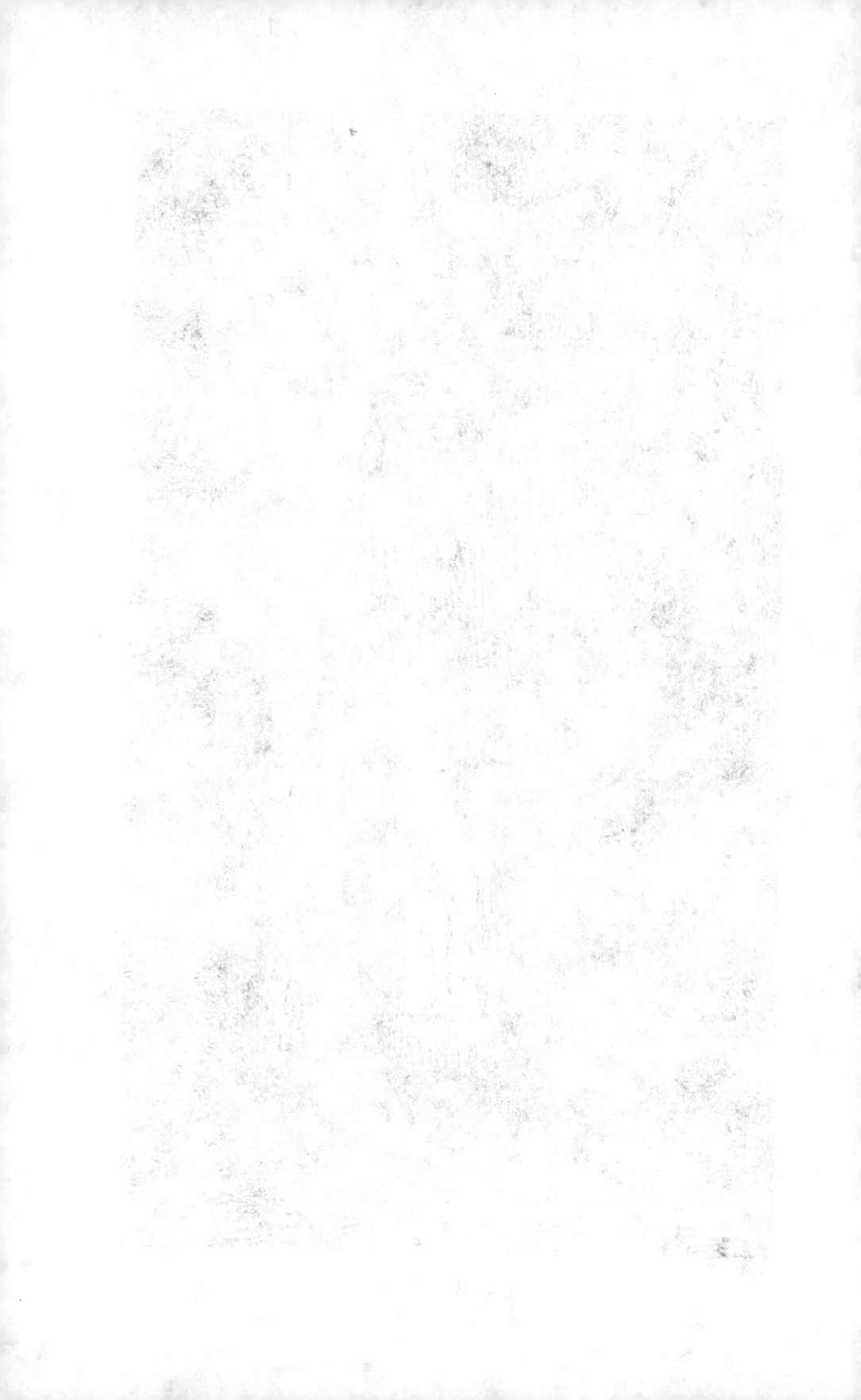

à la main une petite torche pour éclairer la route; il portait en outre l'extrémité d'une longue corde que nous tenions, le gouverneur et moi, pour ne pas nous écarter du sentier; le reste de la troupe suivait à la file, suivant l'usage indien, et sans proférer un seul mot.

« Quand nous fûmes parvenus de l'autre côté des grands arbres, en face du banc de sable, voyant qu'il n'y avait rien encore, notre ami le guide et deux ou trois autres prirent, avec le commandant et moi, le parti de s'asseoir derrière quelques buissons de palmiers nains qui avaient été disposés dans ce but avant la nuit; les autres hommes, au nombre d'une centaine environ, se couchèrent tous à plat ventre, formant, à quelques pas derrière nous, une ligne parallèle à celle du fleuve.

« De l'endroit où nous nous étions placés derrière l'écran de palmiers nains nous pouvions voir à notre aise le banc de sable qui paraissait tout à fait blanc; l'arrivée des tortues sur le sable devait être annoncée au moyen de la corde qui s'étendait de la main du chef jusqu'au dernier rang. On ne vit rien pendant une demi-heure ou trois quarts d'heure; enfin, au moment où j'allais m'endormir, je me sentis pincer la jambe; un coup d'œil jeté à travers l'écran me permit de voir les sables, jusqu'aux bords du fleuve, entièrement noircis par l'irruption des tortues qui sortaient de l'eau. On aurait dit une armée en marche.

« L'avis en avait été donné à l'arrière-garde, et tout le monde savait ce qui se passait sur la plage quoiqu'on ne pût rien voir, mais tous les Indiens demeurèrent immobiles comme la mort. Quand les tortues furent parvenues à dix ou douze mètres de la rive, elles se mirent à creuser le sable avec leurs pattes, faisant les trous et y déposant leurs œufs. Ce travail s'exécuta avec une si grande célérité, que dans l'espace d'une demi-heure tous les trous furent recouverts, et l'on vit alors la masse noire se mettre en mouvement vers l'eau. A l'instant le signal fut donné ; et, aussi prompts que le vent, les Indiens se jetèrent sur elles et les renversèrent sur le dos. De ma vie je n'ai vu une pareille bousculade, je n'en avais aucune idée auparavant! Des centaines de tortues furent retournées de cette manière ; des milliers d'autres regagnèrent le fleuve, mais beaucoup en furent retirées par les Indiens qui plongèrent à leur suite.

« Tout ceci fut accompli en moins d'une minute, sans autre bruit que des rires et des grognements. Le chef alors fit entendre un sifflement aigu, qui était pour les porteurs de torches le signal d'accourir, et en cinq minutes ils furent sur la plage, femmes et enfants, et chacun d'eux, une torche allumée à la main, parcourut le champ de bataille pour compter le nombre des victimes couchées sur le dos.

« Cet ensemble de figures sauvages, de torches enflammées et de superbes forêts, éclairées nuitamment, formait, au dire du commandant, la plus magnifique mise en scène qu'il eût jamais contemplée. Je suis sûr qu'aucune peinture ne pourrait la reproduire exactement.

« Les femmes ayant choisi une douzaine environ des plus belles tortues pour leur repas, la troupe s'en retourna au camp avec ses torches allumées, laissant les prisonnières sur le champ de bataille jusqu'au lendemain matin.

« Le camp, où toutes les marmites bouillaient, nous offrit, au retour, un spectacle des plus amusants par l'agile dextérité avec laquelle les malheureux amphibies furent dépecés et préparés, par la célérité qui présida à la confection du potage et l'avidité qui fit disparaître celui-ci.

« Soupes et fricassées étaient en vérité délicieuses, et si nous eussions eu l'estomac et l'appétit de ces sauvages, nous nous serions jetés sur ces mets avec autant d'avidité qu'eux, au risque de nous gorger comme eux jusqu'à l'abrutissement.

« Le commandant et moi, ayant passé le reste de la nuit dans notre canot, nous nous levâmes de bonne heure pour voir la manœuvre sur le champ de bataille, mais, à notre grande surprise, personne ne bougea et n'arriva avant dix ou onze heures, car tous les hommes avaient dormi profondément à la suite de leurs fatigues et de leur voyage de la veille.

« Vers midi, après avoir fait un nouveau festin, ils se levèrent en masse et arrivèrent sur les sables où gisaient leurs victimes. Les femmes avaient apporté de grands paniers, et les hommes, se tenant autour des tortues avec de grands couteaux, enlevaient les carapaces et ouvraient les carcasses de ces animaux. Les femmes s'approchaient alors, et, après avoir enlevé le gras jaune des intestins, elles le jetaient dans leurs paniers. Quand toute la graisse eut été recueillie et qu'on eut fait choix des meilleurs animaux pour la table, les femmes et les enfants se mirent à la recherche des œufs !

« Ce fut peut-être la scène la plus curieuse de toutes. Avec les pagaies qu'ils avaient apportées de leurs canots, ils se jetèrent sur les *trésors cachés* comme autant d'Irlandais sur un champ de pommes de terre.

« Comme cette partie du travail n'exigeait ni couteau, ni aucun autre instrument tranchant, elle était regardée comme au-dessous de la dignité d'un guerrier; aussi les hommes se tenaient-ils assis, fumant leurs pipes pendant que les femmes l'exécutaient.

« La quantité d'œufs qui se trouvaient dans le sable est réellement incroyable, et c'est une chose

incroyable aussi que la célérité avec laquelle ils y
avaient été déposés! Ces œufs, toutefois, ne prove-
naient pas seulement des animaux que l'on avait
tués, mais bien de toute la bande, et très-probablement il y en avait eu des centaines qui avaient
trouvé leur salut dans l'eau pour une qui avait été
prise.

« Quant à ces œufs, les Indiens nous assurèrent
qu'ils avaient été tous déposés pendant que nous
étions à l'écart, faisant le guet. Mais cette assertion
trouva le commandant incrédule; il lui paraissait
impossible que les tortues eussent déposé une si
grande quantité d'œufs en si peu de temps, et peu
naturel également qu'elles se fussent trouvées prêtes à les déposer à la même nuit et au même moment. Mais le docteur indien affirma que cela était
positif, et qu'il pouvait toujours prédire exactement
et à l'avance la nuit où elles sortiraient du fleuve.

« Les femmes et les enfants furent occupés pendant la plus grande partie de l'après-midi à recueillir
la graisse, les carcasses et les œufs, et à les empa-
queter dans leurs canots. La graisse, portée dans
leurs villages, est placée dans de grands vases d'où
l'on extrait une huile jaunâtre très-riche et estimée
à l'égal du meilleur beurre. Ils la portent au Para
dans des jarres de leur invention, et ils l'y vendent
à très-bon prix.

« Il était trop tard pour que nous pussions partir

ce jour-là, et nous restâmes avec les Indiens encore une nuit. M. Catlin essaya de les faire danser
de nouveau, mais le vieux docteur lui dit que
maintenant *leurs ventres étaient trop pleins;* qu'ils
devaient consacrer plusieurs jours uniquement à
manger, et que pendant cette bombance il leur était
difficile de danser.

« Aussi le lendemain matin nous nous mîmes en
route, emportant avec nous trois ou quatre grosses
et belles tortues et un boisseau d'œufs.

« Ces tortues étaient pour nous un grand luxe, et
pour moi particulièrement les œufs l'étaient encore
davantage, car jamais auparavant je n'avais mangé
d'un mets avec autant de plaisir. Une chose cependant continua à intriguer le commandant, c'est
que parmi ces œufs aucun n'était vieux, mais que
tous étaient également frais comme le docteur indien nous l'avait dit.

« Après avoir débouché dans le puissant cours de
l'Amazone à Obidos, nous eûmes encore un voyage
de six à huit jours pour descendre jusqu'à Santarem, ville située à l'endroit où s'arrête la marée, et
qui peut contenir environ deux cents maisons. De
là nous descendîmes à Para, qui est tout à la fois
un port de mer, une grande ville et une cité très-
florissante, siége d'un commerce considérable. Je
l'aime trop pour la quitter; j'ai trouvé, je crois, le
moyen d'y jeter les bases d'un bon commerce; et,

Vue de Santarem, sur le fleuve des Amazones.

comme j'ai vu maintenant autant de la vie sauvage que je désirais en voir, je pense que ce que
j'ai de mieux à faire est de me fixer ici,

« M. Catlin, après un séjour de trois mois en ville
ou dans les environs, m'a quitté pour remonter
l'Amazone.

« J. S. »

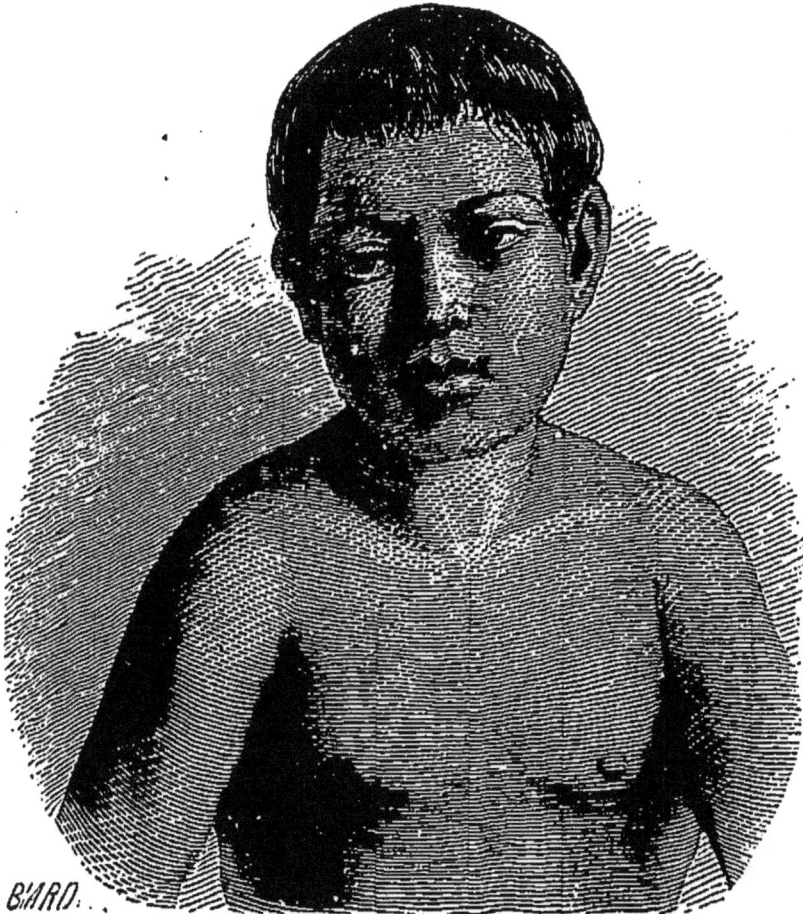

Jeune Indien du bas Amazone.

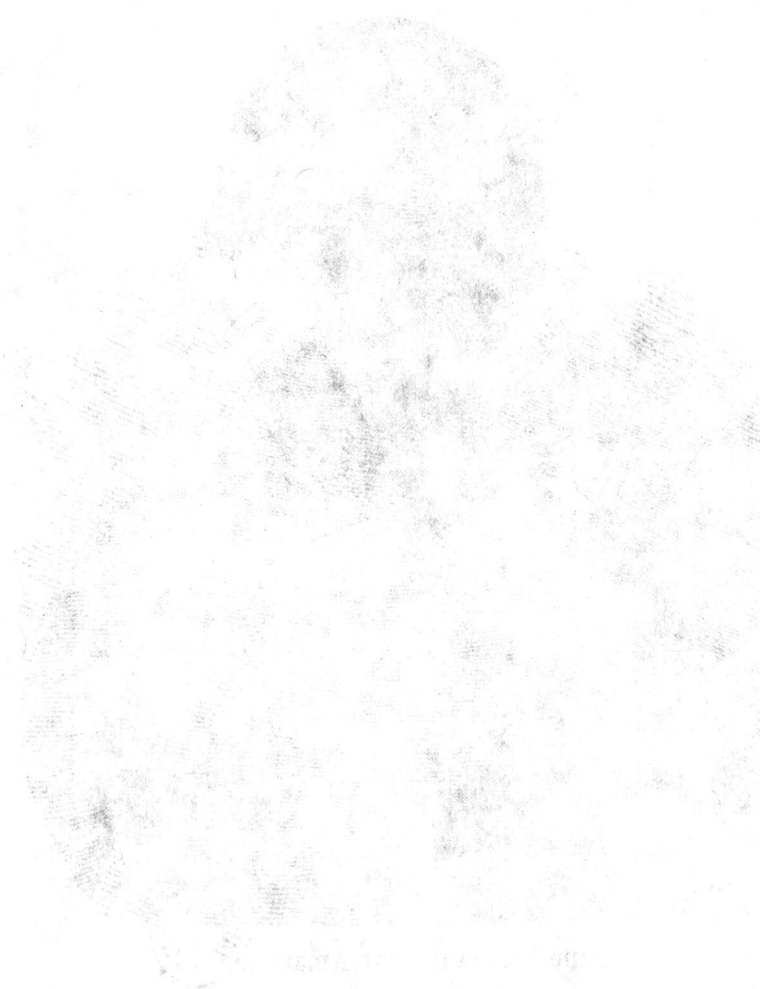

CHAPITRE XVII.

Additions aux deux chapitres précédents.

Je n'ai pas craint de publier, à peu près *in extenso*, les extraits qui précèdent, parce que leur auteur y décrit d'une façon très-pittoresque des scènes et des faits dont nous avons été les témoins ensemble, et parce que je devais bien cette marque de reconnaissance aux talents de ce jeune homme, aussi bien qu'à la fidélité et au dévouement qu'il m'a témoignés, après avoir volontairement offert de m'accompagner et de m'aider dans mon voyage à travers une contrée sauvage et pleine de périls.

Smith raconte bien et fidèlement, mais il voyage vite. Il nous a déjà conduits au Para. C'est une grande distance franchie en peu de temps. Il a laissé de côté plusieurs choses importantes : sans oublier mes amis les Indiens, il a passé trop rapidement sur les *Carribbes* et les *Macouchis*, les *Accoways* et les *Warrows*, dans la Guyane hollandaise ; les *Arowaks*, sur le Rio Corontyn ; sur les *Tarumas* et les *Oyaways*,

qui, avec les tribus errantes sur les plaines de
Vénézuéla, ne sont que des branches ou sections
de la grande famille *Caraïbe*, laquelle occupe un
cinquième au moins de l'Amérique méridionale.

Ce groupe nombreux habitait aussi toutes les
petites Antilles à l'époque de la découverte de ces
îles par Colomb; mais depuis elle y a été détruite, ou
a émigré pour échapper à l'esclavage que les Espagnols essayaient de faire peser sur elle, et elle s'est
réfugiée sur la côte de l'Amérique méridionale et
centrale, où on la trouve encore.

Ces Indiens sont généralement d'une taille inférieure à celle de la plupart des races américaines
du nord, auxquelles ils ressemblent assez, par les
traits et la couleur aussi bien que par les mœurs,
pour qu'on puisse les regarder, sans aucun doute,
comme des rameaux du grand tronc américain.

Toutes les tribus de cette branche offrent entre
elles une ressemblance frappante dans la constitution physique et les coutumes, et parlent des idiomes
similaires qui seuls prouveraient une communauté
d'origine. Leur peau est un peu plus noire que celle
des races américaines du nord, et leur manière de
se vêtir très-différente; ce qui n'est indubitablement
que le résultat de la différence du climat. La tem-
pérature sous les tropiques ne permet que peu de
vêtements, et les naturels de ces tribus vont presque nus; hommes et femmes, ne portant ordinai-

rement autre chose que des sandales à leurs pieds
et tout simplement des *feuilles de palmier* ou des
ceintures autour de leurs reins. Cependant ils con-
servent un sentiment sévère de la décence et de la
modestie, qualités qui recommandent ces pauvres
créatures à l'estime du reste du monde.

Ils se frottent chaque jour le corps et les membres d'une graisse douce et limpide, et, quoiqu'ils
ne jouissent pas d'une excellente réputation à ce
sujet, ils sont néanmoins beaucoup plus propres et
plus exempts de saleté et de vermine qu'aucune autre
classe de peuple également pauvre, dans n'importe
quelle partie du monde civilisé, où les lourds haillons de la misère ne sont lavés ni chaque jour, ni
chaque semaine, ni chaque mois, ni même quelquefois chaque année.

Les Indiens que nous visitâmes sur la rive du
Trombutas, les *Wac-Kas*, les *Zurumatis*, les *Zumas*,
les *Tupis* et plusieurs autres, sont très-différents des
tribus caraïbes qui vivent de l'autre côté des montagnes. C'est une race plus grande, plus solidement
constituée et dont le teint est moins foncé. Ils appartiennent à la grande famille des Guaranis, qui
occupe toute la partie orientale et septentrionale
du Brésil, où elle est souvent appelée *Tupi*; pour
quelle raison, je ne saurais le dire. *Tupi* est le nom
d'une branche des Guaranis; ils parlent la même
langue, avec très-peu de différences, et sans aucun

doute ils proviennent de la même souche. La question de savoir si cette souche doit porter le nom de
Guarani ou de Tupi est de peu d'importance.

La première histoire de l'Amérique méridionale
nous apprend qu'il y a eu quelque part dans la
vallée de l'Amazone une nation de *guerrières;* et le
fleuve ainsi que la vallée semblent avoir tiré leur
nom de cette tradition. Les Espagnols et les Portugais ont poussé leurs conquêtes et l'assujettisse-
ment des tribus indiennes aussi loin qu'ils ont pu
le faire; et comme ils n'ont pas encore rencontré
d'Amazones, leurs historiens modernes ont placé
celles-ci sur les rives du Trombutas, où les Indiens
ont eu le bonheur de tenir leurs envahisseurs à
distance, et où il était naturel d'inférer que rési-
daient ces femmes guerrières, puisqu'elles n'é-
taient nulle part ailleurs.

Les premiers découvreurs ont aussi légué à leurs
successeurs la croyance que ces peuples étaient
cannibales et mangeaient les étrangers qui se ha-
sardaient à pénétrer chez eux. J'avais donc à lutter
contre tous ces rapports *effrayants,* et l'on conce-
vra facilement combien mes nerfs devaient être
excités. Ceci exigea de moi une énergie morale
plus grande, s'il est possible, que ma visite au *Nid
du Tonnerre!* Mais que de choses merveilleuses s'éva-
nouissent quand on se trouve en face d'elles !

Je reconnus bientôt qu'il n'y avait sur ce fleuve

ni *Amazones*, ni *Dianes*, ni *Bacchantes*, mais des armées de *Gladiateurs*, d'*Apollons* et de *Faunes*. Leurs
jeunes hommes et leurs enfants sont tous des *Faunes*.

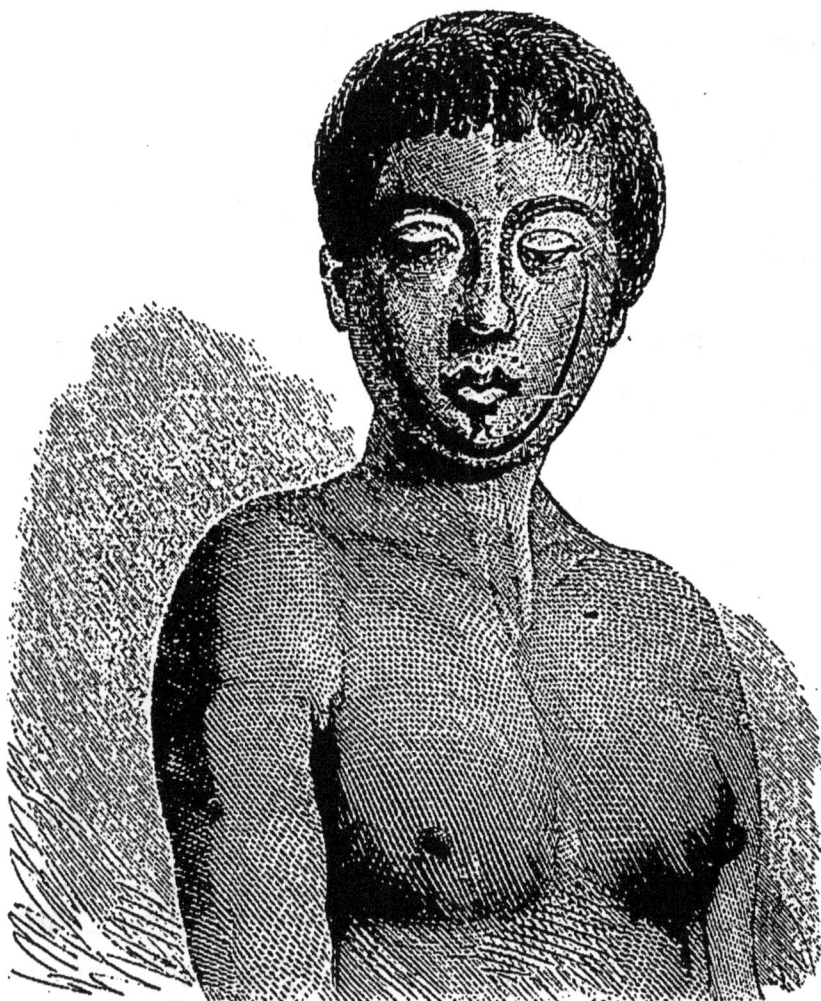

Jeune Indien du bassin de l'Amazone.

On peut voir souvent parmi eux *Castor* et *Pollux*, et
le vieux *Silène* tenant Bacchus enfant dans ses bras.
La première chose que je pus découvrir ou ap-

prendre sur le compte des Amazones se rapporte
aux femmes de plusieurs tribus, qui se sont ren-
dues célèbres par leur habileté à monter à cheval
et par leur adresse à lancer le mortel bola sur le
bœuf ou le cheval sauvage, aussi facilement que le
feraient leurs maris. Mais lorsque dans les divers
villages je pris des renseignements sur les cannibales, tout le monde se moqua de moi, même les
femmes et les enfants, et chacun trouva mes questions très-ridicules; suivant toutes les apparences,
c'était là une chose dont ils n'avaient jamais entendu parler auparavant.

L'un d'eux me dit qu'ils n'étaient pas encore tout
à fait assez pauvres pour avoir besoin de se manger les uns les autres, mais qu'un jour peut-être
ils pourraient être réduits à cette nécessité. Bien
plus, au milieu de cette conversation, un jeune
homme défiant s'avança vers nous et dit : « Oui, dites
à l'homme blanc qu'il y a plus bas le long du fleuve
des gens de cette espèce. Il trouvera des hommes
de sa couleur, qui vivent dans deux ou trois *wigwams* sur la rive gauche du fleuve, mangent la chair
de leurs propres parents, et, qui pis est, vendent
leurs peaux! » Ces paroles excitèrent une grande
hilarité parmi les Indiens; et, en descendant le
fleuve, à son embouchure, un peu en amont d'O-
bidos, nous trouvâmes sept *cannibales* — plusieurs
Français et Américains — qui tuaient des singes,

envoyaient leurs peaux à Paris pour en manufac-
turer des gants de dames, et qui vivaient uniquement, comme ils nous l'avouèrent, de la chair de
ces pauvres animaux !

Telle fut la première notion de cannibalisme que
j'ai recueillie dans mes voyages parmi les Indiens de
l'Amérique du Nord ou du Sud. Les livres sont remplis de monstres, bien plus que les pays sauvages !
J'ai voyagé et vécu quinze années au milieu des Indiens sans rencontrer d'anthropophages ; et je ne
crois pas qu'aucun homme ait jamais vu dans ces
contrées autre chose que ce que je viens de décrire.

La remarque du pauvre Indien que nous venons
de citer a sa portée et sa signification précise.

Dans certaines circonstances, des blancs ont été
réduits à la dure nécessité de se manger les uns les
autres, et ont tiré au sort pour savoir lequel d'entre
eux serait tué le premier et servirait à la nourriture des autres ; mais ceci n'est pas du cannibalisme ; autrement on pourrait prédire, à coup sûr,
qu'avec le système de déprédation et de fraude
pratiqué sur les frontières américaines, des milliers
de pauvres Indiens seront, avant peu, contraints de
devenir cannibales.

Quelques anciens voyageurs très-respectables et
jouissant d'un crédit mérité ont affirmé avoir vu
près du détroit de Magellan des Patagons de sept,
huit et même dix pieds de hauteur ! Mais les voya-

geurs modernes, qui ont été dans ces régions et ont vécu parmi leurs habitants, ont trouvé que le plus grand n'a guère plus de six pieds. Il est évident que l'atmosphère, sous l'influence de certaines circonstances, a un pouvoir *amplifiant*, et devient un *medium* très-incertain, particulièrement pour les yeux des personnes nerveuses et impressionnables. Le premier Indien que j'aie jamais vu, mes petits lecteurs s'en souviendront, était un géant; mais une légère intimité le rendit beaucoup plus petit à mes yeux.

N'en est-il pas ainsi du cannibalisme, dont on a accusé tant de tribus sauvages, et d'autres monomanies non moins absurdes, telles que celles de manger de la terre, imputées légèrement, par certains voyageurs, à quelques Indiens d'entre l'Orénoque et l'Amazone[1]?

. . . .

Mon ami Smith a parlé des belles et vertes plaines qu'arrose le Rio Trombutas; eh bien, retournons nous y asseoir encore quelques instants

---

1. Nous avons cru devoir abréger ici une longue dissertation, où notre auteur, dans sa partialité pour *l'homme de la nature*, non-seulement est bien près de nier absolument l'existence de l'anthropophagie, parmi les sauvages des deux mondes, mais encore arrive à traiter d'absurdes (*what an absurdity!*) les assertions de graves autorités, touchant l'appétit maladif qui porte certaines peuplades à manger de la terre. (Voir à l'appendice D ce que rapporte, à ce sujet, Alexandre de Humboldt.)

à l'ombre des hauts palmiers, dont la brise courbera sur nous les cimes en éventails ; allons promener encore nos regards sur leurs pentes fleuries, mollement inclinées vers les rives du fleuve.

Quel jardin de plaisance, quel parc d'habitation princière possède des pelouses plus fraîches, plus veloutées, de plus belles cépées, de plus superbes futaies ! Et ces myriades de fleurs sauvages et de joyeux volatiles, où trouveriez-vous leurs pareils ?

Devant nous s'étend et monte la forêt vierge, aux voûtes épaisses et compactes. Là des lianes se croisent, se tordent, se replient et s'élancent jusqu'aux cimes les plus élevées autour desquelles elles s'enroulent et s'entrelacent comme d'énormes couleuvres ; on en voit d'étroitement serrées au tronc des futaies, d'autres suspendues aux branches comme des cordages rompus, et, sur toutes, la grande famille des *orchidées* étale en guirlandes et en bouquets les plus belles fleurs parasites. Puis, au-dessus de ce fouillis de troncs, de rameaux, de tiges sarmenteuses et de feuillages, où le vent et le soleil ne peuvent pénétrer, les palmiers et d'autres rois du monde végétal dressent leurs fûts géants et déploient leurs têtes altérées d'air et de lumière, offrant ainsi aux regards le grand et majestueux spectacle d'une seconde forêt superposée à la première et issue de son sein.

Ces scènes, dans toute leur magnificence, dans

tout leur éclat, se réfléchissent dans le miroir des
eaux ; et nous embrassons ainsi, d'un seul coup
d'œil, quatre forêts, toutes identiques de formes et
de couleurs. Mirage splendide ! le bruit cadencé
de nos rames, le plus léger souffle échappé à nos
poitrines et à nos lèvres, nous revient du fond de
ces solitudes, répercuté par de longs échos. Le
moindre cri en éveille d'autres sous ces voûtes profondes de verdure, et chaque détonation de nos carabines y devient le signal de clameurs sauvages arrachées à leurs hôtes inconnus, tandis que les cimes
des grands arbres sont secouées par des multitudes
de singes, et que des alligators, réveillés en sursaut
sur les souches flottantes où ils bercent leur sommeil, se précipitent dans le fleuve, où leurs lourdes
masses creusent de larges et profonds remous.

Au coude prochain de la rivière, la plaine nous
réserve un autre tableau : c'est toujours une forêt,
mais une forêt en miniature. Entièrement composée
de graminées de sept à huit pieds de haut, elle a
aussi ses fourrés inextricables, ses perchis compactes et ses lacis de lianes. Au-dessus de sa surface
veloutée et onduleuse, une plante herbacée joue le
rôle du palmier dans les grands bois : c'est l'héliante,
dont la haute et droite tige et le large corymbe noir
et jaune dessinent comme des arabesques d'or
bruni sur le fond vert, rouge, rose et bleu de la
prairie.

Quelles myriades de diptères, de papillons et
d'oiseaux-mouches, bourdonnent, vibrent et bu-
tinent sur ce tapis de fleurs! Mais qui a pu y ouvrir
ce sentier? — Il est marqué des traces du jaguar;
— écartons-nous-en; laissons-le-lui. Faut-il aussi
éviter ce joli petit serpent qui porte un collier blanc
autour du cou? — Ce ne peut être un crotale? Oh!
non; c'est une créature tout à fait inoffensive. Il ne
mord jamais; ce n'est qu'un *pilote*. On lui donne ce
nom parce que, précédant toujours le serpent à sonnette, il semble le guider, le *piloter* le long des chemins. Diable! mais cette innocente créature vit en
mauvaise compagnie, et quelque crotale se trouve
probablement dans notre voisinage. Ils aiment à
reposer à l'ombre pendant la chaleur du jour.
Eh bien, éloignons-nous. Je ne puis dire que j'aime
la société de ces messieurs.

. . . .

. . . . . Il était midi; au fond de notre barque,
amarrée à la lisière de la forêt, surplombant le
fleuve, nos gens se livraient à leur sieste quotidienne, et nous, assis un peu plus avant sous la
feuillée, nous savourions la fraîcheur d'un ombrage
dont le soleil au zénith nous faisait apprécier le
charme. Tout était calme, tout dormait dans les bois
et sur les eaux. « Que ce silence est imposant et
triste! dis-je à mon ami Smith. On n'entend ni le
chant de l'oiseau, ni le cri du grillon! Si nous fai-

sions un peu de musique? — Volontiers, » répondit
Smith.

Et élevant sa vieille Minié, il la déchargea sur la
rivière; Sam l'accompagna, aussi vite qu'il put, de
trois détonations.

Nos hommes, réveillés en sursaut, furent en un
instant sur pied ; mais nous les calmâmes d'un sourire, et le concert s'ouvrit par un chœur de plus de
cinq cents singes, jacassant et hurlant de leur mieux.
Il y avait parmi eux des sopranos, des ténors et des
basses; on distinguait les dièses des bémols, les
demi-tons des tons pleins, et ceux-ci des faussets.
Et tout en faisant sa partie, pas un exécutant ne
cessait de sauter, de danser, de cabrioler dans la
ramille, et de se suspendre aux branches et de se
pencher sur nos têtes pour nous considérer à loisir.

Afin de donner toute facilité à l'instinct d'examen
de ces animaux, nous poussâmes la condescendance
jusqu'à nous lever et à aller nous asseoir dans un lieu
complétement découvert. Puis à l'aide de ma lorgnette, je rapprochai de ma pupille tous ces petits
curieux, je vis comme à la portée de ma main ces
figures à l'œil vif et perçant, et je pus jouir, en les
contemplant, du plus charmant spectacle. Je n'avais
aucune idée de la propreté, de la grâce et de la
beauté de ces étonnantes créatures avant de les voir
de cette manière, dans leur élément naturel et dans
toute la liberté de leurs mouvements. De quel point

de la terre ces petits êtres avaient-ils pu se rassembler en si peu de temps et en si grand nombre?
C'est ce qu'il était impossible de concevoir; et leur
nombre ne faisait qu'augmenter. Comme des pigeons,
ils s'aggloméraient sur les branches des arbres,
et même, dans quelques endroits, ils étaient empilés
sur le dos l'un de l'autre, nous regardant tous et
toujours avec une avidité croissante.

Un coup de fusil maladroitement parti mit fin
à la conférence; jamais auparavant je n'avais vu
une pareille déroute! en une demi-minute toute la
bande fut hors de vue, et nous n'aperçûmes même
plus ni la trace ni l'ombre d'aucun d'eux; et ils ne
revinrent pas. En même temps les bois retentirent de
cris tumultueux. — C'était comme un *sauve qui peut!*
proclamé dans toute l'épaisseur de la forêt. Le rugis-
sement affreux du jaguar se fit entendre assez près de
nous, et, quand il cessa, un autre répondit du côté
opposé du fleuve. Les singes hurleurs, qui n'ont le
gosier ouvert que la nuit, nous chantèrent cependant un air ou deux; des cygnes d'une blancheur
éclatante, des bandes de canards et d'oies, canca-
nant et criant, passaient et repassaient devant nous
en remontant et en descendant le fleuve, et les perroquets babillards, les perruches et les grands aras
aux longues plumes rouges, jaunes et bleues, res-
taient suspendus aux branches des arbres, d'où ils
semblaient épier ce qui se passait.

Cependant des cris d'alarme et d'effroi, même ex-
pirant dans le lointain, ne forment pas un fond bien
musical. Mais quand la crainte eut cessé sans que
la curiosité fût satisfaite, les chanteurs arrivèrent;
les joyeux et les délicieux flûtistes se hasardèrent
à sortir des buissons et des forêts élevées, et on les
vit par centaines traverser le fleuve, quitter leurs
sombres retraites dans les taillis et les petits bos-
quets qui couvraient les flancs des collines, et s'a-
battre autour de nous. Petits étrangers curieux et
scrutateurs, avec vos poitrines et vos gorges rouges,
vos blanches cocardes, vos jaquettes bleues et vos
huppes couleur de pourpre, vos yeux vifs et perçants
et vos têtes qui tournent sans cesse, je voudrais,
pour vous saluer, connaître tous les noms qu'on vous
donne !

Bientôt un doux gazouillement se fit entendre, une
chanson en amena une autre, puis une autre encore; et jamais troupe d'oiseaux ne forma un pareil
concert et ne fit entendre un chœur de sons aussi
doux et aussi agréables que celui qui nous fut donné
en ce moment.

Ils enflaient leurs petits gosiers pour produire les
notes les plus hautes possibles, puis ces voix s'a-
baissaient graduellement jusqu'à ce qu'elles eussent épuisé la gamme descendante ; quelques-uns
chantèrent des duos, d'autres des solos; chaque
petit chanteur se rapprochait de plus en plus de

nous en sautillant, et laissait tomber ses dernières notes avec un salut de la tête, ayant l'air de dire : *Voilà! voilà! Ils ne peuvent pas l'emporter sur moi ! mon chant est certainement le plus beau !*

« Mais écoutez ! dis-je à Smith ; la musique est contagieuse. » Et en effet, la mélomanie gagnait les grillons et les sauterelles dans l'herbe , et les grenouilles de toutes les dimensions parmi les nénuphars et les roseaux du fleuve ; car, suivant la coutume des grenouilles, quand l'une d'elles chante, toutes les autres doivent se joindre à elle, grosses et petites, n'importe à quelle heure du jour et de la nuit, de si loin que leurs voix puissent se faire entendre les·unes des autres.

Tous les animaux, tous les oiseaux chantent dans cette contrée : — c'est véritablement le pays de la chanson. La musique est le langage du bonheur et de la joie. — Quelle heureuse création que celle-ci !

. . . .

Mais toutes les réunions d'êtres n'y sont pas d'un caractère aussi paisible. La race porcine est représentée dans ce pays par celles des pécaris, espèce de cochon sauvage qui ressemble, par la couleur et les formes, aussi bien que pour le caractère, au sanglier du continent européen. Ils sont, il est vrai, plus petits de moitié, mais ils·ont toute la férocité et toute la sagacité de cet animal, et ils sont tout aussi belliqueux que lui. Un seul pécari n'est pas capable de lutter contre la force d'un homme, mais ces animaux réunis en troupes peuvent mettre un homme en pièces en très-peu de temps.

On trouve dans la vallée de l'Amazone et dans celle de l'Esséquibo un nombre prodigieux de pécaris, qui y vivent principalement des fruits amentacés qui tombent en grande quantité de différents arbres. Ils errent souvent en troupes de plusieurs centaines, et soutiennent, pour leur propre défense, de terribles combats contre l'homme, ou contre les animaux carnassiers.

Un jour, nous venions de faire notre repas sur la rive du fleuve, devant une forêt largement ouverte, quand Smith prit sa carabine dans sa main, disant qu'il allait faire une promenade en descendant le long du fleuve, et voir ce qu'il pourrait tuer. Il avait la passion de la chasse, et c'était pour lui, à ce qu'il semble, une chose de peu d'importance de savoir ce qu'il chasserait, pourvu que, suivant son expression, il pût entendre la *vieille Minié parler*, et voir tomber son gibier.

Il descendit donc la rive du fleuve, et il pouvait avoir marché un grand quart d'heure environ, lorsque j'entendis le bruit de sa carabine; puis au bout d'une demi - minute une autre détonation suivie d'une autre et d'autres encore, n'ayant entre elles que le temps rigoureusement nécessaire pour recharger. Je commençai à craindre qu'il n'eût ren-

contré des Indiens hostiles ou quelque autre ennemi dangereux, et, saisissant moi-même ma
carabine, et me faisant suivre d'un des Indiens du
bateau portant son arc et ses flèches empoisonnées, je me mis en route pour prêter assistance
à mon fidèle compagnon. A ce moment même le
feu cessa, et nous l'entendîmes appeler au secours de toutes ses forces. Nous accourûmes alors
aussi vite que nous pûmes, tout en prenant les précautions nécessaires, en approchant de l'endroit où
nous entendions sa voix. Je l'aperçus, enfin, étendu
sur le tronc d'un arbre tombé que ses branches
avaient logé entre d'autres arbres, de manière que
le tronc ne touchait pas tout à fait la terre ; sa carabine était dans sa main gauche, et de l'autre il se
tenait cramponné à une branche pour ne pas perdre
l'équilibre, tandis qu'au-dessous et autour de lui une
masse compacte de deux ou trois cents pécaris,
avec leurs soies toutes hérissées sur leur dos, écu-
maient et aiguisaient leurs blanches défenses, en tenant sur lui leurs yeux enflammés.

Smith, me voyant approcher, me cria de prendre
garde à moi.

Ses petits ennemis, pleins de sagacité, reconnurent par le ton de sa voix de quel côté lui venait
du secours, et une centaine au moins, tournant
leur attention vers nous, s'avancèrent à notre rencontre sans nous avoir vus, et sans que nous eus-

sions dit un mot qui pût leur faire connaître notre arrivée.

Notre unique refuge fut le tronc d'un gros mora, derrière lequel nous prîmes position. Je me tins debout de manière à regarder autour de l'arbre, et, ma carabine prête à faire feu, pendant que l'Indien, qui avait tendu son arc, se tenait derrière moi; nous attendîmes ainsi jusqu'à ce que cette phalange de petits guerriers, marchant vers nous lentement et en aiguisant leurs défenses, ne fût plus qu'à une distance de sept à huit mètres ; alors je commençai à tirer sur le plus proche — et sur le voisin — et sur le suivant — et j'avais ainsi abattu quatre des chefs, quand les assaillants voyant le premier rang et les plus braves tomber si vite, et pensant peut-être comme les Indiens, que cela devait durer *toute la journée*, poussèrent un grognement qui sembla être un signal compris de toute la troupe, car en un instant ils se sauvèrent à toutes jambes et furent bientôt hors de vue, laissant sur le champ de bataille les quatre que j'avais abattus et huit ou dix des chefs que Smith avait tués, avant d'avoir usé toute sa poudre et de se trouver dans l'obligation d'appeler au secours.

Il me dit qu'il avait découvert quelques-uns de ces animaux éparpillés dans le voisinage à la recherche d'une sorte de noix; que n'ayant aucune idée de leur nombre, il en avait tué un, et qu'aussitôt

toute la bande l'avait assailli de toute part. Il ajouta
que, s'il n'avait pas trouvé heureusement près de
lui un arbre tombé, ou que son pied eût glissé
après l'avoir trouvé, il aurait été écharpé en quelques minutes.

Je n'eus aucun doute de ce fait quand je vis la
manière dont ils avaient coupé et lacéré avec leurs
défenses le tronc de l'arbre sur lequel Smith s'é-
tait placé, et quand je remarquai les cadavres mu-
tilés de ceux qu'il avait abattus, et que, suivant
leur coutume, ils avaient mis en pièces dans leur
colère.

CHAPITRE XVIII.

Voyage sur *l'Amazone*. — De Para aux rives de l'Ucayal.

Ainsi que je l'ai dit plus haut, je me séparai de mon ami Smith au Para, où il s'établit. Para est une grande et florissante cité commerciale, de quarante à cinquante mille habitants, sur le côté méridional de la vaste embouchure de l'Amazone, et à une quarantaine de lieues de la pleine mer. C'est aussi le chef-lieu d'une province brésilienne du même nom, plus vaste, à elle seule, que la France actuelle, mais moins peuplée que Marseille ou que Lyon.

On trouve, dans les environs de Para, les débris de plusieurs tribus indiennes, qui approvisionnent le marché de la ville en poisson, en huîtres et en fruits de toutes sortes, qu'ils n'ont que la peine de cueillir dans leurs forêts, où la seule famille des palmiers compte plus de cinquante variétés comestibles.

Entre Para et les Rios Tocantins et Xingu, je visitai une douzaine au moins de tribus indigènes;

puis, voulant faire connaissance avec un plus grand
nombre, je m'embarquai sur un steamer pour remonter l'Amazone. Déployez maintenant, sur votre
table, une carte de l'Amérique méridionale, et voyez
ce que j'avais devant moi ! Suivez de l'œil le cours
du fleuve et de ses affluents, et tâchez de vous faire
une idée exacte de la longueur de ces cours d'eau.
Le plus grand de tous me porta d'abord jusqu'à
Tabatinga, à 2900 kilomètres de Para, sur la limite
occidentale du Brésil ; puis à Nauta, à 570 kilomètres
de là, entre le Pérou et l'Équateur, au confluent de
l'Ucayal et du Maragnon. Enfin, après une dernière
étape de 640 kilomètres, le steamer me déposa aux
pieds des Andes, que je traversai pour me rendre à
Lima, la plus belle ville du monde !

Mais peut-être trouverez-vous cette façon de voyager trop rapide ; alors, laissez-moi revenir sur mes
pas, pour jeter avec vous un coup d'œil sur la route.

Je m'embarquai à Para, sur le *Marajo*, premier
steamer qui eût jamais remonté le fleuve. Il en était
à son deuxième ou troisième voyage. Il y avait à
bord quelques gentilshommes de Rio-Janeiro et
du Para, formant, avec leurs familles, une très-
agréable société de voyageurs, surtout pour un
étranger qui aurait su parler leur langue.

La première journée nous amena, vers midi, au
milieu du vaste archipel qui sépare le golfe de Para
de l'estuaire de l'Amazone. Le second jour nous vit

à Santarem, point extrême où les marées se font sentir. Au-dessus de cette place nous commençâmes à lutter contre le courant et, pour la première fois, j'acquis la preuve que nous remontions un fleuve, et pour la première fois aussi, une preuve sensible de la majesté et de la grandeur de son cours.

J'avais quelques mois auparavant navigué lentement et dérivé au gré du vent le long de ses rives et de ses falaises, dans une chétive embarcation, depuis l'embouchure du Trombutas, sans être capable de les voir ou de les comprendre. Mais nous étions maintenant montés sur le pont d'un steamer, nous luttions contre le courant et nous pouvions contempler à la fois les deux rives du fleuve, ce qui me fournit des données pour le mesurer.

Du milieu du courant, la distance était si grande jusqu'à l'une et l'autre rive que leurs forêts offraient une scène monotone et manquant de couleur; ce fait ne servit qu'à me donner une idée exacte de la largeur de cette masse liquide qui entraînait tout. Mais quand le bâtiment file près du bord, ce qu'il fait presque toujours, pour éviter la force du courant, aucune plume, aucun pinceau ne décrirait la splendeur et la richesse des forêts qui changent d'aspect au fur et à mesure que l'on avance. Le bateau nous offrait, à chaque tour de roue, un tableau devant lequel on aurait pu s'arrêter en extase! mais pourquoi s'arrêter, puisque le tableau

qui succédait à celui-ci était exactement aussi beau!
Toute conversation cessait alors sur le pont et des
cris d'admiration et des interjections, exclamations
de surprise et d'étonnement la remplaçaient. C'était,
devant les yeux, une masse perpétuelle de vert, de
jaune, de blanc, de rose et de rouge; et cela sans
monotonie, à moins que dans ces changements sans
fin, le changement lui-même ne devienne une monotonie !

Ici les sommets arrondis des grands arbres couronnés de fleurs blanches et roses, élevaient en foule
leurs têtes diaprées au milieu de la masse de verdure
et étendaient leurs longues branches inclinées jusque dans le fleuve, tandis que des lacis de lianes
entrelacées, réunies naturellement et formant des
touffes, des bouquets et des festons de fleurs parasites, se précipitaient en cascade, du sommet des
arbres les plus élevés. Cette masse compacte et impénétrable, frôlée par les bords de notre bateau,
semblait toujours prête à tomber sur nous, pendant
qu'elle dérobait à notre vue le sol, d'où s'élançaient
dans les airs les troncs majestueux des arbres qui
lui servaient d'étais.

De loin en loin la masse de végétation s'entr'ouvre
et permet à l'œil de remonter le talus gazonné, qui
baigne dans les eaux du fleuve sa frange de fleurs
roses et purpurines. Un peu en arrière, des milliers
de gracieux palmiers nains forment, de leurs pana-

ches, étalés comme autant d'éventails ouverts, une suite de tonnelles légères, conduisant aux profondes retraites de la forêt vierge, où les hautes futaies dressent en longues colonnades leurs troncs droits et élevés, et soutiennent de leurs rameaux entrelacés des dômes, des voûtes et des coupoles, supportant *quelquefois une forêt supérieure.* Celle-ci est l'ouvrage du vent ! De vieux arbres géants, déracinés par l'ouragan, ont été soutenus dans leur chute et retenus loin du sol par les bras puissants de leurs frères restés debout. Sur ces troncs morts, encastrés dans des mortaises vivantes, la végétation parasite n'a pas tardé à préparer un plancher aérien. Les lianes entraînées avec eux vers la terre, regrimpant bientôt le long de leurs rameaux desséchés, ont amarré solidement aux branches vives, aux robustes nervures des arbres voisins toute cette masse mouvante. Des noix et des graines y ont germé, et maintenant des arbres et des fleurs croissent dans une couche d'humus, suspendue à dix-huit ou vingt mètres au-dessus du sol primitif.

Ainsi la base de ce tableau est une ruine. Ces arcades de verdure, ces guirlandes de fleurs recouvrent un tombeau. Ici la vie naît de la mort, et cependant, rien n'y revêt l'apparence du deuil. C'est le temple de la nature, son toit n'est ni en tuiles ni en ardoises, c'est un lit de fleurs ! et l'homme est son locataire. On voit s'échapper des massifs des tour-

billons bleuâtres de fumée, et au-dessous regardez
bien ; ne voyez-vous pas des centaines de paires
d'yeux noirs et étincelants qui nous épient, cachés
derrière les buissons et les arbres? Et regardez,
voici une douzaine d'êtres, les plus braves et les
plus hardis des deux sexes, aussi nus et aussi innocents qu'Adam et Ève (et en apparence aussi heureux), qui viennent en bondissant jusqu'au bord
de l'eau pour nous saluer au passage.

C'est donc là la demeure de l'homme! Oh! qu'elle
est splendide ! qu'elle est grandiose ! qu'elle coûte
peu et qu'elle est confortable ! L'homme n'a besoin
que d'un toit dans cette contrée ; il faut que le grand
air l'environne. Et quel toit splendide ! parsemé de
fleurs et versant l'ambroisie ! Et combien est délicieux l'air qui s'y concentre, imprégné de par-
fums et filtré pour ainsi dire à travers une couche
de fleurs et d'épices.

Nous voyons en passant des centaines de canots
qui glissent avec rapidité le long des rives en différentes directions, remplis de têtes et d'épaules
rouges, mais quand nous nous approchons d'eux
ils s'enfoncent dans des fouillis de verdure et dispa-
raissent en un instant. Quelquefois des villages apparaissent sur la rive, et nous apercevons leurs
nombreux habitants qui hurlent après nous et
nous saluent à leur manière au fur et à mesure
que nous passons devant eux.

Ils ne craignent rien; ils sont à une distance qui leur laisse toute sécurité; mais ma lorgnette les rapproche de moi, face à face comme si nous allions nous serrer la main. Quel tableau ! Hommes et femmes, sauvages et simples comme la nature les a faits; — il y a bien longtemps de cela. Pourquoi sont-ils restés dans cet état? quelles figures rayonnantes, riantes et heureuses ! Oh! si la nature humaine dans l'état de la civilisation était à moitié aussi heureuse; n'avait pas plus de vices!

Merci! merci à vous, ma lorgnette! le meilleur de tous les compagnons de voyage; qui apprend tant de choses et qui ne fait pas de questions. Que ne me montrez-vous, que ne m'interprétez-vous pas dans ce voyage? Toute la nature dans cette contrée me tient à une certaine distance, mais vous nous rapprochez jusqu'à portée de la main! Une journée avec vous sur le pont de ce bateau vaut toute une semaine de soirées passées à l'Opéra de Sa Majesté, à Londres ou à Paris.

Le jeune lecteur qui parcourt des yeux les pages de ce livre et qui doit plus tard (j'aime du moins à l'espérer), faire un voyage sur les bords du Trombutas ou de l'Amazone, ne doit point oublier d'emmener un tel compagnon avec lui. Ce n'est pas une lourde charge dans la poche et avec lui il peut s'entretenir de loin avec les animaux du désert, avec les oiseaux du ciel et admirer les fruits et les bouquets de fleurs sur le faîte des arbres. Il peut scruter attentivement les affreux regards du tigre, mesurer la cuirasse argentée des alligators se chauffant au soleil, et contempler les multitudes d'Indiens qui le regardent eux-mêmes, peints de vives couleurs et couronnés de plumes. Il peut discerner les yeux vifs et perçants des petits singes rusés qui l'épient à la dérobée du sein des hautes ramilles; il peut admirer les vives couleurs des toucans, inclinant leur tête au sommet des moras. Il peut voir ce qu'il ne trouvera jamais dans les musées, les petits oiseaux-mouches se balançant sur leurs ailes bourdonnantes, et étincelant aux rayons du soleil sur le calice emmiellé des fleurs; et enfin toute la tribu ailée des oiseaux chanteurs, exerçant leurs petits gosiers et préludant à leurs concerts.

Avec sa lorgnette, il peut explorer les parois les plus hautes et les cimes les plus inaccessibles des Andes, et, en se couchant sur le dos, il peut se croire, en quelque sorte, emporté dans les serres du condor et planant dans les nues.

Obidos, à l'embouchure de Trombutas, est le lieu où mon ami Smith et moi nous nous lançâmes pour la première fois sur le large Amazone. — C'est une petite ville portugaise de 1200 à 1500 habitants. Notre steamer s'y amarra tout au long de

Vue d'Obidos, sur l'Amazone.

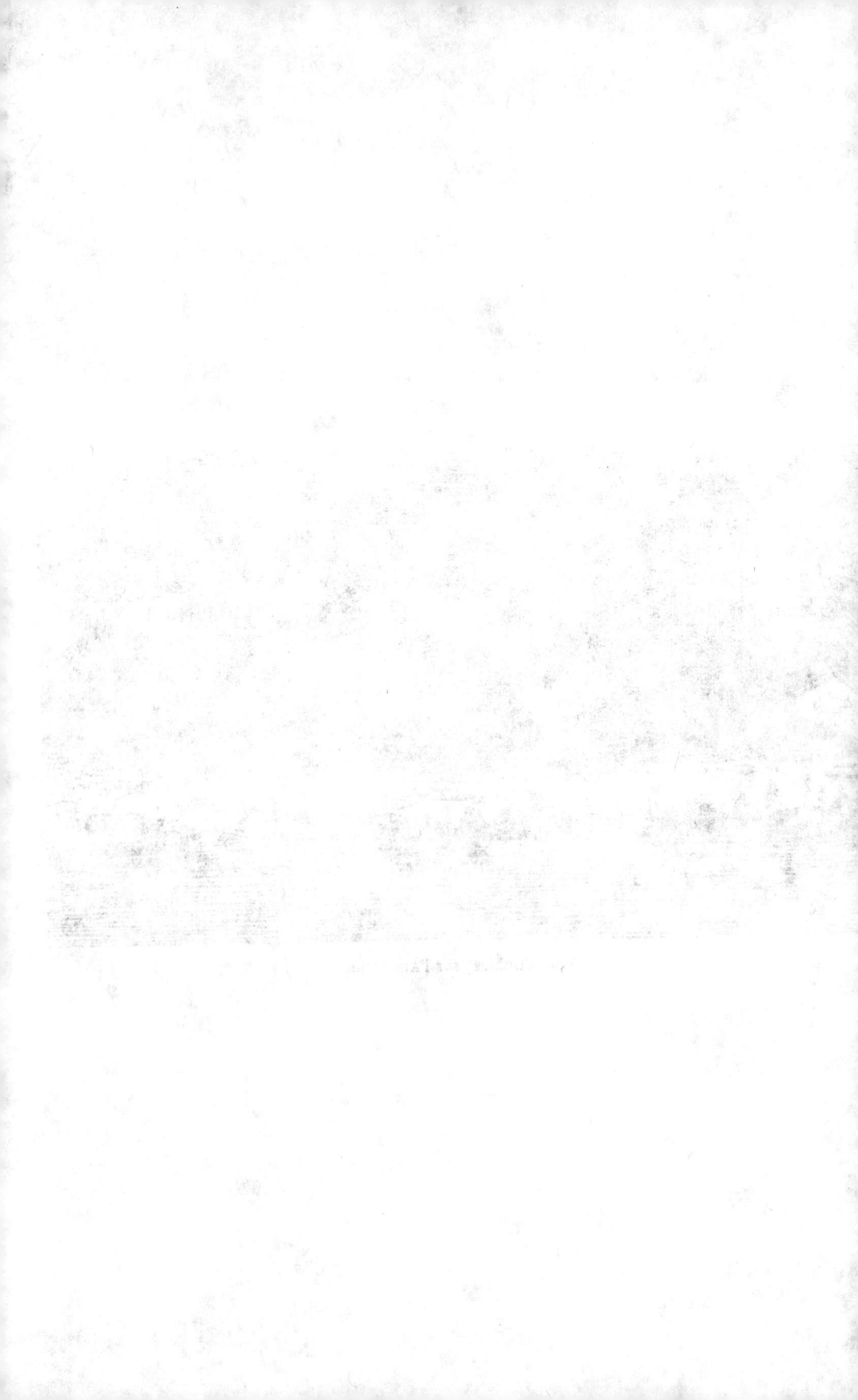

la rive. Quelques passagers s'en allèrent, et d'autres vinrent à bord. Parmi les habitants accourus sur le port étaient plusieurs groupes d'Indiens qui nous regardaient avec étonnement. Il y eut là de l'ouvrage pour mon pinceau, et je ne manquai pas de les coucher sur mon album, du haut du pont où j'étais assis. Au moment où le bâtiment allait partir, et comme je me levais en abandonnant ma besogne, un cri fut tout à coup poussé par les femmes indiennes, et répété par leurs maris; tous les yeux se tournèrent et presque toutes les mains s'étendirent vers moi.

Dans cette foule il y avait un certain nombre d'Indiens, hommes et femmes, de ceux qu'avec Smith j'avais rencontrés dans la chasse à la tortue, six mois auparavant. Arrivés depuis peu en canots, pour visiter Obidos, ils m'avaient reconnu, m'appelaient et m'invitaient à descendre sur la rive afin d'échanger encore un salut amical. Je ne pus résister à cette marque de politesse, et au plaisir de serrer la main à ces bonnes gens, *ces amazones* — *ces cannibales* du Trombutas.

Je sautai à terre, à la grande surprise de tous les passagers et même du capitaine, et le bateau, s'étant arrêté un peu, me laissa le temps d'avoir une entrevue avec mes amis de la forêt. Nul ne peut s'imaginer le plaisir que ces pauvres créatures éprouvèrent en m'apercevant, et puis en me voyant débarquer au milieu d'eux. Je leur dis que j'étais bien aise de les voir, et que n'étant pas tout à fait aussi pauvre que lors de notre première rencontre, je leur ferais quelques petits présents, si le capitaine voulait m'attendre quelques minutes.

Instruit de mes intentions le capitaine m'accorda le temps nécessaire. J'ouvris un coffre qui faisait partie de mes bagages, et remplissant mes poches d'une provision suffisante de couteaux, d'hameçons et de colliers que j'avais mis de côté pour de telles occasions, je revins distribuer le tout aux Indiens. Plusieurs d'entre eux me serrèrent dans leurs bras, et tous, hommes et femmes, me pressèrent la main en me disant adieu.

Cette scène éveilla les sympathies des dames et des autres passagers du steamer, qui jetèrent à mes amis plusieurs présents en argent et en menus objets.

Au moment du départ et quand les roues du bateau commençaient à tourner, un petit garçon accourut jusqu'au bord de l'eau et donna au capitaine, qui se tenait debout sur le tambour, une belle sarbacane, en lui faisant signe de me la remettre.

Oh! que de telles rencontres sont agréables et douces au cœur! que j'aime à constater le bonheur et la joie dans ces âmes naïves; à voir l'homme de la nature agir par une impulsion purement humaine, sans aucune influence de la mode ou de la coutume et sans aucun motif intéressé ! Mon cœur, je le sens, a conservé encore quelque chose de cette impulsion native.

A partir de Para, dix journées nous amenèrent à Nauta, après avoir fait défiler devant nous quinze ou vingt petites villes et missions, et au moins une centaine de campements d'Indiens, épars sur les îles et les rives du fleuve. Ces Indiens, semblaient avoir eu connaissance, d'une manière ou d'une autre, de notre arrivée et s'être réunis pour jeter un coup d'œil sur le bateau et nous saluer. Ils nous considéraient en tenant les mains élevées, et enflaient leurs voix le plus qu'ils pouvaient, mais sans tirer de coups de fusil, car ils ne possèdent pas encore cette arme, ou n'en connaissent pas l'usage.

A en juger par le grand nombre d'Indiens réunis sur notre passage, on aurait pu croire que la contrée fourmillait d'habitants, tandis que les forêts et les rives interminables du fleuve ne nous montrèrent ni un singe, ni un perroquet, ni un jaguar ! Les hommes avaient été attirés sur la rive du fleuve par un sentiment de curiosité; tandis que les animaux, effrayés par le bruit du steamer, s'étaient cachés dans les forêts et gardaient le silence quand nous passions; mais sans aucun doute, ils s'en dédommageaient quand nous étions hors de vue.

On estime qu'il existe une centaine de tribus parlant différentes langues, et habitant les rives de l'Amazone, depuis sa source, à la base des Andes, jusqu'à son embouchure; et au point où nous sommes parvenus, suivant toutes les probabilités, nous en avons dépassé quelque chose comme les trois quarts. Je pourrais aussi donner les noms de près de cent tribus que j'ai déjà recueillis en chemin, mais la liste de ces noms serait ici de peu d'intérêt, car s'il existe cent tribus sur les rives de l'Amazone, fait dont je doute, nous pourrions les connaître sous cinq cents appellations différentes, et ignorer au fond leurs noms réels.

On appelle souvent et improprement *tribus*, les branches de la même grande famille quoiqu'elles parlent des langues très-différentes, et de là résulte une confusion infinie, dans la classification.

L'enseignement des missionnaires catholiques répandus dans toutes les parties de l'Amérique méridionale, habitées par les Indiens, a produit une sorte de système uniforme d'éducation au moyen duquel les indigènes ont acquis plus ou moins de notions sur le christianisme, sur l'agriculture et sur les langues espagnole et portugaise.

La manière insinuante, douce et paternelle dont les vénérables pères dirigent leurs missions, est propre à adoucir les penchants naturels du sauvage à

Groupe d'Indiens aux bords de l'Amazone.

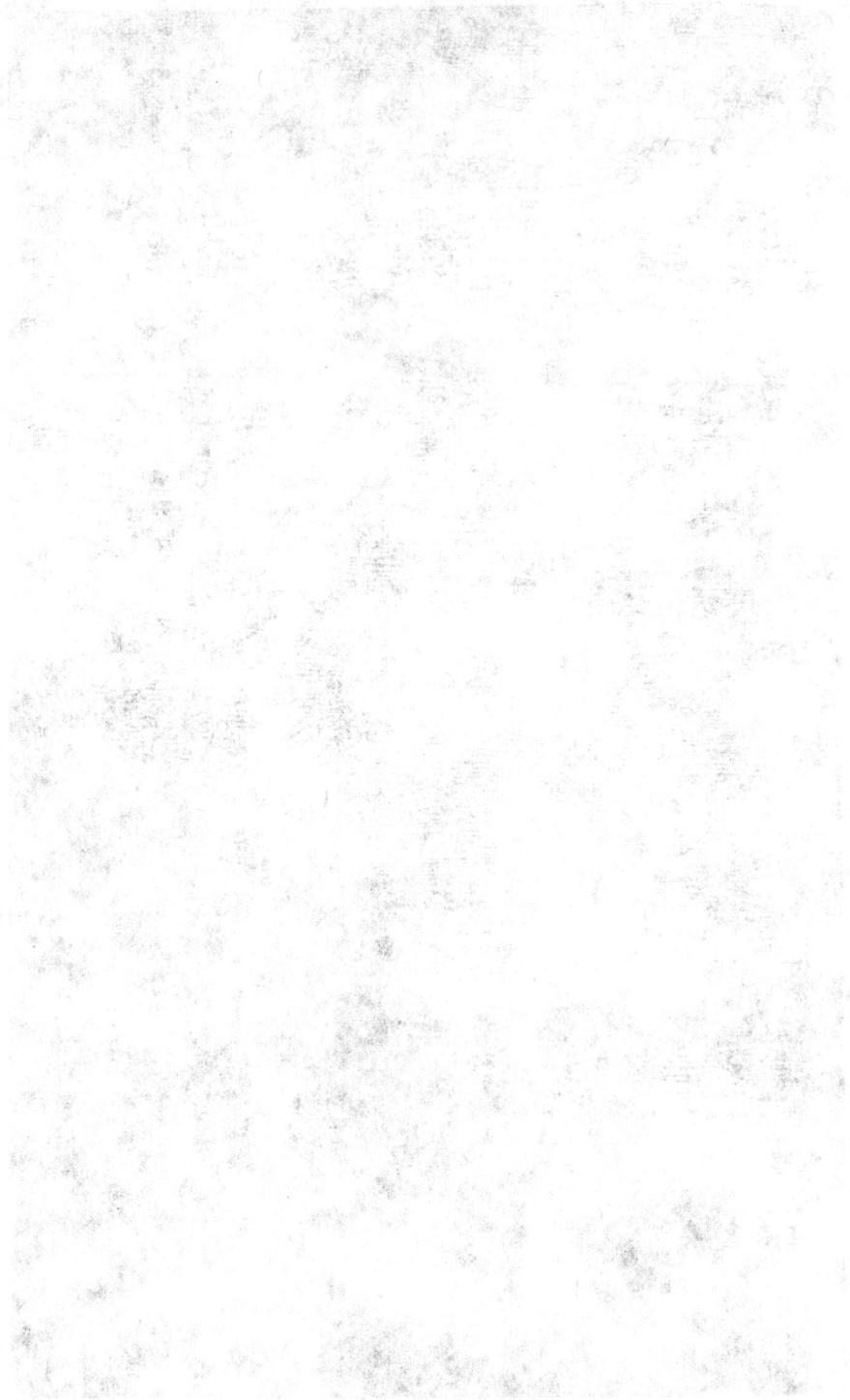

la cruauté, et dans toutes les parties de cette contrée, elle a réussi à faire disparaître les principaux obstacles qui s'opposent à l'éducation et aux progrès de l'homme primitif.

Ces missions sont partout; et autour d'elles, on trouve toujours des établissements plus ou moins nombreux d'Espagnols et de Portugais, qui vivent autant de chasse que d'agriculture. Cette population s'unit facilement avec les races aborigènes, et de ce mélange résulte une combinaison de langage qui n'est pas le trait le moins extraordinaire de cette contrée.

Cette langue qu'ils appellent *lengua geral* (langue générale) est parlée exactement de la même manière par tous les habitants de cette vaste région, Espagnols, Portugais et Indiens; et quoique, sans aucun doute, elle soit à la portée de tous les habitants du pays, elle est extrêmement compliquée et remplie de difficultés pour le voyageur qui peut croire que son espagnol et son portugais, acquis à grand'peine, répondront à tous les besoins; il faut qu'il se serve d'un interprète ou qu'il apprenne à parler la *lengua geral*, s'il ne veut tenir sa bouche aussi close que s'il était dans les déserts de la Sibérie.

Il existe dans le voisinage de Nauta un grand nombre de tribus indiennes : les Zébéros — les Urarinas — les Tambos — les Pibas — les Connibos — les Sipihos — les Chetibos — les Sensis — les Re-

mos — les Amahovacs — les Antis — les Siriniris
— les Tuirènes — les Huachipasis — les Pacapacuris, et bien d'autres encore. Leurs idiomes ne
sont que des variétés dialectiques d'une même langue, et leurs traits physiologiques, aussi bien que
leur couleur, concourent à prouver qu'eux-mêmes
sont uniquement des branches ou des divisions
d'une grande famille, née peut-être du mélange des
Ando-Péruviens et des Guaranis.

Il serait presque impossible à un voyageur, y
employât-il toute sa vie, de remonter tous les affluents de l'Amazone, depuis son embouchure jusqu'à sa véritable source, et il serait dix fois plus
difficile encore de retracer l'histoire des races sauvages de l'Amérique du Sud, à travers leurs déplacements et leurs migrations, pour remonter jusqu'à
leur véritable origine.

Parmi les tribus de l'Amérique du Sud, il n'en
est point qui se rapprochent davantage de leur état
primitif que celles qui habitent près des sources
de l'Amazone; j'ai vécu quelque temps parmi elles.
Elles ont des forêts pleines de gibier et des fleuves
remplis de poissons; elles possèdent toutes les variétés de palmiers avec leurs différentes espèces de
fruits, et aussi d'immenses plaines ou *pampas*, où
pullulent les chevaux et le bétail sauvage, dont elles
retirent, outre leur nourriture, les peaux et le crin,
la laine, la fourrure, qui forment autant d'articles

de commerce. Tons ces avantages réunis, assurent aux Indiens une existence facile et indépendante, et ils n'ont par conséquent que fort peu de motifs pour adopter les usages de leurs voisins plus civilisés.

CHAPITRE XIX.

Excursions sur les rives de l'Ucayal. — Les Chetibos. — Poterie
et armes de ces Indiens. — Les flèches empoisonnées. — Le
sorcier indien et l'artiste blanc.

Une excursion à travers la *pampa del Sacramento*,
et une navigation sur l'Ucayal, m'offrirent quelques-
unes des plus agréables perspectives que j'aie jamais contemplées, et l'occasion de quelques-unes
des plus intéressantes visites que j'aie jamais faites
aux tribus indiennes. Les rives de l'Ucayal diffèrent
peu de celles du Trombutas ; — les animaux, les
oiseaux, les arbres, les fleurs, tous les objets y
sont pareils, en un mot, presque identiques.

Les bords de l'Ucayal sont habités par 2 ou 3000
Connibos ; par 3000 Sipibos, par un nombre égal
de Chetibos, et par les Sensis. Ces tribus sont presque toutes semblables et leurs langues offrent entre
elles une grande analogie. Cependant elles sont constamment en guerre, quoique séparées uniquement
par le fleuve.

Les Connibos habitent sur les limites de la pampa,

mais ils construisent leurs villages sur la lisière de
la forêt. Chacun de leurs villages ne consiste guère
qu'en une seule maison — maison curieuse, qui a
quelquefois 200 à 300 mètres de longueur; c'est une
hutte construite avec des poteaux fixés dans le sol,
au sommet desquels sont attachés horizontalement
de longues poutres supportant un toit dont l'aspect
est curieux et même assez beau, car il est fait avec
des feuilles de palmiers. Les maisons dans cette
contrée, je crois l'avoir déjà dit, n'ont ni faces laté-
rales ni murs, excepté celles des colons, et dans
celles-ci les cloisons, formées d'un tissu des feuilles
de palmiers, peuvent être percées avec le doigt.

Le wigwam, ou hangar des Connibos contient
quelquefois plusieurs centaines de personnes, et les
familles ne sont séparées que par une espèce d'écran,
une simple natte, toujours en feuilles de palmier.
Comme toutes les tribus de la vallée de l'Amazone,
ces Indiens couchent dans des hamacs suspendus,
lorsqu'ils sont chez eux, aux poteaux de leurs cabanes, aux arbres ou à des pieux enfoncés dans le sol
quand ils voyagent.

. Les Sipibos et les Chétibos, quoique séparés seulement des Connibos par le fleuve, n'ont de com-
munication avec eux que lorsqu'ils sont en guerre
ce qui est extrêmement rare: les uns et les autres
se tenant confinés dans leurs canots sur leurs rives
respectives, et leur ligne de frontière étant si

exactement définie et si bien établie qu'elle est
moins souvent franchie que celle des tribus qui n'ont
qu'une ligne de frontière idéale, cas assez ordinaire
dans la forêt américaine.

Canot d'Indiens. — Haut Amazone.

On peut dire, à proprement parler, que les Chétibos et les Sipibos sont des Indiens nautiques: car
leur contrée est une forêt épaisse et impénétrable,
qui les rejette nécessairement sur le fleuve pour y

trouver leur subsistance, et dans leurs canots
étroits, légers et presque sans profondeur, ils sont
vraiment une des merveilles du monde. Quand ils
frappent en mesure l'onde de leurs pagayes, on
pourrait presque dire qu'ils bondissent sur les flots.
Ils montent et descendent les rapides écumants, de
manière à faire frémir le spectateur, surtout quand
il les perd entièrement de vue dans les tourbillons
d'embrun qui s'élèvent autour d'eux.

Ils descendent l'Ucayal pour aller à Nauta, — l'A-
mazone pour aller à Tabatinga et à Barra de Rio-
Négro, et même jusqu'au Para, d'où ils reviennent,
en luttant, pendant plus de 2500 kilomètres, contre la
violence du courant, en moins de temps et avec plus
de facilité qu'ils ne pourraient le faire à cheval, s'il
y avait des routes dans la contrée.

Les Chétibos ressemblent beaucoup aux Indiens
Winnebagos et Ménomènes des grands lacs de
l'Amérique du Nord, et si on les plaçait à côté les
uns des autres, on pourrait à peine les distinguer.
Comme tous les Indiens des régions équatoriales,
les Chétibos portent fort peu de vêtements ; les
hommes une simple pagne en manière de caleçon,
et les femmes une sorte de chemise, ou de couverture de coton qu'elles attachent à leur ceinture et
qui tombe jusqu'aux genoux. Le cou et les poignets des femmes sont généralement ornés d'une
profusion de colliers et de bracelets bleus et blancs,

qui produisent un effet assez agréable. Elles font aussi un fréquent usage de bandes de cuivre et d'argent autour de leurs chevilles en manière de

Indien du haut Amazone.

bracelets, et autour de leur tête pour retenir leurs cheveux.

Les hommes et les femmes se peignent le corps.

et les membres avec du rouge et du blanc, exactement de la même manière que les tribus américaines du nord. Le Connibos, les Rémos, le Amao-
vacs, et toutes les autres tribus de l'Ucayal et de
haut et bas Amazone, ont le même goût pour cette
partie de la toilette, la peinture appliquée suivant
la fantaisie, le caprice de chacun et de chacune.

Les Pacapacuris, les Rémos, les Antis, une douzaine
d'autres petites tribus et les Connibos, qui habitent
près de la lisière de la pampa de Sacramento,
mènent une vie différente de celle des Indiens
nautiques dont je viens de parler, et suivant toutes
les apparences, ressemblent beaucoup plus aux
Sious et aux Assiniboins des prairies à buffles de
l'Amérique du Nord.

Les Connibos m'intéressèrent beaucoup. Ils forment l'une des plus curieuses et des plus intelli-
gentes tribus que j'aie rencontrées. Ils paraissaient
fiers de me montrer leur manière de fabriquer leur
poterie, véritable curiosité d'amateur, qui, à quelques égards, ferait honneur à une race plus civilisée. Ils ont une place qui ressemble un peu à une
briqueterie, sur le bord de la prairie qui entoure
leur village ; là hommes et femmes travaillent l'argile avec une sorte de maillet et de palette, et ensuite la moulent ou plutôt la modèlent en jarres,
pour leur beurre de tortue, — en cruches diverses,
en coupes, en pots, et en assiettes, etc., — donnant

à tout cela des formes variées et très-ingénieuses.
Ce qui est le plus étonnant, tous ces objets acquièrent
la rondeur et les proportions les plus parfaites, par
le seul mouvement de rotation de la main, qui tient
lieu de la roue de nos potiers, à l'aide des doigts et
d'une coquille de moule, dont ils se servent comme
de *lissoir*.

Après que ces objets ont été suffisamment séchés
au soleil, l'opération de la peinture commence; opération curieuse, et accomplie par une autre classe
d'artistes, et par quelques-uns d'entre eux évidemment, avec un talent digne d'un plus grand théâtre.
Avec des couleurs rouges, jaunes, bleues et noires,
extraites de végétaux et au moyen d'un pinceau tiré
d'une plante fibreuse qu'ils recueillent parmi les
roseaux du fleuve, ils peignent des figures isolées
ou groupées qui témoignent d'un goût extraordinaire.

Quand une pièce de vaisselle est peinte on la re-
met aux mains des vieilles femmes, anciens artistes
émérites, mais qui sont encore en état de ramasser
du bois, d'allumer et d'entretenir sur le sable, au
bord du fleuve, des feux où les poteries sont portées
et cuites. Pendant cette dernière opération et tout
en la surveillant, les vieilles femmes se tenant serrées par la main, dansent en rond, autour de ces
feux en chantant et en invoquant le mauvais esprit
pour qu'il n'appesantisse pas sa main fatale sur ces

poteries et ne les fasse pas éclater dans le feu. Les pièces qui en sortent sans avoir été ni fêlées ni cassées, sont ensuite portées au village et couvertes d'un vernis végétal ou d'une résine tirée d'un certain arbre de la forêt.

Cette poterie, quoique excellente pour l'usage qu'on veut en faire, est fragile et dure fort peu; elle peut contenir pendant un certain temps les liquides froids, mais elle n'est pas à l'épreuve de l'ébullition.

Les seules armes de ces Indiens, et dans le fait, de la plupart des tribus voisines, sont les arcs, les lances et les sarbacanes. Ces dernières sont fabriquées avec une grande habileté, et leur usage est très-meurtrier. Mon revolver fut pour eux un objet d'aussi grande curiosité que pour les nombreuses tribus que j'avais visitées. Je le déchargeai en visant un but et tirai tous les coups qu'il contenait pour leur montrer la puissance de cette arme, et j'eus pour spectateur tous les gens de la tribu.

Cette expérience à peine achevée, un très-beau jeune homme s'avança vers moi d'un air malicieux, tenant dans sa main une branche très-mince d'environ neuf à dix pieds de longueur, et me dit en souriant qu'il croyait que son fusil valait bien le mien; c'était un sarbacane. Il portait en outre, non à son dos, mais sous son bras, un carquois assez court et plein de flèches empoisonnées. (Le lecteur se rappellera qu'une pareille arme me fut présentée sur le steamer, au moment où je quittais Obidos.)

Le jeune homme pria l'interprète de me faire bien comprendre l'explication qu'il me donnait de la puissance de son arme, puissance dont jusqu'à ce moment j'avais cru avoir une parfaite idée. Il me montra qu'il avait cent flèches dans son carquois et en conséquence autant de coups prêts à tirer ; et il me prouva, par la vivacité de ses mouvements, qu'il pouvait en lancer vingt en une minute, et cela sans le moindre bruit, même sans être découvert par l'ennemi, qu'il pouvait ainsi décimer, et sans effrayer les animaux ou les oiseaux qui venaient se poser à sa portée. Il me montra en outre la justesse de son tir, et la certitude qu'il avait de donner la mort à tout être vivant que ses flèches atteignaient !

Cette sarbacane, de la grosseur environ du pouce d'un homme ordinaire, était percée d'un orifice assez large pour permettre au bout du petit doigt d'y pénétrer. Elle était faite de deux petits palmiers, renfermés l'un dans l'autre, de manière à ne pouvoir dévier. Cette espèce de palmier ne se trouve que dans certaines parties de la contrée, et la fabrication de ces armes redoutables est l'industrie exclusive des tribus Maycas et Zébéros sur l'Amazone, à plus de 320 kilomètres des Connibos, et à pareille distance en amont de Nauta. Ces tribus les vendent aux Connibos aussi bien qu'aux Sipibos et aux autres indigènes du bassin de l'Amazone. Elles en envoient même en grande quantité à Para, où elles sont vendues sur la place du marché. Le prix de ces sarbacanes, dans la contrée où elles sont fabriquées, varie de 2 à 3 dollars; et sur le bas Amazone, à Barra, à Santarem et à Para, de 3 à 5 dollars l'une.

En ouvrant son carquois, le jeune homme me montra et m'expliqua la nature de ces flèches mortelles et longues pour la plupart de huit à neuf pouces. Plusieurs de ces flèches étaient d'un bois très-dur, suivant le mode primitif de fabrication; mais la plus grande et la meilleure partie d'entre elles étaient confectionnées avec des aiguilles à tricoter qui leur sont maintenant fournies par des commerçants civilisés. Ces aiguilles sont amincies et aiguisées par le bout, puis garnies de coton en guise de plumes, afin de remplir exactement l'orifice du tube, et donner ainsi à la flèche une plus grande impulsion. Le souffle de l'homme lui communique une telle force et une telle précision qu'elle perce le corps d'un ennemi à cinquante mètres, et celui d'un écureuil, ou un petit oiseau, sur le sommet des arbres les plus élevés. La pointe de ces flèches est trempée dans un poison liquide qui paraît être connu de la plupart des tribus dans ces régions et qui semble être fatal à tous ceux auxquels il est inoculé. Fixé et séché en quelques moments sur la pointe de la flèche, ce poison s'y maintient

pendant des années sans la moindre altération. Le
même Indien m'expliqua qu'un canard, un perroquet, un coq d'inde piqués d'une de ces pointes,
n'auraient qu'environ deux minutes à vivre; qu'un
singe ou un pecari survivrait environ dix minutes
à sa blessure; et qu'un jaguar, une vache, ne résis-
teraient pas plus de quinze minutes. Quelque in-
croyables que paraissent ces assertions je suis néanmoins porté à croire, par d'autres informations que
je recueillis dans la suite, qu'elle se rapprochent
beaucoup de la vérité. Une chose paraît certaine;
c'est que la mort a lieu presque instantanément
lorsque la circulation du sang porte le poison au
cœur. L'instant précis de l'action du poison ne peut
donc être évalué exactement, mais dépend des vaisseaux sanguins dans lesquels le venin est injecté.
Si la flèche pénètre, par exemple, dans la veine ju-
gulaire, l'animal, quelles que soient sa vigueur et
sa taille, est foudroyé en un moment!

L'interprète m'assura que les corps des oiseaux
ou des animaux tués par ces flèches empoisonnées
n'éprouvent aucune altération, sont toujours bons à
manger, et forment la plus grande partie de la
nourriture des Indiens, le poison n'ayant aucune
action sur les voies digestives.

J'étais extrêmement curieux d'expérimenter par
moi-même la véracité de ces assertions, et remarquant dans cette tribu un certain nombre de

jeunes pécaris, qu'ils élevaient pour servir à leur nourriture, j'en achetai un moyennant deux feuilles de papier de vermillon chinois. Le vendeur fut très-satisfait de l'arrangement. Je priai le jeune homme de lancer une flèche à l'animal, et de l'atteindre autant que possible à la carotide ; mais il manqua son coup et sa flèche pénétra de cinq ou six pouces dans le cou. L'animal ne donna aucun signe de douleur et resta immobile, puis au bout de deux minutes, il commença à se débattre et à chanceler, et tomba bientôt à terre sur le flanc. Six minutes après avoir été blessé il était mort !

Je fus alors informé qu'il y avait un autre animal que j'aurais plus de plaisir à tuer. Un énorme serpent à sonnette avait été découvert quelques jours auparavant près du village, et comme les terreurs superstitieuses des Indiens les empêchent de tuer un serpent de cette espèce, ils avaient élevé tout autour de lui une palissade de pieux serrés et enfoncés dans le sol, pour l'empêcher, de s'échapper, jusqu'à ce que se présentât l'occasion de l'emporter au loin sur quelque canot descendant le fleuve et de le déposer sur les rives fréquentées par des tribus ennemies.

Nous nous dirigeâmes vers la palissade, et là, ayant préalablement et dûment excité la rage du reptile, afin qu'il se roulât sur lui-même comme lorsqu'il veut s'élancer sur sa proie, je lui décochai une flèche au beau milieu du corps ; un moment je le

vis se tordre dans d'horribles convulsions. Tout entier contourné sur lui-même, il ne semblait former
qu'un nœud palpitant. Peu à peu sa force de con-
traction s'épuisa, et trois minutes à peine s'étaient
écoulées qu'il se renversa tout de son long sur le dos,
immobile et privé de vie.

Ceci pourrait être considéré comme une très-belle
preuve de la puissance destructive de ce poison
artificiel; car j'ai souvent tenu suspendu à une
fourche des serpents à sonnette furieux, jusqu'à ce
que se retournant sur eux-mêmes ils en vinssent à
se mordre dans le paroxysme de la rage. La colonne
vertébrale brisée, ils vivaient encore au moins dix
ou quinze minutes.

J'achetai l'arme du jeune homme avec ses flèches
et son carquois; je m'en suis procuré de pareilles
dans d'autres tribus, et plusieurs sachets de poison,
afin de me livrer à mon retour à des expériences
pouvant conduire à des résultats curieux et peut-
être d'une certaine importance. Ce poison est,
sans aucun doute, une découverte récente. Il résulte des notions que j'ai recueillies dans cette tribu
et dans plusieurs autres, qu'anciennement les Indiens se faisaient la guerre beaucoup plus fréquemment que de nos jours; qu'ils combattaient alors
avec des lances, des boucliers, mais que depuis la
découverte de ce poison pour leurs flèches, ils n'o-
sent plus se rapprocher assez de leurs ennemis pour

faire usage de ces armes ; ainsi cette découverte
a mis en quelque sorte un frein à leur ardeur bel-
liqueuse.

Le jeune Connibo m'assura que sa tribu avait pris
la résolution de ne se servir de ces flèches que
contre ceux de leurs ennemis qui prendraient l'ini-
tiative de cette mesure, et dans ce cas de ne faire
quartier à aucun d'eux ; et pour me convaincre
de la cruauté et de l'horreur d'un combat soutenu
avec de pareilles armes, il me raconta comme un
trait historique, mais qui semble tenir beaucoup du
merveilleux, que quelque temps après que le poison eût été découvert et que ces armes eussent été
fabriquées, les guerriers de deux tribus voisines
se rencontrèrent dans une plaine, armés de la même
manière ; et que leurs cadavres percés de flèches
témoignèrent qu'aucun homme n'avait échappé des
deux côtés.

Ils étaient si rapprochés les uns des autres, que
tous les combattants avaient été touchés ; et que chacun avant de tomber avait encore eu le temps de
frapper un ennemi.

Ce poison est, sans aucun doute, un extrait végétal simple ou composé ; et quoiqu'il soit généralement connu et employé par les tribus indiennes,
il semble être regardé par celles-ci comme un secret
si important et si bien gardé, qu'il a jusqu'à présent
défié tous les efforts que l'on a faits pour l'obtenir

d'eux. Il a échappé à toutes les analyses chimiques; et, à part sa nature végétale, on n'a rien découvert, ni la nature de la plante qui le donne, ni le mode de l'extraction.

Parmi les Macouchis et d'autres tribus riveraines de l'Essequibo, dans la Guyane, j'ai obtenu des *armes* semblables, et je le crois aussi, le même poison, quoique la couleur en soit différente. Les Indiens de ce pays l'appellent *waw-rali*. Beaucoup de voyageurs, français, anglais et allemands, ont fait de grands efforts pour obtenir le secret de sa fabrication, et quoique plusieurs se soient vantés de le posséder, je conserve encore beaucoup de doutes à ce sujet. Comme bien d'autres, j'ai moi-même longtemps étudié ce problème, mais toujours en vain; et quand je l'aurais résolu, quel bien en serait-il résulté? Je ne veux tuer traîtreusement personne; il y a ici assez de gibier, et les cartouches de Sam sont suffisamment meurtrières.

Parmi les Chétibos, les Sensis et d'autres tribus, j'avais fait un nombre considérable de portraits qui éveillèrent une grande surprise parmi les originaux, et me valurent autant de marques d'attention que si j'eusse été un grand magicien, ou pour parler comme les peaux-rouges, un *grand médecin*. J'avais fait aussi plusieurs portraits de Connibos, et je passais parmi eux pour un homme extraordinaire; mais en plein cours de mes succès, mon art mystérieux

éprouva un échec inattendu. Le grand médecin de la
tribu, dont j'avais beaucoup entendu parler et qui
alors était absent, revint d'une excursion sur les
pampas avec une troupe de jeunes gens qui étaient
allés avec lui pour visiter une tribu voisine. C'était
un vieillard d'assez mauvaise physionomie, à l'air
morose et hargneux, au visage couvert de rides.
Un seul coup d'œil sur moi-même, sur mes ouvrages et le récit merveilleux de ses compatriotes
lui suffirent pour deviner ce que j'étais. Il se peignit
bientôt le visage en noir, parada à quelques pas de
moi, tenant une crécelle à la main, et faisant entendre un chant lugubre, qu'on me dit être son chant
de mort; enfin il cria à ses compatriotes qu'il était
très-heureux pour eux qu'il fût arrivé, qu'il se passait quelque chose de très-extraordinaire, mais qui
ne leur était nullement favorable.

« Tout ce que vous voyez, dit-il, est un grand
mystère; vous voilà, mes amis, avec vos yeux ouverts, et vous allez rester ainsi toute la nuit; ils ne
se fermeront jamais, c'est un grand mal, et vous
avez été bien insensés d'y consentir. Vous ne serez jamais heureux à l'avenir si vous demeurez de
la sorte veillant toute la nuit. Mes amis, ce n'est
qu'un adroit stratagème dont cet homme se sert
pour obtenir vos peaux; et la première chose qu'il
y mettra, ce sera un œil de verre, puis elles seront
placées avec les peaux des bêtes sauvages, des oiseaux

et des serpents ! Ne faites pas de mal à cet homme, c'est mon avis; mais c'est un attrapeur d'insectes et un empailleur de singes. »

Cette dénomination est parmi eux un terme de mépris, applicable à tous les naturalistes et savants qu'ils rencontrent souvent faisant des collections d'histoire naturelle.

Bientôt je fus entouré de gens réclamant la destruction de leurs images, au nom de leur sûreté et de leur tranquillité à venir. Je leur dis que nous les garderions encore une nuit, pendant laquelle ils pourraient réfléchir mûrement à leurs exigences, et que si le lendemain ils persistaient encore dans leur résolution, je détruirais les portraits.

J'avais bien un autre motif pour réclamer ce délai: — l'espérance de pouvoir, au moyen d'un petit cadeau et de quelques paroles flatteuses, amener le vieux docteur à changer d'opinion; mais pour la première fois de ma vie j'échouai entièrement dans mon projet de séduction. Le vieux drôle avait été à Para, ou dans d'autres localités du bas du fleuve; il avait vu dans un musée des animaux empaillés, et il avait dans son esprit cette idée fixe que mon occupation était de recueillir des peaux, et que, par mes procédés de peinture, je pourrais bien amener le derme et l'épiderme de ses compatriotes à aller se ranger dans quelque vitrine avec des yeux de verre !

Je trouvai heureusement sur le bord d'un petit

ruisseau de l'argile blanche, et le lendemain matin,
quand les Indiens arrivèrent avec le docteur, mes
peintures avaient séché et j'avais une assez grande
quantité de glaise sur ma palette. Je dis alors :

« Voilà vos portraits ; je suis bien fâché que vous
ne me permettiez pas de les montrer à mes amis les
blancs ; mais puisque vous avez résolu de les détruire, il y a trois moyens à prendre pour cela :
vous pouvez les brûler ; ou les jeter à l'eau ; ou
enfin les détruire à coups de flèche ; c'est à vous de
choisir. Votre grand médecin, qui vous a effrayés à
ce sujet, peut vous dire probablement lequel de ces
moyens sera le moins dangereux pour vous ! »

Le vieux docteur alluma sa pipe ; ils s'assirent
tous, fumèrent et causèrent longuement ; puis le
docteur m'informa qu'ils redoutaient de se servir
de l'un ou l'autre des moyens indiqués.

J'annonçai alors que j'en avais encore un autre :
c'était de les dépeindre ; ce dont il ne pouvait résulter
aucun mal, mais qu'il fallait que chacun restât assis
quelques minutes pour que je fisse l'opération. Ces
paroles parurent calmer leurs appréhensions ; quelques minutes plus tard toutes mes toiles étaient
recouvertes d'une couche épaisse d'argile, qui devait
les maintenir dans un état parfait de conservation
jusqu'à ce que j'eusse besoin de les revoir. Tout
le monde fut satisfait. Je regagnai mon canot, et
nous nous séparâmes bons amis.

De là j'allai à l'occident. Je vis beaucoup d'Indiens, beaucoup de fleuves, beaucoup de rochers.
Je touchai, j'escaladai les Andes et j'entrai dans
Lima, sur le bord de l'océan Pacifique ; ville qui me
parut, comme je l'ai dit, la plus belle du monde. Là,
mon voyage était à moitié achevé ; le reste aura son
tour et un ouvrage spécial lui sera consacré.

Indien pêchant à l'arc. (Bords de l'Amazone.)

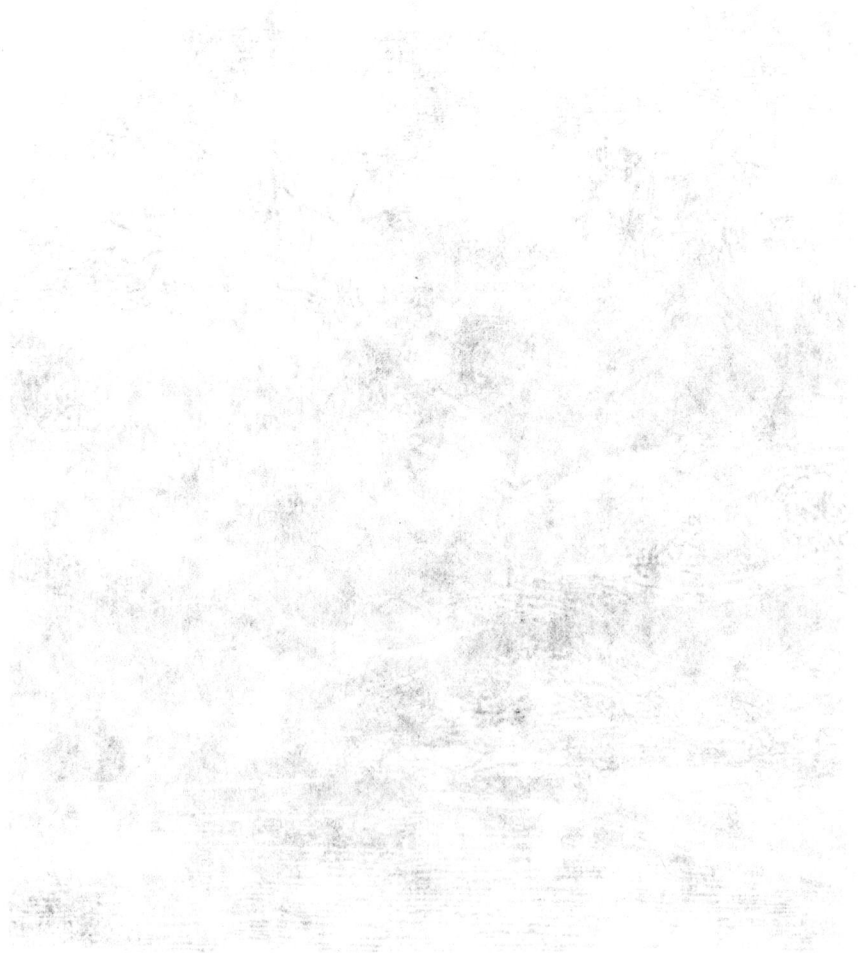

APPENDICES.

APPENDICE A.

« L'homme sauvage, ne vivant que de chasse, a besoin ⸱ trois à quatre lieues carrées par individu. Or, une lieue ⸱rrée en Angleterre ou en France, nourrit de huit cents à ille habitants. Ce seul fait tranche la question de l'avan-ɡe du genre de vie ; il résout aussi celle de savoir si des ⸱uvages ont le droit de refuser du terrain à des peuples ıltivateurs qui n'en auraient pas suffisamment pour sub-ster.

« Un chef des Miamis, nommé la *Petite-Tortue*, que j'ai ncontré sur le Wabash, appréciait ainsi au commence-ent de ce siècle, la situation commune des Indiens et des ancs :

« Quant à la population, me disait-il, c'est une chose inconcevable que la multiplication des blancs. Il ne s'est pas écoulé la vie de plus de deux hommes (supposée de quatre-vingt ans pour chaque) que les blancs ont mis le pied sur cette terre, et déjà ils la couvrent comme des essaims de mouches et de taons, tandis que nous autres qui l'habitons, on ne sait depuis quand, sommes encore clairs-semés comme des daims. »

« Le voyant sur la route d'une intéressante question :

« Et pourquoi, lui dis-je, ne multipliez-vous pas autant?

« — Ah! me dit-il, notre cas est bien différent : vous
« autres blancs, vous avez trouvé le moyen de rassembler
« sous votre main en un petit espace, une nourriture sûre
« et abondante; avec un terrain grand comme quinze ou
« vingt fois cette chambre, un homme cueille de quoi
« vivre toute l'année : s'il y ajoute une pièce de terre se-
« mée d'herbe, il élève des bêtes qui lui donnent de la
« viande et du vêtement; et voilà qu'il a tout son temps
« de reste pour faire ce qu'il lui plaît. Nous autres, au
« contraire, il nous faut pour vivre un terrain immense,
« parce que le daim que nous tuons, et qui ne peut nous
« nourrir que deux jours, a eu besoin d'un terrain consi-
« dérable pour croître et grandir. En en tuant deux ou
« trois cents dans l'année, c'est comme si nous mangions
« le bois et l'herbe de tout le terrain sur lequel ils vi-
« vaient, et il leur en faut beaucoup. Avec un tel état de
« choses, il n'est pas étonnant que les blancs nous aient,
« d'année en année, repoussés des bords de la mer jusqu'au
« Mississipi. Ils s'étendent comme l'huile sur une couver-
« ture; nous, nous fondons comme la neige devant le so-
« leil du printemps : si nous ne changeons pas de marche,
« il est impossible que la race des hommes rouges sub-
« siste. »

« Cette seconde réponse me prouva, et prouvera sans
doute à tout lecteur, que ce n'est pas sans raison que cet
homme a acquis dans sa nation et dans les États-Unis, la
réputation d'un homme d'un sens supérieur à la plupart
des sauvages.

« Ainsi, c'est un sauvage qui, contre les préjugés de sa
naissance, de ses habitudes, de son amour-propre, contre
d'anciennes opinions encore dominantes chez ses compatriotes, s'est trouvé conduit par la nature des choses, à
regarder comme base essentielle de l'état social, la *culture
de la terre*, et par une conséquence immédiate, la *propriété
foncière*; car il n'y a point de culture active et stable sans
la possession exclusive et illimitée qui constitue la pro-

priété. J'ai dit : *contre d'anciennes opinions encore domi-*
nantes chez ses compatriotes; parce que chez toutes ces
peuplades, il existe encore une génération de vieux guerriers qui, en voyant manier la houe, ne cessent de crier
à la dégénération des mœurs antiques, et qui prétendent
que les sauvages ne doivent leur décadence qu'à ces *inno-*
vations, et que pour recouvrer leur *gloire* et leur *puissance*
il leur suffirait de revenir à leurs mœurs primitives. »

VOLNEY, *Tableau du climat et du sol*
des États-Unis d'Amérique, etc.

APPENDICE B.

Tant qu'a dominé dans le monde de l'intelligence, la grande tradition scientifique qui s'est perpétuée de Buffon à Humboldt par l'intermédiaire de Blumenbach, de Cuvier, de Prichard, etc., l'origine asiatique des tribus américaines n'a été mise en doute par personne. Nous n'ignorons pas que les *crânologues* de Richmond et de Baltimore professent aujourd'hui une opinion différente, et que la même logique qui les a conduits à justifier l'*institution divine* de l'esclavage par l'infériorité absolue et la création quasi bestiale du nègre, les a logiquement poussés à démontrer l'infériorité relative et la création séparée de l'*homme américain*, simplement destiné par la Providence, à préparer le sol du nouveau continent pour les envahisseurs de la race blanche !...

Si étrange que soit cette *thèse*, nous ne jurerions pas qu'elle ne jouisse d'une certaine autorité parmi nos cénacles scientifiques actuels, grâce à l'un de ces abaissements de niveau, auxquels dans sa marche progressive l'intelligence est soumise, comme l'Océan, après chaque grande commotion qui l'a soulevée et portée en avant.

Quoi qu'il en soit, nous engageons nos jeunes lecteurs à méditer l'opinion suivante, émise sur la question qui nous occupe, par un voyageur récent, qui a parcouru longtemps les deux Amériques et étudié leur population et leurs monuments en naturaliste, en ethnologue, en archéologue et en philosophe :

« .... Un scepticisme exagéré est aussi funeste à la vérité des recherches historiques que l'excès de la crédulité. En résumé, il me semble difficile de mettre en doute :

« 1º Que les Indiens d'Amérique appartiennent à la *race rouge* qui a fondé dans le vieux monde les premiers empires historiques sur le Hoangho, sur l'Euphrate et sur le Nil ; — qui formait, deux mille ans avant notre ère, le fond de la population de l'Europe méridionale sous les noms de Pélasges et d'Ibères ; qui, sous ceux d'Abyssus, de Foulahs, de Touaregs et de Berbères, occupe encore la plus grande partie du nord de l'Afrique, et qui, dans une série de siècles, dont les traditions encore vivantes limitent à peu près le nombre, a peuplé successivement de proche en proche tous les archipels du grand Océan.

« 2º Que l'Amérique n'a jamais été, pendant bien des générations, privée de communications avec le reste du monde. »

DE CASTELNAU, *Expédition dans l'Amérique méridionale*,
t. IV, Monuments de Cuzco.

APPENDICE C.

Sur les champs de bataille, le sauvage n'attend, ne reçoit, ne donne aucun quartier; pour lui, le moindre des périls est de perdre la vie : car s'il n'est que blessé ou fait prisonnier, sa perspective est d'être scalpé immédiatement, ou brûlé vif et mangé sous quelques jours. Veut-on savoir en quoi consiste le *scalpe* ou *arrachement de la chevelure*, écoutons un facteur anglais, Jean Long, témoin oculaire, qui a aimé la vie des sauvages et habité vingt ans parmi eux.

« Lors, dit-il, que le sauvage a abattu son ennemi, il
« lui saisit à l'instant une poignée de cheveux, la tortille
« fortement autour de son poing pour détacher la peau du
« crâne; puis, lui appuyant le genou sur la poitrine, il
« tire le fatal couteau de sa gaine, incise et cerne la peau
« tout autour de la tête, et avec les dents il arrache la
« chevelure à mesure que le couteau la détache : comme
« ils sont *fort adroits*, l'opération ne dure que deux mi-
« nutes, et elle n'est pas toujours mortelle.

« L'on a vu, aux États-Unis, plusieurs personnes de l'un et
« de l'autre sexe qui y ont survécu, et qui seulement sont
« obligées de porter une calotte d'argent ou d'étain pour se
« préserver des atteintes du froid. Cette chevelure ou per-
« ruque est ensuite tendue sur trois cerceaux; puis, lors-
« qu'elle est sèche, on la peint de vermillon, et c'est un
« trophée de gloire : l'honneur consiste à en avoir beau-
« coup. »

Quant à être brûlé vif et mangé, il ne faut qu'avoir ouvert une relation quelconque des guerres des sauvages,
pour savoir que le sort ordinaire des prisonniers de guerre
est d'être attachés à un poteau près d'un bûcher enflammé
pour y être pendant plusieurs heures tourmentés par tout
ce que la rage peut imaginer de plus féroce et de plus
raffiné. Ce que racontent de ces affreuses scènes les voyageurs, témoins de la joie cannibale des assistants, et surtout de la fureur des femmes et des enfants, de leur plaisir atroce à rivaliser de cruauté[1], ce qu'ils ajoutent de la
fermeté héroïque, du sang-froid inaltérable des patients,
qui, non-seulement ne donnent aucun signe de douleur,
mais qui bravent et défient leurs bourreaux par tout ce
que l'orgueil a de plus hautain, l'ironie de plus amer, le
sarcasme de plus insultant; chantant leurs propres exploits; énumérant les parents, les amis des spectateurs
qu'ils ont tués; détaillant les supplices qu'ils leur ont
fait souffrir, et les accusant tous de lâcheté, de pusillani-
mité, d'ignorance à savoir tourmenter, jusqu'à ce que,
tombant en lambeaux et dévorés vivants sous leurs propres
yeux par leurs ennemis enivrés de fureur, ils perdent le
dernier souffle de la voix avec celui de la vie. Tout cela,
dis-je, serait incroyable chez les nations civilisées, et il
sera un jour traité de fable par la postérité lorsqu'il n'exis-
tera plus de sauvages, si la vérité n'en était pas établie par
des témoignages incontestables.

VOLNEY, *Tableau du climat et du sol
des États-Unis d'Amérique*, etc.

1. Voyez *Carvet*, chap. IX; *Jean Long*, fin du chap. VIII et
chap. IX; *Lahontan*, *Adair*, etc.

APPENDICE D.

PEUPLES SE NOURRISSANT DE TERRE GLAISE;
OTOMAQUES.

D'après une tradition très-répandue le long des côtes de Cumana, de la Nouvelle-Barcelone et de Caracas, que visitèrent les moines franciscains de la Guyane, à leur retour des missions, il existe aux bords de l'Orénoque des hommes qui se nourrissent de terre. Le 6 juin 1800, en revenant du Rio Negro, et après avoir descendu en trente-six jours le cours de l'Orénoque, nous avons passé une journée dans la maison habitée par les Otomaques, qui mangent en effet de la terre. Le village dans lequel ils sont groupés s'appelle la Conception de Uruana; il est situé, d'une manière très-pittoresque, sur des rochers de granit, par 7° 8' 3" de latitude nord et, ainsi que je m'en suis assuré à l'aide de déterminations chronométriques, par 4° 38' 38" de longitude occidentale, comptés à partir du méridien de Paris. La terre que mangent les Otomaques est une glaise grasse et onctueuse, véritable argile de potier; elle doit à un peu d'oxyde de fer une couleur d'un gris jaune. Les Otomaques vont la chercher dans des bancs particuliers sur les bords de l'Orénoque et du Meta, et la choisissent avec soin, car toute espèce de glaise ne leur est pas également agréable, et ils en distinguent très-bien au goût les différentes sortes. Ils pétrissent cette terre en boules de quatre à six pouces de diamètre et la font cuire extérieurement à un feu peu ardent, jusqu'à ce que la surface devienne rouge. Avant de la manger, ils l'humectent de nouveau. Ces Indiens sont pour la plupart des hommes sauvages qui ont la culture en aversion. Il existe en leur honneur un proverbe répandu jusque chez les peuplades qui habitent les bords les plus lointains de l'Orénoque ; à propos d'une chère très-sale on a coutume de dire : « Cela est si dégoûtant qu'un Otomaque le mangerait. »

Tant que les eaux de l'Orénoque et du Meta sont basses, ces hommes vivent de poissons et de tortues. Ils attendent que les poissons paraissent à la surface de l'eau et les tuent à coups de pieu. Cette chasse ou cette pêche nous a souvent fourni l'occasion d'admirer l'adresse des Indiens. Elle cesse aux époques périodiques où les fleuves débordent ; car il est aussi difficile de pêcher dans ces eaux profondes qu'au milieu même de l'Océan. C'est dans ces intervalles, qui durent deux ou trois mois, que les Otomaques dévorent des quantités énormes de terre. Nous en avons trouvé dans leurs huttes des provisions considérables. Les boules de terre étaient superposées en forme de pyramides. Un homme fort intelligent, natif de Madrid, qui a passé douze ans parmi ces Indiens, assure que chacun d'eux consomme en un jour les trois quarts ou les quatre cinquièmes d'une livre de terre. De l'avis même des Otomaques, cette terre est à l'époque des pluies leur principale nourriture. De temps à autre cependant ils mangent, quand ils peuvent se les procurer, un lézard, un petit poisson ou une racine de fougère. Mais la terre glaise a un tel appât pour eux que, même dans les temps secs, et lorsque la chair de poisson suffit à leur nourriture, ils mangent tous les jours comme régal un peu de terre après leurs repas.

Ces hommes sont d'une couleur de cuivre foncée ; leurs traits désagréables rappellent ceux des Tartares ; ils sont gras sans obésité. Le moine de l'ordre de Saint-François, qui vit parmi eux comme missionnaire, nous assura qu'il n'avait remarqué aucun changement dans leur économie générale durant le temps où ils se nourrissent de terre. Ainsi, pour résumer simplement les faits tels qu'ils sont, il y a des Indiens qui mangent une grande quantité de terre glaise sans compromettre leur santé, et qui considèrent la terre comme une substance nutritive ; c'est-à-dire qu'après en avoir mangé, ils se sentent rassasiés pour longtemps. Ils attribuent cette satisfaction de leurs besoins à la terre glaise et non pas à la nourriture chétive qu'ils peuvent se procurer de temps à autre, indépendamment de cette substance. Si l'on interroge un Otomaque sur ses provisions d'hiver (on a coutume d'appeler hiver dans les contrées brûlantes de l'Amérique du Sud la saison des pluies), il vous montre la terre amassée dans sa cabane. Mais ces faits ramenés ainsi à toute leur simplicité ne décident pas encore les questions suivantes : La terre glaise peut-elle être vraiment un aliment? Est-elle susceptible de s'assimiler, ou n'est-elle au contraire qu'un lest dans l'estomac? Sert-elle à en distendre les parois, et apaise-t-elle la faim de cette manière? Ce sont autant de points que je ne puis décider.

Dans toutes les régions des tropiques, les hommes éprouvent le désir presque irrésistible de manger de la terre, non pas de la terre alcaline, c'est-à-dire de la terre calcaire, qui pourrait neutraliser un peu les aigreurs de l'estomac, mais de la glaise grasse, et qui exhale une forte odeur. Souvent il faut enfermer les enfants pour les empêcher d'aller courir et de manger de la terre, quand la pluie est fraîchement tombée. J'ai vu avec étonnement les femmes indiennes qui façonnent des pots de terre dans le village de Banco, sur les bords du Rio Magdalena, porter en travaillant de gros morceaux de terre à leur bouche. Les loups mangent aussi de la terre dans l'hiver et particulièrement de la terre glaise. Excepté les Otomaques, tous les individus qui dans d'autres peuplades s'abandonnent à ce singulier penchant, en ressentent longtemps les effets pernicieux. Dans la mission de San-Borja, nous avons vu

l'enfant d'une Indienne, qui, d'après ce que sa mère nous
a dit, ne voulait absolument d'autre nourriture que de la
terre; il était déjà maigre comme un squelette.

Pourquoi dans les zones tempérées ou froides ce goût
maladif est-il si rare et borné à des enfants ou à des
femmes grosses, tandis qu'il est général au contraire dans
les régions tropicales de tous les continents?... En Guinée
les nègres mangent une terre jaunâtre, qu'ils nomment
Caouac. Emmenés en esclavage dans les Indes orientales,
ils en cherchent de semblable, et assurent que dans leur
patrie ils n'en étaient nullement incommodés. Le *Caouac*
des îles américaines a au contraire sur la santé des esclaves une très-funeste influence. Aussi en a-t-on longtemps défendu l'usage dans les Antilles: ce qui n'empê-
chait pas qu'en 1751, à la Martinique, on ne vendît en
secret sur le marché un tuf d'un rouge jaunâtre. « Les
nègres de Guinée disent que dans leur pays ils mangent
habituellement une certaine terre dont le goût leur plaît,
sans en être incommodés. Ceux qui sont dans l'abus de
manger du *Caouac* en sont si friands, qu'il n'y a pas de
châtiment qui puisse les empêcher de dévorer de la terre. »
(Thibault de Chanvalon, *Voyage à la Martinique*, p. 85.)
Dans l'île de Java, entre Sourabàya et Samarang, Labil-
lardière a vu vendre dans des villages de petits gâteaux
rouges et carrés, que les naturels nomment *tana-ampo;*
or *tanah* signifie *terre* dans la langue des Malais et des
Javanais. En regardant de plus près, il reconnut que ces
gâteaux étaient faits d'une glaise rougeâtre, et destinés à
être mangés. (*Voyage à la recherche de la Pérouse*, t. II,
p. 322.) On a tout récemment, en 1847, envoyé de Moh-
nĭke à Berlin de la glaise de Samarang, roulée sur elle-
même en tuyaux semblables à ceux de la cannelle, pour
y être analysée par Ehrenberg. C'est une formation d'eau
douce, déposée sur des couches de calcaire tertiaire, et
composée d'infusoires polygastriques et de phytolitharies.
A Popayan et dans plusieurs parties du Pérou, on expose
en vente, au milieu des rues, de la terre calcaire qui sert

d'aliment aux Indiens. On mêle à cette chaux, pour la manger, du *coca*, c'est-à-dire des feuilles d'*Erythroxylon peruvianum*. Ainsi nous trouvons l'habitude de manger de la terre répandue parmi toutes les races humaines en possession des plus belles et des plus fertiles contrées du monde. De même, dans les régions du nord, à l'extrémité de la Suède, d'après les communications de Berzelius et de Retzius, les habitants de la campagne mangent chaque année, en guise de pain, les uns par friandise et comme l'on fume du tabac, les autres par nécesité, des quantités de terre extraite des dépôts d'infusoires, que l'on peut évaluer à plusieurs centaines de chariots. Dans certaines parties de la Finlande, on mêle cette même terre au pain. Elle est formée d'enveloppes d'animaux si petites et si peu consistantes qu'on ne les sent pas en rapprochant les dents les unes contre les autres, et remplit l'estomac sans le nourrir. Les chroniques et les documents conservés dans les archives mentionnent souvent l'usage fait en temps de guerre de la terre d'infusoires, sous le nom vague et général de *farine de montagne*. Cette nécessité se présenta durant la guerre de trente ans, en Poméranie, près de Camin ; dans le pays de Lausits, près de Muskau ; dans celui de Dessau, près de Klieken, et plus tard, en 1719 et 1733, dans la forteresse de Wittenberg (Ehrenberg).

> A. DE HUMBOLDT, *Tableaux de la nature*, t. I, éclaircissements et additions. Édition de 1851.

FIN

TABLE.

FIN DE LA TABLE.

PARIS. — IMPRIMERIE DE CH. LAHURE ET Cie
Rue de Fleurus, 9

Paris. — Imprimerie de Ch. Lahure et Cie, rue de Fleurus, 9.

www.ingramcontent.com/pod-product-compliance
Lightning Source LLC
Chambersburg PA
CBHW072009270326
41928CB00009B/1600